現代交通論の系譜と構造

藤井秀登 [著]

税務経理協会

はしがき

　本書は，私が主に明治大学商学部で10数年にわたって学生に講義してきた講義案に手を加えて教科書としてまとめたものである。講義案はプリント教材で作成し，講義に際して学生に配布してきた。もちろん最初から本書のような形式・内容ではなく，何回かの修正を経てこのような形になってきた。講義をはじめた頃は，大学院生の時に聴講をお許しいただいた，石井常雄先生（明治大学名誉教授）のご講義を思い出しながら懸命に準備を行なった。年数が経過するうちに少しずつではあったが，そこに独自の視点を加味していくことで現在の形式に落ちついてきたのである。

　講義には，交通論の対象領域を歴史・理論・政策に関してバランスよく網羅することが求められた。しかしながら，講義案には項目によって詰めの甘い個所も多く，精粗がある。それにもかかわらず，それを基に本書をまとめたのは，筆者の拙い講義を熱心に受講してくれる学生にとって，講義内容を包括的に理解する一助になるのではと考えたからである。それだけではなく，同学の皆様，その他多くの読者の方々に筆者が考えてきた交通論について，ご検討とご批判をいただく機会にしたいと思ったからである。

　本書では対象を過程的・構造的に認識していくことで，交通論を歴史的・論理的に構築しようと努めた。交通の理論は政策の指針として役立つものでなければならないが，理論そのものは歴史の中から論理をたぐりこむことを前提とする。同時に先達の学問的遺産を正しく継承する学びの過程が必須とされる。こうした学問の発展過程を方法論の基礎に据えれば，対象の立体的な認識が自力で形成できるはずであると信じて本書を上梓したのである。目指すべきは体系性をもつ交通の論理，すなわち交通学である。

　高度情報化社会の進展，地球環境問題の深刻化，グローバル化の進展といった外部環境の激変に対峙している21世紀初頭の現在，ことさら現象に関心が向けられがちである。しかし，現象を現象性として捉え返し，ここから構造性を

探り出し，現象性・構造性を体系性の内にもつこと，つまり構造の過程をしっかりと辿ることを看過してはならない。現象論・構造論・本質論という体系性を備えた学としての一般性を底辺とする交通論を構築しなければならないからである。このためには哲学の歴史に学ぶことが必要であると筆者に教えてくださったのは学部時代からの恩師である松尾光芳先生である。学恩に報いるためにも，哲学の形成過程の構造を深化させ，交通論の体系化が少しでも早く果たせるように精進していきたい。

　最後に，出版に際して深甚のご配慮を賜った株式会社税務経理協会　大坪嘉春社長，ならびに本書の刊行までに多大なるお世話になった編集部部長の峯村英治氏に心より感謝の意を表する。

　2011年10月

藤井　秀登

目　次

はしがき

序章　交通をいかに認識するのか ……………………………………… 3

第1部　現代交通の基礎理論

第1章　交通と交通論 ……………………………………………… 18
第1節　交通の定義 …………………………………………………… 18
第2節　交通の意義 …………………………………………………… 22
第3節　交通論の系譜 ………………………………………………… 25

第2章　交通サービス ……………………………………………… 33
第1節　交通サービスの概念と即時性 ……………………………… 33
第2節　交通サービスの生産要素 …………………………………… 37
　① 通　　　路 ………………………………………………………… 38
　② 運　搬　具 ………………………………………………………… 39
　③ 動　　　力 ………………………………………………………… 40
　④ 結節機能点 ………………………………………………………… 41
　⑤ エネルギー ………………………………………………………… 42
　⑥ 情　　　報 ………………………………………………………… 43
　⑦ 労　働　力 ………………………………………………………… 44
第3節　交通サービスの質 …………………………………………… 45
第4節　交通サービスの量 …………………………………………… 52

第3章　交通サービス商品と交通資本 ·· 55
第1節　交通サービス商品の成立 ·· 55
第2節　交通資本の運動・蓄積・回転 ·· 58
① 交通サービス商品の使用価値と交換価値 ·································· 58
② 交通資本の循環と特質 ·· 61
③ 交通事業者の利潤と交通労働 ·· 64
④ 交通資本の回転と生産性の向上 ·· 70
第3節　交通産業の特徴 ·· 75
第4節　交通サービス商品と私的交通 ·· 80
第5節　交通サブ・サービス商品 ·· 84

第4章　弾力性概念と交通市場 ·· 87
第1節　交通需要の運賃弾力性 ·· 87
① 交通需要の基本的性質 ·· 87
② 交通需要の運賃弾力性 ·· 90
第2節　供給の運賃弾力性と費用の生産量弾力性 ······························ 92
① 供給の運賃弾力性 ·· 92
② 費用の生産量弾力性 ·· 95
第3節　交通市場と市場メカニズム ·· 97
① 交通市場の分類 ·· 97
② 交通市場の需給関係 ·· 99
③ 交通産業における規制と規制緩和 ······································ 103

第5章 交通サービス商品の運賃 ……… 113
第1節 運賃の社会政策的機能 ……… 113
第2節 費用の概念 ……… 115
第3節 運賃の学説史 ……… 118
第4節 限界費用運賃形成原理とラムゼイ運賃 ……… 121
第5節 平均費用運賃形成原理と総括原価運賃形成原理 ……… 126
第6節 インセンティブ規制 ……… 129

第2部 わが国の交通政策史

第6章 鉄道事業と小運送業の成立から展開 ……… 134
第1節 鉄道事業の創業前史 ……… 134
第2節 鉄道事業の開業 ……… 135
第3節 日本鉄道会社の設立と性格 ……… 137
第4節 産業資本の確立と鉄道法制の整備 ……… 140
第5節 小運送業の成立から乱立へ ……… 142

第7章 近代海運事業の成立と発展 ……… 145
第1節 江戸時代末期の海運 ……… 145
第2節 明治政府の海運政策と三菱海運資本 ……… 146
第3節 海運政策の転換と海運事業の発展 ……… 150

第8章 鉄道国有化政策の意義と諸効果 ……… 153
第1節 私鉄17社の国有化過程 ……… 153
第2節 国鉄の誕生と効果 ……… 155
第3節 国有化以後の法整備 ……… 157

第9章　戦間期の交通事業 ……… 159
　第1節　都市化の進展と郊外鉄道 ……… 159
　第2節　小運送業の合同とトラック事業の萌芽 ……… 162
　第3節　交通調整の目的と効果 ……… 166
　第4節　航空事業の創成期 ……… 172

第10章　交通市場の変容と交通政策 ……… 174
　第1節　国鉄の公共企業体化と陸運事業の法整備 ……… 174
　第2節　航空事業の再編 ……… 179
　第3節　外航海運事業の再編 ……… 182
　第4節　内航2法と船腹調整事業 ……… 192
　第5節　国鉄の斜陽化とトラック事業の発展 ……… 196
　第6節　総合交通体系論の台頭 ……… 201
　第7節　規制緩和と交通事業の再編成 ……… 206
　　① 国鉄からJRへ ……… 206
　　② トラック事業の規制緩和 ……… 209
　　③ 日本航空の完全民営化から経営統合・経営再建 ……… 212
　　④ 内航海運の規制緩和 ……… 220
　　⑤ 道路運送法の改正と乗合バス事業の規制緩和 ……… 222
　　⑥ 道路運送法の改正とタクシー事業の規制緩和 ……… 226
　　⑦ 規制緩和と生活交通の質 ……… 229

参　考　文　献 ……… 233
索　　　　引 ……… 245

現代交通論の系譜と構造

藤井　秀登　著

序章　交通をいかに認識するのか

　ある地点から別の地点まで人や物，情報が場所的距離を克服する過程を交通という[1]。ここで場所的距離とは運賃や時間で測定できる経済的距離のことである。交通の構造をみると，交通サービス（transport service）の生産と消費という労働行為，すなわち経済的法則性が認識できる[2]。交通が経済学的視点から分析しやすい理由である。ただし，同じ場所的移動という現象をみても感覚器官の個体差を反映して，その経済的法則性の認識は各人によって相違する。一方で，生まれ育った環境が似通った人々の間には認識上に多くの共通する点がみられる。そこで共通する経済的法則性の認識を経済学説史に求めると学派として括れる。だが，同じ現象に対する認識が各学派によって異なっていることから，ある学派の認識を現実の解明に適用するに際しては，その特徴を十分に理解する必要がある。

　このような点を経済学の系譜を辿ることから確認しておこう。交通論は経済学を基礎に展開してきたからである。まず，18世紀に始まるイギリス古典派経済学をみると，そこでは資本主義経済ないし資本制商品経済の構造をアダム・スミス（A.Smith）が初めて労働価値説（labour theory of value）から解き明かしていた。スミスの主張は価値（value）の源泉を投下労働に，価値の尺度を支配

---

[1] ドイツ流の研究手法によると，交通は輸送（交通対象は人や物）と情報（交通対象は信書や通信）を下位概念として含んでいる。両者に場所的距離の克服という類似点があるからである。だが，その社会的・経済的役割，さらに所要時間にはかなりの相違がある。そこで本書では輸送と情報の強い関連を認める一方で，情報よりもむしろ輸送の側面に重点をおきながら考察をしていく。したがって，以下で交通とは人や物の輸送を意味している。
[2] 認識とは，人間がもつ5つの感覚器官を通じて外界が脳の中に反映させられた像のことをいう。

労働に求めるものであった。投下労働価値説では，A商品の生産に実際に投下された労働が価値の源泉であるとする。支配労働価値説では，B商品が支配できるA商品に投下された労働がB商品の価値の尺度となっている。つまり，投下労働価値説と支配労働価値説とが混在する問題点がスミスの労働価値説にはあった[3]。しかしながら，スミスの労働価値説は経済秩序と社会秩序とを結合させて認識している点が評価できる。ゆえに，スミスの労働価値説は社会という量的思考以上に質的思考を要する対象との関わりから経済を認識している社会経済学，すなわち質の経済学といえる[4]。

その後，労働価値説はリカード（D.Ricardo）の投下労働価値説を介して，マルクス（K.Marx）によって完成されていった。リカードは商品の絶対的価値を投下労働量（労働時間）に直接に還元していたために，現実の労働が対象化されてつくられる生産物の価値と賃金の価値との不一致を説明できなかった。これに対して，マルクスは賃金の価値と一致するのは労働力（labour power）であり現実の労働（labour）ではないとし，リカードの投下労働価値説の課題を解決した。こうしてイギリス古典派経済学の労働価値説は新たな形で登場できたのである。その際，マルクスは，抽象的人間労働（abstract labour）という概念で労働の社会的連関から価値量を相対的に捉えかえすとともに，価値の実体（the substance of value）を抽象的人間労働から基礎づけた[5]。

ここで商品の価値とはその経済的価値（非実在の対象で観念的な存在）の2側面，すなわち客観的側面と主観的側面のうち，前者を意味する。資本主義経済における経済的価値の客観的側面にあたる部分には商品所有者間の関係を基礎にし

---

[3] 新村聡「古典派労働価値論の成立」米田康彦・新村聡・出雲雅志・深貝保則・有江大介・土井日出夫著『労働価値論とは何であったのか－古典派とマルクス－』創風社，1988年，9－44頁。
[4] 竹下公視『現代の社会経済システム－社会システム論と制度論－』関西大学出版部，2011年，77－80頁，98頁。
[5] 実体とは，あらゆるものを成立させている物質そのもので，直接には現象せず，ある運動形態を介して現象しているものである。つまり，物質の現象形態は実体の現象形態である。

た人間労働が対象化されており，共通の社会的評価が反映されている。商品価値の実体が社会的人間労働であることから，商品の価値の大きさは労働量（労働時間）で測定される[6]。商品を交換価値（exchange value）からみると，商品の生産者・所有者は無差別な使用価値（use value），すなわち交換価値の本体である価値にしか興味がない。というのは，商品を使用価値からみると，客観性があるにもかかわらず，それは他人用の使用価値であるために商品の生産者・所有者にとってそれは無差別・無関心となっているからである。交換価値とは，他の使用価値によって媒介された使用価値のことであり，他者の所有物によって測定される自己の所有物の社会的価値である。

　市場価格（market price）の成立条件をみると，需給の一時的な一致や不一致の過程を通じて需給がつり合った状態，もしくは需要の変化を無視した状態で決定される価格とされる。つまり市場価格とは，費用価格（平均費用）に平均利潤が加えられて決定される生産価格（price of production）とは区別される，市場において現実に成立する価格のことである。同じ商品の市場では，ほとんど同一の市場価格が成立するゆえに，一物一価の法則が作用する。

　19世紀末になると労働価値説の系譜とは独立にヨーロッパで限界革命が起こった。これは資本制商品経済という歴史的に特殊な性質を所与として分析する，限界学派の登場であった。限界学派は価値論の基礎を限界効用価値説（marginal utility theory of value），すなわち追加的な商品1単位の使用や消費を通じて各人が得られる主観的満足度という限界効用（marginal utility）に基づいて商品の価値は規定されるという考え方に求めていた[7]。

　限界とは財やサービスの存在量の希少性に着目した概念であり，効用とは「一対象におけるその性質，すなわちそれがあるためそのものがその利害のいま考察されている当事者にとって福祉，利益，快楽，善，もしくは幸福（すべてこれは現在の場合においては同一事に帰着する）を生ずるか，あるいは（再び同一

6）　商品の価値の大きさはその商品の生産部門において社会的に標準的な生産手段と社会的に平均程度の熟練・強度の労働でもって，その商品を新たに再生産するために必要な労働量（労働時間）によって規定される。

事に帰着することだが）禍害，苦痛，悪ないし不幸を防ぐ傾向のあるその性質を意味する」というベンサム（J.Bentham）の概念に相当する[8]。そこでは貨幣の限界効用が一定とされ，商品の使用価値と交換価値を区別せずに貨幣額で限界効用の大きさが示されている[9]。

　商品1単位を増やした時の効用（主観的満足度）の変化量が商品の価値を規定するという考え方を定量の視点から考えるためには，商品と効用の物量的単位を具体的に示す必要がある。というのは，主観的な効用と客観的な効用計算とが対立しているため，物量的単位が確定されないと，そこでの議論は相対的なものになってしまうからである。

　そこで新古典派経済学では貨幣額が単位とされた。限界効用価値説は商品に対する人間の限界効用逓減の法則[10]から需要曲線を，同時に生産における

7）　ここで価値とは，「ある財の支配にわれわれの欲望のうちのあるものの満足が依存していることがわれわれに意識されており，またしたがって，問題の財を支配できないかぎりは欲望の満足も達成しえない，という事情によって，その財がわれわれに対して獲得する意義」を意味する（Menger, C., *Grundsätze der Volkswirtschaftslehere*, 2.Aufl., Wien：Holder-Pichler-Tempsky A.G., 1923, s.111，八木紀一郎・中村友太郎・中島芳郎邦訳『一般理論経済学』みすず書房，1982年，166-167頁）。すなわち限界効用価値説の価値とは商品の経済的価値に対する主観的側面に相当する。

8）　Bentham, J., *An Introduction to the Principles of Morals and Legislation*, Oxford：Clarendon Press, 1823, p.2.

9）　ある商品の最初の1単位の使用価値とその最後の1単位の使用価値が同一人物にとって異なる効用であったとしても，その商品の使用価値と交換価値は最初と最後でどちらも同じ大きさである。だが，新古典派経済学では使用価値と連動して交換価値の大きさも異なることになる。

10）　限界効用逓減の法則によると，ある商品1単位を増やした時の効用の増加分がその総消費量の増加につれて減少していくとされる。だが，①1単位に重さ，長さ，容積などの物量的単位がなく，尺度が不明確であること，②現実の人間は代替できない多様な財やサービスを生きるために必要とするにもかかわらず，使用価値から得られる効用の代替的評価が想定されていること，③限界とは生産諸条件を所与とした場合の財やサービスの存在量に依存した考えであること，といった一考を要する内容を含んでいる。このため限界効用逓減の法則はモデル（理論上の仮説）である。

収穫逓減の法則ないし限界費用逓増の法則[11]から供給曲線を説明する。需要曲線と供給曲線の交点，すなわち限界効用と限界費用との一致点で均衡価格（equilibrium price）が決定すると説明した[12]。これが新古典派経済学の基礎となる考え方であり，今日ではミクロ経済学に相応するといえよう。

労働価値説ないし社会経済学[13]は現実に立脚した立体的な歴史認識を重視しながら，個人と社会との相互依存の関係を根拠に，社会は個人による能動的な働きかけだけでなくその逆も考慮して説かれるべきとする，質の経済学である。この背景には労働と資本との関係を社会の本質的な関係とする認識がある。さらに限定合理性や手続的合理性を立論の基礎に据えて，資本の運動ないし再生産を課題とし主に生産過程と分配過程を分析する。

一方，限界効用価値説ないし新古典派経済学は道具主義に基づく平面的な歴史認識，すなわち歴史的に変化する社会構造の質的認識をあまり重視しない[14]。人と人との関係が価格と数量の関係に還元される限りで，社会は個人の総和から構成されて個人の行動から社会が説明できるとするゆえに新古典派経済学は量の経済学といえる[15]。つまり，社会経済学が弁証法論理学に依拠しながら経済メカニズムの生成・成長・衰退における理論的根拠を分析・体系化しようと

---

11) 収穫逓減の法則によると，他のすべての生産要素を不変に維持したまま，ある生産要素1つだけの投入量を変化させた時に生産量が減少していくとされる。しかし，どのような生産条件の下でも，労働力を除く他のすべての生産要素の投入量と財やサービスの生産量はただ素材的，技術的に規定された生産過程に基づいて物量的に比例するだけである。このため収穫逓減の法則もモデル（理論上の仮説）である。
12) 新古典派経済学では，社会経済学のように生産価格と市場価格，価値の理論と価格の理論を区別しない。商品の使用価値と価値を混同している。
13) 社会経済学とは，「古典派経済学の本流と，それを引き継ぐ流れ，とりわけマルクス経済学である。社会経済学は，労働価値説にもとづき，現代の社会を，歴史的に形成された経済，政治，法，倫理，社会的意識，等々の複雑に絡みあった一つの総体として捉え，この総体の土台をなしている経済構造を，他の社会的側面との密接な関連のもとで究明しようとする」ものである（大谷禎之介『図解　社会経済学－資本主義とはどのような社会システムか－』桜井書店，2001年，6頁）。
14) Hodgson, G.M., *How Economics Forgot History : The Problem of Historical Specificity in Social Science*, London : Routledge, 2001, Part Ⅰ.

する質の経済学である一方で，新古典派経済学は形式論理学による仮設演繹型ルールに従う市場という制度の機能を数学として解明することに主眼をおく量の経済学である[16]。

こうした相違はあるものの，対象に据えられている出発点は両者ともに資本制商品経済，すなわち資本主義経済である。したがって資本主義経済，特に市場という共通の基盤において両者の整合的な議論はできる。ただし，社会経済学では理論的に再構成された資本主義市場経済が，対して新古典派経済学では完全競争市場（perfectly competitive market）[17] がモデルとして想定されている。

すなわち，社会経済学では，現象的認識（歴史の入り口）→実体的認識→本質論（資本主義市場経済）という認識論的過程[18]と，本質論（資本論）→特殊的現実論→個別的現実論（現状分析＝歴史の入り口）という存在論的過程[19]が統一的に把握されている。歴史と論理が実体的認識で媒介された上で本質論が，つまり歴史を論理的に認識した資本主義市場経済（資本論）が想定され，この一般的歴史性の論理的展開から特殊歴史的な合理性の体系である特殊的現実論を介して現状分析における個別歴史性の解明が個別的現実論でなされている[20]。

---

15) これは方法論的個人主義と呼ばれ，均衡概念との相互支援関係になっている。新古典派経済学では合理的行動仮説が採用されている。だが，こうした経済行動に先行する経済的な場（特に市場）の社会構造や制度における質的側面が深く問われない。さらに新古典派経済学は完全合理性を立論の基礎に据えて，希少な資源の効率的配分と均衡を課題とし主に個々の交換過程を分析していく（新古典派経済学の理論構成と世界観に関する批判的検討に関しては，Eichner, A.S. (ed.), *Why Economics is not yet a Science*, New York：M.E.Sharpe, Inc., 1983, 百々和監訳『なぜ経済学は科学ではないのか』日本経済評論社，1986年を参照されたい）。

16) 根岸隆・山口重克編『２つの経済学－対立から対話へ－』東京大学出版会，1984年，22頁。

17) 完全競争市場とは，取引費用ゼロ，財・サービスの同質性，情報の完全性，価格所与，市場への参入・退出の自由という５つの条件が満たされている市場のことである。

18) 武谷三男『弁証法の諸問題（武谷三男著作集第１巻）』勁草書房，1968年，91-95頁。

19) 宇野弘蔵『経済学方法論』東京大学出版会，1962年，62頁（宇野弘蔵『経済学方法論（宇野弘蔵著作集第９巻）』岩波書店，1974年，60頁）。

一方で，新古典派経済学では形式論理において歴史は不要であるとの認識ゆえに歴史から論理を抽出する際に実体をも削ぎ落とし，論理が純粋に形式的であるとともに無内容となっている。つまり，非歴史的，機械的な完全競争市場が想定されている。そこでは仮説→演繹→検証という仮説演繹型ルールが採用され，物理的システムと同等の手法で市場が分析される[21]。このように資本主義経済の表層を量として認識するために有用な手法，すなわち問題解決に有効な処方箋の提示や正確な予測を可能とする手法が新古典派経済学にはある。

　例えば，ヒックス（J.R.Hicks）は経済政策の原理を経済的厚生（economic welfare）に求めている[22]。経済的厚生とは，自然的要因と非経済的要因を所与とした時，経済的要因により決定されるという限定つきの社会的厚生の側面を意味する。経済的厚生は社会的総便益と社会的総費用との差であり，消費者余剰（consumer's surplus）と生産者余剰（producer's surplus）の合計である総余剰（total surplus）として捉えるのが厚生経済学（welfare economics）では一般的とされる[23]。

20）　筆者は歴史学派経済学や旧制度派経済学のような歴史的アプローチをマルクス経済学に統合した制度派マルクス経済学の方法が社会経済学の目指すべき方向性の1つだと考えている。ゆえに上記の本質論，実体的認識・特殊的現実論，現象的認識・個別的現実論が，制度派マルクス経済学の一般的基礎理論，中間理論（基礎理論と歴史分析），現状分析にそれぞれ対応していく（制度派マルクス経済学については，横川信治「制度派マルクス経済学－マルクス経済学と進化経済学との統合は可能か？－」小幡道昭・青才高志・清水敦編『マルクス理論研究』御茶の水書房，2007年，249－262頁。同「制度派マルクス経済学の歴史的アプローチ」櫻井毅・山口重克・柴垣和夫・伊藤誠編『宇野理論の現在と論点－マルクス経済学の展開－』社会評論社，2010年，160－179頁を参照されたい）。
21）　関根友彦『経済学の方向転換－広義の経済学事始－』東信堂，1995年，11－16頁。新古典派経済学では物理学の世界と人間の世界とを同一視している。このため，主体としての人間の意志が看過されている（Lux, K., *Adam Smith's Mistake : How a Moral Philosopher Invested Economics and Ended Morality*, Boston : Shambhala Publications, 1990, pp.139－140, 田中秀臣邦訳『アダム・スミスの失敗－なぜ経済学にはモラルがないのか－』草思社，1996年，186－187頁）。
22）　Hicks, J.R., "Foundations of Welfare Economics", *Economic Journal*, Vol.49, No.196, December 1939, p.696.
23）　植草益『公的規制の経済学』筑摩書房，1991年，71－72頁。

ヒックスは経済的厚生の最大化を目的に，所得分配の改善を別扱いにして効率性の問題だけに専念する，新厚生経済学の立場に属する[24]。これはパレート最適（Pareto optimum）の考え方に示されている[25]。しかし，一度，新しい生産方法が資本蓄積過程で導入されると，従来の労使関係が再編される。単なる投資と生産技術の関係ではなく，資本と労働との社会関係が再編される。したがって，単に完全競争市場モデルに依拠して経済的厚生の最大化を目指しても，資本と労働の新たな社会関係の再編過程までは認識できない[26]。

　そこで本書では質の経済学である社会経済学と，量の経済学である新古典派経済学とを相互に補完しあう関係と認識して交通サービスを考察する。なぜなら，対象（交通サービス）の質を踏まえた上で量を認識しないと，たとえ量が精密に分析できたとしても質を見誤る可能性が否定できないためである。量は質的に限定されることに対して無関心・無差別な概念だからである。いいかえると，量は社会の多様な質による束縛を受けていないためである。現実の対象は一様ではなく，異質である。ゆえに対象の多様な質を考察した後で，量の分析を行なうと対象の正確な認識が可能となる。とはいえ，量は質を前提としているゆえに，量から質の概観は認識できる[27]。

　したがって，新古典派経済学における経済的厚生の最大化，すなわち消費者余剰と生産者余剰の合計である総余剰の最大化という量を説明するには分配過

---

24) 新厚生経済学とは，効用の個人間比較は不可能であるとして，これを可能と認めたピグー（A.C.Pigou）の厚生経済学を批判的に継承・発展する考え方である。すなわち限界効用（marginal utility）の概念を使用せず，無差別曲線（indifference curve）ないし選好（preference）から個々の交換を導いていく考え方であり，今日のミクロ経済学の主流に繋がっていくものである。再生産を含めた交換の繰り返しは想定していない。

25) Hicks, J.R., *op.cit.*, p.701. パレート最適とは，ある人の経済的厚生を高めるためには他の人の経済的厚生を低下させるしか方法がない場合の経済的状況のことであり，経済効率性を意味する。パレート最適では，経済的厚生の源泉が労働ではなく，現在所有している財やサービス，すなわち既得権益に基づく財やサービスであると考えている。

26) 根岸・山口編，前掲『2つの経済学－対立から対話へ－』24頁。

27) 竹内啓『社会科学における数と量』東京大学出版会，1971年，第1～3章。

序章　交通をいかに認識するのか

程を主な認識対象に据えるだけでは不十分である。その前に社会経済学における商品の生産過程から，つまり商品の経済的価値における客観的側面から総余剰の質を認識する必要がある。要するに分配過程における総余剰が生産過程における剰余価値（surplus value）[28]から生じると認識していく。このように労働で再生産される商品としての財やサービスが経済的厚生の源泉であると考えていく。

　こうした認識は，大西教授とフォーリー（D. K. Foley）教授の以下の見解から示唆を受けた。まず大西教授は，「＜生産＞の部面での一定の前提条件なしには商品取引も行なわれず，その限りで商品交換だけでは社会的富（Welfare, 厚生）が得られないこと，つまりその前提たるべき＜生産＞を見ることが不可欠だということです。…（途中略－引用者）…「効用価値説」と「労働価値説」を矛盾した関係として捉えるのではなく，相互補完的な関係として見ることが必要なように思われます。」と述べられている[29]。

　次にフォーリー教授は，「新古典派経済理論は，消費者の主観的観点から，財とサービスを等価物として理解する。マルクスは，財・サービスは社会的労働時間の一定部分を担うという客観的意味において，それらを等価物として理解する。同一の現象（剰余価値の取得）を主観的な等価物の交換としても，また客観的な搾取としても理解することができる。」と述べられている。すなわち，効用価値説と労働価値説という異なる視角から同じ現象がそれぞれ総余剰（主観的な等価物の交換）と剰余価値（客観的な搾取）として認識されている[30]。

---

28) ただし，現実の経済体制は純粋資本主義でないために，どこまで剰余価値の理論が有効なのか，その適用範囲には注意を要する。なぜなら，第1に弱小企業からの収奪によって国家と癒着した大企業に優先的な資源配分をしている自由競争市場を，自律的に機能する資本家的商品市場と区別する必要があるからである。第2に剰余価値は労働供給曲線が水平となる，不況期の不完全雇用の状態で成立する一方で，好況期の完全雇用状態では人件費の高騰のため資本家による剰余価値（労働力が生み出す価値と労働力の価値との差異）の取得が困難となるためである。

29) 大西広「効用価値説と労働価値説」『経済科学通信』第63号，基礎経済科学研究所，1990年6月，39-40頁。

結局のところ，両学派の決定的な分岐点は価値の捉え方，つまり商品価値が人間の労働から産出されるのか否かという認識の相違にある。社会経済学はそのように考える一方，新古典派経済学はそれを否定する。要するに，こうした社会経済学と新古典派経済学との視座の相違は，何を課題として考察するのかという問題意識による。すなわち，社会経済学では「各経済主体の行動がその社会のしくみにどのように規定されているのか，また市場均衡の結果として決まる価格や分配がその社会を構成する人々の協働という視点から見たとき何を意味するのか」にある一方，新古典派経済学では「人々の主体的な行動がどのような市場均衡を実現するか」に問題意識がある[31]。したがって，両者は相互補完の関係が望ましいと考える。

　同時に，新古典派経済学の立場から市場を捉える際に生じる問題を看過してはならない。すなわち，そうした市場から抜け落ちてしまい競争原理がうまく働かない財やサービス[32]には，情報の非対称性（asymmetry of information）[33]，外部性（externalities）[34]，公共財（public goods）[35]，自然独占（natural monopoly）[36]といった公共性に関する問題がみられる。だが，これらが再市場化できる限り，資本主義社会は安定しているゆえに問題視されない。市場への内部化に際しては，公共性への対応を根拠に政策的介入，調整・規制政策，公的機関による市場参入が実施される。ここで公共性とは，社会経済制度にお

---

30) Foley, D.K., *Understanding Capital : Marx's Economic Theory*, Cambridge : Harvard University Press, 1986, p.48（竹田茂夫・原伸子邦訳『資本論を理解する－マルクスの経済理論－』法政大学出版局，1990年，65頁）．
31) 中谷武『価値，価格と利潤の経済学』勁草書房，1994年，15頁。
32) 財とは消費財（食物や衣服など），資本財（原材料や機械，設備など），および本源的生産要素（労働や土地など）の総称である。サービスとは耐久性をもつ財がある期間内にもたらす便益のこと，および労働の作用・働きのことである。
33) 経済主体の間に財やサービスの質などに関する情報が非対称的に保有されていること。
34) ある企業や消費者が市場での取引を経ることなしに他の企業や消費者に損害または便益を与えることである。その際，他の経済主体が損害を受ける場合を外部不経済，便益を受ける場合を外部経済と呼ぶ。

いて，その自己調達や自己処理が不可能あるいは著しく困難と判断された，共同消費手段としての財やサービスの機能と役割を意味する[37]。

公共性の質は社会構成員の共通した価値観[38]に依拠するため，その内容は時代や体制を反映して幅をもっている。例えば，交通における公共性の質に関しては，国民的公共性（福祉，環境，移動権，ソーシャル・ミニマム，シビル・ミニマムなど），国家的公共性（安全保障，災害，有事など），および経済的公共性（経済振興，産業の保護・助成，規制など）のように区分され，多様な内容から構成されるだけでなく，それらの重点は時代によっても移り変わる[39]。したがって，これまで実行されてきた交通政策の背後にある思想を読み解くためには，こうした公共性の特質を史的視角から鑑みる必要がある。

以上の論点を考慮して，本論を2部構成とする。まず，第1部で社会経済学

---

35) 公共財は個人の合理的な消費における非排除性と非競合性という財やサービスの物理的特性から定義される。だが，こうした認識には限界がある。というのは，公共財の概念は2つの相異なる次元の議論が交錯していて，一義的に規定できないからである。つまり，そこには個人の活動を規制する制度形成に関する次元（環境）と個人の活動に関する次元（主体）とが非分離となっており，個人の合理的な活動と財やサービスの物理的特性という量的視角だけでは制度的側面（質）への議論が抜け落ちてしまうからである（佐伯啓思「公共経済学の批判的展望」村上泰亮・西部邁編『経済体制論（第2巻・社会学的基礎）』東洋経済新報社，1978年，113-147頁）。

36) 需要規模よりも生産設備の規模が大きい平均費用逓減では規模の経済が作用するために，自由競争に委ねると生産者が自然独占を形成しやすい。

37) こうした公共性の質に関わる認識を前提に，経済合理的な行動をする個人と共同消費手段としての財やサービスの供給に関する効率性の議論ができる。これは量の経済学である新古典派経済学が取り扱う範疇であり，公共性の量的評価が次の2つの手法で可能となる。1つにはパレート最適や社会的厚生関数といった厚生主義的帰結主義の立場，もう1つにはケイパビリティ（潜在能力）に代表される非厚生主義的帰結主義の立場である（山岡龍一・斎藤純一編『公共哲学』放送大学教育振興会，2010年，90-106頁）。

38) 価値観（価値意識）とは，経済的価値，政治的価値，技術的価値，場所的価値，社会的価値，文化的価値などといった客観的な存在としての価値に対する人間の主観において，それら多様な価値間の序列を評価づけることである。

39) 清水義汎編『現代交通の課題』白桃書房，1988年，10頁。

と新古典派経済学との共働によって，すなわち質と量の両面から交通の基礎的原理を論じていく。しかしながら，現状分析に際して基礎的原理だけでは十分に説明ができない。実体としての交通事業者，国家や国際関係などといった具体的・歴史的な制度，つまり質の実体に関する領域が取り除かれているからである。当然であるが，抽象化してできた資本主義市場経済や完全競争市場と客観的世界の間には特殊性をもった現実が介在しているためである。だが，この特殊的現実論は多層から構成されている。そこで第２部では特に公共性との関係を中心に交通事業者の生成・発展過程を史的に取り上げながら，これらを交通政策史の視角からまとめていく[40]。このように交通の基礎的原理に公共性の観点を介在させながら，同時にこれを史的に辿りながら，交通事業者における個別的な事例や実体とその本質を分析・総合していく。

　最後に，資本制商品経済の特徴を確認しておくと，生産手段の私的所有下における社会的分業体制で商品の生産・消費を通じながら企業が利潤を追求することであった。このため市場の拡大が企業の行動原理となる。つまり，空間的にも時間的にも企業の領域を拡大していくように市場メカニズムが貫徹していく。このことは場所的距離の克服のために現代社会において交通の必要性がさらに高まっていくことを意味する。同時に非商品だった交通サービスが，交通サービス商品として市場に組み込まれていく過程でもある。

---

40)　経済学で公共性の質的側面を取り扱う領域として歴史学派経済学や旧制度派経済学，制度派マルクス経済学が挙げられる。公共性の質的側面の分析が確定した後に，その量的側面（経済的厚生）に関わる経済的規制（参入規制・運賃規制）と社会的規制（参入規制），すなわち公的規制の基準（市場の失敗に対する基準）を提示する有効な手法として新古典派経済学がある。ここで経済的規制とは情報の非対称性や自然独占に対処するための規制，一方で社会的規制とは公共財や外部性に対処するための規制である（植草，前掲『公的規制の経済学』24頁，291頁）。公的規制の基準を類型化すると，①市場機能を円滑化するための諸法規による間接型規制（ルール型規制），②課税や補助金などの経済的手段による誘導型規制（市場機構重視型規制），③プライス・キャップ規制やヤードスティック規制などによる誘因型規制（経営判断重視型規制），④直接規制（許認可型規制）に整理できる（植草益編『社会的規制の経済学』NTT出版，1997年，7頁）。

しかし，交通は市場メカニズムと公共性の領域内だけで完結するわけではない。確かに多かれ少なかれ市場を介した交通サービス商品の生産・供給で交通需要者の必要（needs）や欲望・欲求（wants）が充足される[41]。また交通政策として現れる，公共性を基軸とした領域によっても交通需要者の場所的移動は達せられる。だが，これら以外の交通に関する領域が存在することを看過してはならない。すなわち，自家用自動車の使用を典型とする，交通サービスの自己生産・自己消費という私的交通（private carrier）の領域である[42]。約半世紀にわたって，私的交通はその台数を増大させてきた。したがって，私的交通と交通サービス商品との競合・補完の関係，また私的交通と公共性の領域も交通研究に際しては認識対象として必須である。

---

41) 欲求とは，人間的な生存と発達にとっての必要を客観的基礎とする欲望が具体的な財やサービスの有用性として現れたものである。ゆえに欲求はいわば欲望の第2段階に相当し，交換行為を生み出す力となって発現する。
42) 私的交通とは，「排他的支配になる交通手段をもって，私的管理下に自らの交通需要を充足する交通形態」のことを指す（生田保夫『改訂版　交通学の視点』流通経済大学出版会，2004年，90頁）。

第 1 部

現代交通の基礎理論

第1章　交通と交通論

第1節　交通の定義

　人間と交通との関係をみた場合，狩猟生活を営んで生計を立てていた原始時代の徒歩による移動が単純な交通の形態といえる。我々の祖先は，獲物を捕らえるために生活の拠点から獲物が生息する地点まで徒歩で繰り返し移動を行なっていた。この反復によって徐々に道が形成されていったのである。例えば，シュライバー（H. Schreiber）の次の一節がこれをよく物語っている。「道は人間のもっともすばらしい創造の1つである。道は数千年間を通じて人間とともに発展し，人間を助けてその生活の領域を征服し，拡大し，他の民族の生活領域と連絡する役割を果たした。あらゆる道路の線は，土地と人間とのあいだを目に見えるかたちで結び，人間の移動に役立つ土地形態をかたち造った。それはむかしから何度も繰り返しておこなわれてきた」[1]。ここから道の形成・発達が人間社会の発展に深く寄与していることがわかる。

　道だけではない。人間は河川や海洋という自然をも自らの目的に役立つように利用していった。すなわち，舟をつくり河川の流れや海流を利用してより遠方へと移動するようになったのである。さらには，風をエネルギーかつ動力とすることで舟の移動性を向上させていった。この結果，ある民族の空間的な文化の拡大が一層推し進められることに結びついていった。これは歴史的に古代文化の発祥地，世界的な大都市，かつて趨勢を極めた都市が水上交通の要所であったことから理解できる。このように人間社会の精神的所産である文化の伝

---

1) Schreiber, H., *Sinfonie der Strasse : Der Mensch und seine Wege von den Karawanenpfaden bis zum Super-Highway*, Düsseldorf : Econ-Verlag, 1959, s. 7
　　（関楠男邦訳『道の文化史-1つの交響曲-』岩波書店，1962年，ⅰ頁）.

播に交通が果たした役割は大きい。すなわち，交通は人間の歴史と密接に結びついた社会的行為だといえる。

　歴史性をもつ交通を理論的に整理しようとした際に，対象，目的，方法の観点からの考察が必要となる。すなわち，第1に交通の認識対象－交通対象－は人と物であり，それらは人流や物流と呼ばれるものに相当する。ただし交通論では，人流や物流の中で商品として販売されている狭義の交通サービスに限定して論じられることが多い。例えば鉄道事業者や航空事業者が生産・供給する，商品としての交通サービスだけに着目し，徒歩や自家用自動車によって私的に供給される自給自足の交通サービス，つまり私的交通を考察の対象に含めない傾向が伝統的な交通論では強い。

　そもそも交通論が市場メカニズムを機軸に商品取引を考察する商学という社会科学の領域から出発したことにこれは関係する[2]。したがって，わが国の場合，資本主義経済に移行した明治時代以降における交通事業者が交通論の研究対象となっている。ここで自家用自動車が研究の対象として十分に認識されていなかった理由として，当時，自家用自動車が量的に極めて限定されていたことが挙げられる。

　確かに交通サービス商品に限定した視角は今日においても依然として重要な意義をもつ。しかし，私的交通を交通一般の認識対象から排除することは正確な交通現象への認識を歪める結果をもたらす。競合・補完関係にある私的交通を含めた広義の交通現象から交通サービス商品を認識していくことが，現実を反映した交通現象の法則性把握には不可欠だからである。

　第2に，交通の目的を考えると，それは各人の価値観に基づきながら，交通対象である人や物の価値[3]を実現することにある。交通の主体は人間であり，人間は合目的的行動を起こす。動物は，生まれついて獲得している本能に従って，自らの行動を起こす。だが，人間は本能ではなく，自らが頭の中に描いた像，すなわち目的像に基づいて行動する。目的に合致するように，現状と目的

　2）　交通論と商学との関係については，拙著『交通論の祖型－関一研究－』八朔社，2000年を参照されたい。

との乖離を解消するために人間は日々の活動をしている。

　原初的には生命体としての身体を維持するために必要な栄養源を主に食糧を通じて体内に摂取するという行為が不可欠なことから，栄養源としての食糧の獲得が人間にとって不可欠な目的となる。今日の商品経済社会では社会的分業の発達により，食糧生産の目的が多くの場合に自身のためではなく他人のためとなっている。したがって食糧だけではなく他の様々な財やサービスが今日では商品として販売されている。つまり市場メカニズムを介しさえすれば商品は需要者の所有物となる。

　そこでは，結局，必要や欲望・欲求が各人の価値観によって相違するため，様々な合目的的行動が発生する。交通はこうした人間の多用な価値観に規定されながら，各人における人や物の場所的移動の必要性あるいはそれらの価値の実現を果たす社会的行為となって現象する。その際，交通サービスに対する需要すなわち交通需要 (transport demand) として，交通それ自体が目的となる本源的需要 (primary demand) －例えば観光旅行やドライブ－と，他の目的を実現するための手段として交通が位置づけられる派生的需要 (derived demand) －例えば通勤や通学，貨物輸送－が生じる。

　第3に，人間がその目的を達成するための方法は何か。人間は地球という空間的，時間的制約をもつ自然に規定されて存在している。したがって，自分自身だけでなく他人の場所的移動，また自身の所有物ないし社会的に取引される物の場所的移動を交通サービスの生産・消費の過程を通じて行なわざるを得ない。すなわち，各人の多様な目的を達成するために交通サービスの生産と消費を介してそれらの場所的移動が行なわれている。その際，人や物の場所的移動には時間的経過が付随しているために，交通が迅速に行なわれるならばそれだ

---

3) 価値とは，経済的価値，場所的価値，技術的価値，芸術的価値，倫理的価値，精神的価値などといった客観的な存在を指す。したがって交通対象（人や物）の価値とは，交通対象の使用価値ともいえる。使用価値とは認識対象の素材的性質と有用性とを一括した概念であり，客観性をもつ。このため交通対象の素材的性質と有用性は交通対象自体を介して不分離となっている。

け早く空間的制約から解き放たれ，各人の目的が実現するということを看過できない。人や物の価値の実現に交通の目的があるゆえに，その一連の場所的移動過程はできるだけ早く完了することに意義がある。

　歴史を振り返ればこうした交通サービスは商品として生産・供給されているだけでなく，徒歩という原初的な交通形態や自家用自動車などによって行なわれている自給自足としての交通サービスも含んでいた。いずれも人間が主体となっている点に特徴をもつ。人間が通路，運搬具，動力，結節機能点，エネルギー，情報といった交通手段を自身の労働力と適切に組み合わせることで交通サービスを生産し，自らの場所的移動という目的を達成してきたのである。当初は人間の労働力に加えて自然の交通手段を活用しながら，技術力の向上とともに徐々に人工的な交通手段も交えながら，交通サービスの生産方法は改良され，発達していった。

　そこではより迅速に人や物といった交通対象の場所的移動を行なうことが重視されてきた。だが，一度，交通サービスが商品化されると，迅速性に加えて，安全性，正確性，大量性，とりわけ低廉性が交通サービスの生産・供給に求められるようになった。そうした交通サービス生産における多様な要求への対応は交通技術の改良および適切な経営形態の選択によって図られてきている。さらに過去80年ほど前からは私的交通，特に自家用自動車の販売価格の低下と可処分所得の上昇が相まって自給自足の交通サービス生産も増大してきている。

　以上のように，交通とは各人の価値観に基づいて人や物といった交通対象の価値を実現するために，主体としての人間が交通手段（通路，運搬具，動力，結節機能点，エネルギー，情報）および労働力とともに，つまり交通サービスの生産・消費を介して交通対象へ直接に働きかけながら，交通対象の場所的移動を完了させていく社会的行為である。

第2節　交通の意義

資本主義経済における交通には，大きく分けて経済的意義と社会的・文化的意義という2つの意義がある[4]。

まず交通の経済的意義とは，端的には交通が社会的再生産（social reproduction）の基軸となって国民経済の発展に寄与するということである。第1に交通が場所的距離，すなわち空間的・時間的距離を短縮する機能を生かし，市場の形成と拡大に働きかけるからである。また，交通機関（transport mode）が高速化・大型化されることで，場所的移動に要する時間の短縮や一度に運搬できる輸送量の増大が一層促進されるからである。これらは生産財市場，消費財市場，労働市場からの交通に対する共通した要求を反映したものである。交通が人や物の移動距離の拡大，移動時間の短縮，これに伴う商品価格形成の地域的平準化を加速する。ゆえに，世界的規模における移動人数・移動量の増大や運賃の低廉化・均一化が顕在化してくる。

第2に交通が社会的分業体制を促進するからである。一国だけでなく世界的規模における移動距離の拡大もしくは移動時間の短縮によって，例えば特定の地域が農業生産物のような商品を生産するのに適した立地に特化することを可能にする。あるいは，1つの工業製品を生産するのに要する部品を地理的に離れた別の地域で生産し，それらを最終的に1ヵ所に集約して完成品にすることを可能にする。すなわち，交通が商品の生産地と消費地との空間的・時間的分離の拡大を克服する。このため自己の得意とする商品の生産へ特化できるゆえに，総生産費用が不変の場合，商品生産者は生産性の向上による超過利潤を獲得できる。

第3に商品供給の規則化・安定化に作用するからである。多くの場合，資本

---

[4] 今野源八郎『3訂　交通経済学』青林書院，1966年，1-14頁。前田義信『改訂版　交通経済要論』晃洋書房，1988年，17-24頁。岩澤孝雄『交通産業のサービス商品戦略』白桃書房，1996年，5-12頁。

主義経済の発展に従って交通ネットワークが整備されてきた。その際，運搬具や動力といった交通手段が改良・近代化されてきたゆえに，地形や天候といった自然的要因に遮断されることなく交通機関が交通サービスを供給できるような仕組みを形成してきた。

すなわち，商品輸送における荷主の要求を反映しながら交通システムが発達してきた結果，物流の規則的・安定的供給が可能となったのである。荷主側の意図は，流通費用の削減にある[5]。商品在庫によって保管費用が発生するため，商業経営者の立場からすればできるだけ在庫を抱えたくない。市場では，いかにして販売価格を低廉化するかが競われているからである。つまり，交通手段の技術的改良・交通ネットワークの拡大によって，運輸費用が低廉化してくると，それらが未発達な場合に比べて流通費用を削減できる。ゆえに必要な時に必要な量の商品を商業経営者に納品できる。

第4に外部性を有するからである。線路や道路といた通路の建設・整備には巨額の費用が必要とされる。だが，こうした交通インフラストラクチャー（transport infrastructure）の建設・整備はその建設への投資から直接に経済的効果を生み出す。すなわち交通インフラストラクチャーの建設・整備は多くの場合に公共事業として行なわれることから，一時的ではあるが政策的な雇用創出効果が期待できる。

また交通インフラストラクチャーの建設・整備は間接的に地域開発効果をもたらす。これは外部経済（external economies）と呼ばれている。移動時間の短縮や運輸費用の削減による経済的便益とは異なり，外部経済は第3者にその便益が波及する。なお，交通インフラストラクチャーの建設・整備はその沿線の環境破壊を付随する場合もある。このため直接的に影響を被る地域社会は外部経済だけでなく外部不経済（external diseconomies）も合わせてその建設・整備による費用・便益を評価すべきである。

---

5) 流通費用は，運輸費用（商品輸送に要する経費），保管費用（品質維持のための費用），純粋な流通費用（会計処理などの経費，市場調査費や宣伝費，商人の販売活動に要する費用など）といった3種類の費用から構成されている。

第1部　現代交通の基礎理論

　第5に大規模経営を可能とするからである。市場の要求を反映した交通ネットワークの拡大は大規模な市場を創造する。当然のことながらそれは生産された商品の販売市場の拡大に寄与していく。生産者の視点に立てば，このことは大規模経営の基礎が成立したことを意味する。流通費用の圧縮・均一化による商品生産の量的拡大と利潤獲得の機会が増大することになるからである。また，交通ネットワークの拡大は交通機関の近代化と相まってリードタイムの短縮をもたらすゆえに，商品の販売状況にもよるが，結果的にその分だけ投下資本の回収期間を短縮する。したがって，その分だけ経営の安定化にも貢献することにもなる。

　続いて交通の社会的・文化的意義をみると，第1に交通が精神的交流を促進する点を指摘できる。なぜなら，交通が異文化交流やフェイス・トゥー・フェイスの社会形成の基盤となるからである。例えば航空機の発達により，海外への移動時間が短縮され，異文化に暮らす人々と直接に会話ができるようになったことを挙げられる。現代でも親密な人間関係は直接に対峙しての会話にその基本があると考えられるゆえに，交通の果たす役割は大きい。海外だけでなく国内においても自家用自動車が運転できれば，たいていの所要は済ますことができる。またコミュニティー・バスが運行していれば，高齢者のように自家用自動車を運転・利用できない交通貧困階層（the transport-poor）にとって地域社会における孤立を抑制できる。要は，国内外の交通機関が整備されると，人と人との結びつきをより促進する働きがある点に留意すべきである。

　第2に交通が社会・文化面における地域格差を平準化することである。交通の経済的意義において，交通が市場の形成と拡大に働きかけることを指摘したが，市場はそうした経済的意義だけでなく社会的・文化的意義も併せもっているからである。市場で売買される商品から，デザインや機能などを通じて特定社会の文化が発せられている。仮にある特定の商品が世界的規模で流通・消費されるようになれば，その商品に対象化されている特定社会の文化が世界に浸透していく契機となる。つまり，社会・文化面における世界的規模での地域格差の平準化に交通は貢献している。

第3にライフスタイルに影響することである。ここでは特に余暇の過ごし方に焦点を絞ってみていく。わが国では1970年代中頃にジャンボ・ジェット機（B747型旅客機）が国内線・国際線に就航した結果，航空機の大型化と高速化による交通サービス商品単位当たり生産費用の低廉化と移動時間の短縮が生み出された。これを受けて運賃の低廉化がもたらされ，人々の行動圏は拡大した。従来の国内旅行に近似する費用と日数で海外旅行をすることが可能となったのである。とりわけ円高・ドル安や余暇の増大などの要因と相まって，1980年代半ばから海外旅行が急速に人々の間に普及していった。つまり，交通機関の技術的革新が人々のライフスタイルに変化をもたらしたといえる。逆にライフスタイルの変化が交通機関の改良を促すこと，さらには新たな交通サービス商品の開発を交通事業者に促すことも看過できない。

第3節　交通論の系譜

　交通論の誕生は初期のイギリス古典派経済学に分類されるアダム・スミスやジョン・スチュアート・ミル（J.S.Mill）にまで遡れるとされる[6]。アダム・スミスは交通手段の発達ないし輸送力の進歩により一国の富が増進すると論じ，交通が市場創出の条件であるとした[7]。ただし，スミスは交通の流通的意義の中にその生産的意義を包含しており，両者を明確に区別できていなかった。
　続くジョン・スチュアート・ミルは個別産業の生産力を規定する点において，交通の流通的意義とは区別された交通の生産的意義を認識していた[8]。こうした交通の生産的意義を重視する考えは，ドイツ歴史学派経済学に分類されるリ

6）　交通論の系譜を辿る所以は，個体発生は環境とともに系統発生を繰り返すからである。つまり，交通論の誕生から現代に至るまでの学説の変遷過程を一身上に繰り返さなくては，交通論の論理的な認識が達せられないからである。
7）　Smith, A., *An Inquiry into the Nature and Causes of the Wealth of Nations*, ed.by E.Cannan, New York：Modern Library, 1937, pp.17-21（大内兵衛・松川七郎邦訳『諸国民の富（第1分冊）』岩波書店，1959年，124-132頁）.

スト（F.List）やロッシャー（W.Roscher）へと引き継がれていく。リストは交通の意義を常に国民的生産力との関連で捉え，ロッシャーは交通施設の改良が国富増進に貢献するとして交通の生産的意義を重視した[9]。つまり，交通の生産的認識に力点をおきながら国民経済の視点に立つ交通論，特に交通政策の学的枠組みの形成が行なわれていたのである[10]。

1870年代になると，それまでのイギリス古典派経済学やドイツ歴史学派経済学とは異なり，その理論的基礎を限界効用価値説におく新古典派経済学が出現した。いわゆる限界革命（the marginal revolution）である。この学派の特徴は，追加的な商品1単位の使用や消費を通じて各人が得られる主観的満足度ないし限界効用を価値論の基礎とし，限界効用と限界費用（marginal cost）との一致する点で価格が決定されるとしたことである。

これは効用の最大化を追求する合理的経済人を仮定し，市場における財やサービスの消費過程に焦点を絞った交換理論だといえる。すなわち生産の歴史的・社会的関係を排除し，価値論の基礎を商品の追加1単位から得られる限界効用に基づいて説明し，限界効用と限界費用との一致点で均衡価格が決定するとした理論である。

ここで新古典派経済学の限界効用価値説とは独立に，弁証法論理学の観点からイギリス古典派経済学の労働価値説を批判的に継承したマルクスの考え方をみておこう。マルクスは人や物の価値を実現するための場所的移動に要する交通サービス商品生産の性格を次のように述べている[11]。

まず，「輸送業が販売するものは，場所の変更そのものである。生みだされ

---

8) Mill, J.S., *Principles of Political Economy with Some of their Applications to Social Philosophy*, ed.by W.J.Ashley, London : Longmans, Green and co., 1926, p.184, p.705（末永茂喜邦訳『経済学原理（第1分冊）』岩波書店，1960年，340－341頁，同邦訳『経済学原理（第4分冊）』岩波書店，1961年，27－28頁）.
9) 富永祐治『交通学の生成－交通学説史研究－』日本評論社，1943年，115－203頁，207－265頁（富永祐治『交通学の生成－交通学説史研究－（富永祐治著作集第1巻）』やしま書房，1989年，79－144頁，147－189頁）。
10) 今野，前掲『3訂 交通経済学』37－48頁。

第1章　交通と交通論

る有用効果は，輸送過程すなわち輸送業の生産過程と不可分に結びつけられている。人間と商品は輸送手段と一緒に旅をする。そして，輸送手段の旅，輸送手段の場所的運動が，まさに輸送手段の作用によって生じた生産過程である。その有用効果は，生産過程の期間中にのみ消費されうる。その有用効果は，この過程とは異なる使用物－すなわち，その生産後にはじめて取引物品として機能し，商品として流通する使用物－としては実在しない。」と，交通サービス商品の使用価値[12]を論じる。

続けて，「しかし，この有用効果の交換価値は，他のどの商品の交換価値とも同じく，その有用効果〔の生産〕に消費された生産諸要素（労働力および生産諸手段）の価値，プラス，輸送業に就業している労働者たちの剰余労働が創造した剰余価値，によって規定されている。この有用効果は，その消費についても，他の商品とまったく同じである。それが個人的に消費されるならば，その価値は消費とともに消えうせる。それが生産的に消費されるならば，したがって，それ自身が輸送中の商品の一生産段階であるならば，その価値は，追加価値としてその商品そのものに移転される。」と，価値[13]についても言及する。

このように交通事業者が交通サービス商品を生産していると認識できる理由として，交通労働が交通対象（人や物）に企図した通りの場所的位置の変化を生み出していることが指摘できる。留意すべき点として，交通事業者は生産物を生産する代わりに交通サービス商品を生産しているということである。

本来の生産では人間が目的性をもって労働対象（天然資源や原材料）に観念的・実体的に働きかけ自らの欲望・欲求を充足するのに適した形態へとその性

---

11) Marx, K., *Das Kapital : Kritik der Politischen Oekonomie*, Zweiter Band, Buch Ⅱ, Hamburg：Otto Meissners Verlag, 1922, s.28（社会科学研究所監修，資本論邦訳委員会邦訳『資本論（第5分冊）』新日本出版社，1984年，87－88頁）.
12)　商品の使用価値とは，他人用の有用性である。具体的人間労働（concrete labour）が生産物の素材的性質に対象化され他人用の有用性を備えたものを商品の使用価値という。
13)　商品の価値とは資本主義経済における抽象的人間労働である。抽象的人間労働が商品価値の実体なのである。商品の経済的価値の根拠が価値である。

状を変化させている[14]。この結果，生産物が出現する。だが，交通サービス商品の生産後に製造業や農業のように結果として生み出されるものはない。しかし，交通サービス商品がその使用価値として企図した通りに交通対象の場所的移動という有用性を創出していることから交通事業者が商品としての交通サービスを生産しているとみなすのである[15]。

交通サービス商品はそうした使用価値を交通対象に対象化していくだけでなく，価値をも形成している[16]。商品の価値とは，交換価値の本体に相当する客観的な存在（経済的価値）の根拠であり，他の商品と交換できるという一般的性質を意味する[17]。そこで価値の大きさを規定するために，交通サービス商品の生産部門において社会的に標準的な交通手段と社会的に平均程度の熟練・強度の交通労働でもって，その商品を新たに再生産するために必要な労働量（労働時間）を尺度として使用する。なお，交通サービス商品の価値はその使用価値（有用性）と連動しているために，交通サービス商品の生産・消費後に確認されることになる。

翻って，新古典派経済学とわが国における交通論との関係を確認しておこう。新古典派経済学が交通論の研究手法として適用され始めた時期にわが国から欧州へ留学していたのが，交通学の研究者であった関一（せきはじめ）であった。関一は，わ

---

14) 水谷謙治『新経済原論－経済の基本構造－』有斐閣，1994年，51頁。形態とは対象の形式と内容を同時に認識したものであり，ここでは事物のあり方を意味している。

15) 伊勢田穆「交通用役の生産，消費，流通－原理的考察」廣岡治哉編『現代交通経済論』産図テクスト，1997年，180－182頁。

16) 赤堀邦雄『価値論と生産的労働』三一書房，1971年，第1章，第5章，第6章。同『労働価値論新講』時潮社，1982年，第11章，第12章。飯盛信男『サービス経済論序説』九州大学出版会，1985年，第6章。サービス労働の価値形成性をめぐる諸見解については，長田浩『サービス経済論体系－「サービス経済化」時代を考える－』新評論，1989年，115－117頁を参照されたい。

17) 交換価値と価値とを区別する理由は，①労働を含まない商品も交換価値を有するために，労働の社会的性質を交換価値と呼べば混乱すること，②交換価値は交換上の性質だけでなく交換上の様々な量的比率をも意味するために，その社会的性質を規定する必要があること，に根拠をもつ。

が国において交通を社会科学の1つの研究領域として確立するに際して影響力をもっていた人物であるといえよう。特に，帰国後，東京高等商業学校（現在の一橋大学）教授および明治大学など数校の非常勤講師として鉄道論を講じたこと，また鉄道・交通に関する諸外国の先駆的理論を教科書として著したこと，これらがその理由として挙げられる[18]。

関一の交通論分野における代表作は1905（明治38）年に刊行された『鉄道講義要領』（同文館）である。その学問的意義は公共性を重視するドイツ歴史学派経済学と効率性に焦点を絞る新古典派経済学の考え方を基礎とした，交通事業者の経済的，経営的，政策的分析にあった[19]。関一は同書を刊行するに先立って，フランスのコルソン（C.Colson）によって執筆された，新古典派経済学を基礎とする交通論の研究書『交通と賃率』を翻訳していた[20]。その骨子は市場メカニズムを基軸とする運賃論の活用にあり，交通機関別の事業者が事例として取り上げられていた。

わが国の交通論研究は，関一以降，欧米における交通論研究の形式論理的体系を骨格とし，そこに資料を加味しながら客観的に実証する手法が主にとられていた。第2次世界大戦後になると，わが国では大別して4つの手法が交通論研究に採用されるようになった[21]。

第1に新古典派経済学，すなわち限界効用価値説ないし選好理論を立論の基

---

18) 関一の詳細は，前掲，『交通論の祖型－関一研究－』を参照されたい。
19) わが国では関一によって広義の交通論ないし鉄道論がアカデミズム界に制度化される以前からドイツ歴史学派経済学に依拠する交通論の研究は既に紹介されていた。例えば，東京郵便電信学校教授であった下村房次郎が1890（明治23）年11月に創刊した雑誌『交通』（交通学館）が挙げられる。
20) Colson, C., *Transports et Tarifs*, 1892, Paris : Lucien Laveur（関一解説『コルソン氏交通政策』同文館，1903年）．コルソンの運賃論については，丸茂新「C.コルソンの運賃理論」中島勇次編『交通の経済学Ⅰ＜理論と政策＞編』運輸調査局，1971年，133－143頁，同「フランスにおける交通学の展開」交通学説史研究会編『交通学説史の研究（そのⅢ）』運輸経済研究センター，1988年，258－261頁を参照されたい。
21) 佐竹義昌「戦後におけるわが国の交通学研究」日本交通学会編『交通学研究－1957年研究年報－』日本交通学会，1957年，316－323頁。

第1部　現代交通の基礎理論

礎に据えて交通現象の中でも運賃を中心に分析を行なう研究手法である[22]。この手法は，交通サービス商品の流通過程に焦点を絞り，市場メカニズムと運賃との関係を限界効用価値から，あるいはこうした効用の可測性に批判がなされた後は，無差別曲線や選好という順序性からパレート最適を基準に公共性の量的評価を考察していく。そこでは市場メカニズムと価値法則は分離されている。

第2に社会経済学，すなわち労働価値説を基礎にして交通サービス商品の生産過程における他人用の使用価値（有用性）と価値との2重性を解明しようとする研究手法である[23]。この手法は人間社会に不可欠な物質的生産の一般的理論である価値法則（law of value）を社会的再生産過程，すなわち社会構造という質的側面から明らかにした上で，この価値法則を交通事業者に対して適用していく。したがって，物質的生産（有形財生産）と同様に，交通サービス商品の交換価値すなわち運賃が，より正確には価値の大きさがその商品を改めて再生産するのに社会的・平均的に必要な労働量（労働時間）に基づくとされる[24]。

第3に日本資本主義の発展と交通事業者の発達との関連を分析する研究手法である[25]。特にわが国の鉄道事業者，物流事業者，海運事業者の成立から発展に関する経済的，経営的，政策的側面の考察が客観的な史料・資料に依拠して実証されていく。社会経済学を基礎としながらも，その理論よりも歴史・実証に軸足をおいている。近年この研究手法は，交通論研究者だけではなく日本経

---

22) 例えば，佐波宣平『改版　交通概論』有斐閣，1954年，前田義信『運賃の経済理論』高城書店，1961年，丸茂新『鉄道運賃学説史』所書店，1972年，増井健一『交通経済学－『交通経済論』改訂版－』東洋経済新報社，1973年，岡野行秀・山田浩之編『交通経済学講義』青林書院新社，1974年，杉山雅洋『西ドイツ交通政策研究』成文堂，1985年などが挙げられる。

23) 例えば，麻生平八郎『交通及び交通政策』白桃書房，1954年，同『交通経営論』白桃書房，1959年，富永祐治「交通用役について」『経済学雑誌』第37巻第4号，1957年10月，1－21頁（富永祐治『交通研究ノート抄（富永祐治著作集第3巻）』やしま書房，1990年，135－160頁），大阪市立大学，1957年，石井彰次郎『交通の経済学的研究』春秋社，1961年，佐竹義昌『交通労働の研究』東洋経済新報社，1966年，赤堀邦雄『価値論と生産的労働』三一書房，1971年，松尾光芳『日本交通政策論序説』文眞堂，1978年，同『増補版　日本交通政策論序説』文眞堂，1982年，金子俊夫『現代の交通経済学』広文社，1980年などが挙げられる。

済史や日本経営史の領域から積極的に活用されている。時代区分としては明治期から第2次世界大戦以前までに関する研究の蓄積が多く，近現代に関しては少ない。

　第4に歴史学派経済学もしくは旧制度派経済学[26]の手法に依拠する研究手法である[27]。この研究手法は制度（社会）と変化（歴史的時間）という社会経済の主に質的側面に焦点を合わせている。歴史学派経済学は交通史や社会経済史からのアプローチである。相対的で暫定的な真実性という基準に依拠しながら，

---

24) 今日では交通サービス商品の生産に要する生産要素の投入比率（それに適切な素材的・技術的に規定された原材料・部品・生産設備と，その条件に適した具体的労働の配分比率）の決定に，限界理論すなわち消費主体としての交通事業者が行なう合理的選択の理論（同じ量の生産を行なうために必要となる，最小の労働量の選択）を含みながら社会経済学は再構築されるべきである。その際，各生産要素の生産部門において社会的に標準的な生産手段と社会的に平均程度の熟練・強度の労働でもって，それらの生産要素を新たに再生産するために必要な労働量（労働時間）が主体にとっての合理的選択基準となる。詳しくは，三土修平・大西広編『新しい教養のすすめ　経済学』昭和堂，2002年，57-62頁を参照のこと。

25) 例えば，大島藤太郎『国家独占資本としての国有鉄道の史的展開』伊藤書店，1949年，富永祐治『交通における資本主義の発展－日本交通業の近代化過程－』岩波書店，1953年（富永祐治『交通における資本主義の発展－日本交通業の近代化過程－（富永祐治著作集第2巻）』やしま書房，1990年），石井常雄「自動車運送資本の再編成過程－トラック業系列化の現状と方向－」日本交通学会編『交通学研究－1958年研究年報－』日本交通学会，1958年，207-227頁（石井常雄『自動車の運送史（石井常雄交通論集第2集）』啓友社，1997年，111-131頁），中西健一『日本私有鉄道史研究－都市交通の発展とその構造－』日本評論新社，1963年，老川慶喜『明治期地方鉄道史研究－地方鉄道の展開と市場形成－』日本経済評論社，1983年などが挙げられる。

26) 旧制度派経済学は効用極大化の仮説を拒否し方法論的全体論の立場から帰納的に分析する。一方，新制度派経済学は効用極大化の仮説を採用し方法論的個人主義の立場から演繹的に分析する。この他，新・旧の制度派経済学には制度論や人間観にも相違がある（詳しくは，髙橋真『制度主義の経済学－ホリスティック・パラダイムの世界へ－』税務経理協会，2002年を参照されたい）。

27) 例えば，大森一二『都市と交通』中央書院，1954年，今野源八郎『アメリカ道路交通発達論－政策史的研究－』東京大学出版会，1959年，生田保夫『アメリカ国民経済の生成と鉄道建設－アメリカ鉄道経済の成立－』泉文堂，1980年などが挙げられる。

第1部　現代交通の基礎理論

史料・資料の中から歴史的事実を帰納的に分析し，これを再構成後に叙述していく。歴史学派経済学の影響を受けた旧制度派経済学は，新古典派経済学の合理的選択モデルを受容せずに，経済活動を人間行動全般の一部として認識する。つまり，経済活動に加えて非経済活動をも包含した経験的な経済的事実に着目しながら，全体論の視点から帰納的に分析し，記述していく。

　このように交通サービス商品は早くから経済学の領域で研究が行なわれてきた。経済学の学派にかかわらず，交通サービス商品が研究対象になった理由として，交通機関の発達，特に鉄道事業者や海運事業者が早期から独立した資本の投下先として出現していたことが考えられる。つまり，交通事業者が資本主義社会における社会的再生産の一翼を担っていた事実に帰着する。ゆえに，ほかのサービス商品と比べて，交通サービス商品の社会における重要性が早くから研究者に認識され，本格的な研究対象となっていた。第2次世界大戦後も，新古典派経済学や社会経済学をはじめとする複数の方法論に依拠する交通研究が継承・発展され，今日に至っている。

第2章　交通サービス

第1節　交通サービスの概念と即時性

　交通とは，交通サービスを介して交通対象である人や物の場所的移動を個別主体の企図した通りに行なう，一連の過程およびその完了までの社会的行為である。ここでサービスとは，労働対象（subject of labour）に対して労働力と労働手段（means of labour）を介して直接に働きかけながら当初に企図した労働対象の価値を実現する行為概念である[1]。したがって，交通サービスとは，人や物という交通対象の価値を実現するために労働力と交通手段とをもって交通対象に直接に働きかけながら当初に企図した通りの場所的移動を果たす労働行為と定義できる。こうした労働行為の過程において，交通サービスは生産されると同時に消費されながら交通対象に直接に働きかけてその場所的移動を行なっていく。

　すなわち，交通は交通サービスの生産と同時に消費されるという即時性に規定されている。というのは，交通は交通サービスの生産，消費されている時間と交通対象の移動時間の一致を強いるからである。ゆえに，交通対象は交通サービスが生産・供給されている時間を共有しなければならない。また，即時性は交通サービスの生産，消費される場所と交通対象の移動場所の一致，すなわち即地性も要す。したがって交通対象は交通サービスが生産・供給される場所も共有しなければならない。こうした性質を捉えて交通サービスは即時財（instantaneous goods）と認識されている[2]。

　そこで即時性と即地性を併せもつ，即時財としての交通サービスの特徴を有

---

[1]　前田義信『改訂版　交通経済要論』晃洋書房，1988年，26頁。生田保夫『改訂版　交通学の視点』流通経済大学出版会，2004年，26-29頁。

形財と比較しながら確認していきたい。有形財の事例として木材を使ってベンチを自分で製作すること，対して即時財の事例として自宅から勤務先まで自ら自家用自動車を運転し，移動すること（私的交通）を想定してみよう。

ベンチはノコギリやノミ，釘や金槌などを使って木材を自分で加工して完成される。完成後のベンチからは，その使用場所や使用時間に関係なく，座るという有用な機能が半永久的に発揮されていく。このように有形財であるベンチの生産過程（production process）と消費過程（consumption process）は空間的，時間的に分離できる。

一方，自家用自動車を自分で運転して自宅から勤務先まで移動する場合，場所的移動の完了をもって運転した自分自身の価値が実現している。つまり，即時財である交通サービスはその生産と消費の場所と時間を分離できないゆえに，当初に企図した場所的移動の完了時点では必然的に交通サービスの生産過程と消費過程とが同時に終了してしまっている。こうした自給自足としての交通サービスの生産過程と消費過程との空間的，時間的な不分離から交通サービスの貯蔵不可能性（non-stockability）が示される。

続いて，交通サービスが商品として生産されている場合に，交通サービスの即時性が交通サービス商品にいかなる規定を与えているのかを，同様に有形財との比較からみてみよう。例えば，資本家ないし企業家が木材を使用してベンチ製造会社を経営する場合と，資本家ないし企業家が鉄道事業を経営する場合とを，つまり商品としてのベンチと交通サービス商品とを比べてみよう。

まずベンチ製造会社を考えていく。そこでは雇用契約を結んだ労働者がノコギリやノミ，釘や金槌などを使って木材を加工し，商品としてのベンチを製造する。商品化されたベンチは，卸業者を経て店頭に並び最終消費者の手元に渡る。つまり，生産過程，流通過程（commodity circulation process），消費過程がそれぞれ空間的，時間的に分離できる。

次に，交通サービス商品を生産する鉄道事業者に視点を移してみよう。鉄道

---

2) 即時財としての交通サービスには貯蔵不可能性，非自存性，不可逆性，共同生産性，認識の困難性がその特性に挙げられる。

事業者は，交通サービス商品の生産に要する生産施設を購入・設置し，交通サービス商品の生産準備を行なう。そこでは線路，駅舎や電車などの生産施設を運転手らが操作・使用することで，交通サービス商品の生産が可能な状態になっている。そして，この準備状態に当該交通サービス商品に対する交通需要者が加わることで，初めて交通サービス商品の生産と同時に消費が開始される。つまり，鉄道事業者からみれば，ここで生産・供給している商品には目的地までの場所的移動という他人用の使用価値（有用性）がある。

だが，交通サービス商品の需要者が，交通サービス商品の生産されている場所と時間に存在しなければ，この交通需要者の価値が実現されない。つまり，交通サービス商品の生産過程，流通過程，消費過程は場所的，時間的に分離できないことになる[3]。なお，交通サービスが商品化されている場合，交通サービスの生産・消費過程すなわち場所的移動過程において交通対象である人や物に何らかの怪我や損傷を負わせると，その交通サービス商品は交通需要者すなわち利用者からのクレーム対象となる点を特記しておく。交通サービス商品には，安全性が真っ先に希求される所以である。

このように自己生産においては，有形財であるベンチの場合，生産過程と消費過程の場所的，時間的分離ができるのに対し，即時財である交通サービスの場合には，生産過程と消費過程との場所的，時間的分離ができない。同様に商品生産においても，有形財であるベンチの場合，生産過程，流通過程，消費過程の分離ができる一方，即時財である交通サービス商品の場合には，生産過程，流通過程，消費過程の場所的，時間的分離ができないことが確認できた。

商品生産において流通過程の介在がある点を除けば，有形財の具体例として挙げたベンチの場合，自家用か商品かを問わず，生産過程と消費過程との空間的，時間的分離ができた。これに対して，即時財の具体例として挙げた自家用自動車での移動という自給自足としての交通サービスの生産過程と消費過程，

---

3) ただし，交通サービス商品の場合には，場所的移動サービスを受ける権利を保障した契約書を介して流通過程が生産過程と消費過程から独立・先行できる。例えば，鉄道乗車券・定期券や航空券の事前販売が該当する。

および鉄道事業者における交通サービス商品の生産過程と消費過程との空間的，時間的分離ができなかった。これは自給自足あるいは商品としての交通サービスのどちらにおいても，交通対象が交通サービスの生産と同時に消費されるという即時性に規定されていることを意味する。すなわち，交通対象は交通サービスの生産と消費の過程に組み込まれている。

したがって，交通サービスを商品として生産・供給する交通事業者は，交通需要者の支払能力に裏づけられた運賃はいくらなのか（price），交通需要者の欲望・欲求を充足するのはどのような交通サービス商品なのか（product），交通サービス商品の流通過程をどこにするのか（place），交通サービス商品の情報をいかにして交通需要者に伝達するのか（promotion）といった交通需要者の価値観と整合する商品を創造・提供する，マーケティングを必要とする。

なぜなら，労働力と交通手段の組み合わせからなる交通サービス商品の生産準備過程に，人や物といった交通対象を組み込むことで，生産過程と消費過程との場所的，時間的一致を図らなければ，交通事業者は交通サービス商品の生産・供給に要した費用を回収できないからである。こうしてマーケティングを活用しながら交通サービス商品の生産・供給量とその消費量との一致を図り交通資本の回転期間を短縮することで，交通事業者の資本蓄積が果たされていく[4]。

4） Hibbs, J., *Transport Economics & Policy : A Practical Analysis of Performance, Efficiency and Marketing Objectives*, London : Kogan Page, 2003, Chapter 13～17 ; Gubbins, E.J., *Managing Transport Operations* (3rd edn), London : Kogan Press, 2003, Chapter 5. コトラーによると「マーケティング概念は，標的市場にはどんなニーズや欲求があるのかを明らかにし，それによって望まれている満足を競争相手よりも効果的・効率的に供給することが組織目標を達成する鍵となる，と考える経営方針である」とされる（Kotler, P., *Principles of Marketing*, Englewood Cliffs : Prentice-Hall, Inc., 1980, p.22, 村田昭治監修，和田充夫・上原征彦邦訳『マーケティング原理−戦略的アプローチ−』ダイヤモンド社, 1983年, 34頁）。

第2節　交通サービスの生産要素[5]

　交通とは，交通サービスを介して交通対象の場所的移動を達成するまでの社会的行為を意味した。換言すれば，交通とは，交通サービスの生産と消費，すなわち交通サービスの生産者（主体）が労働力と交通手段とをもって人や物という交通対象（客体）に直接に働きかける労働行為を通じて企図した通りに交通対象の場所的移動を行ない，交通対象の価値を実現することである。それゆえに交通サービスの主体と客体とが交通サービスの生産，消費される場所と時間に一致することを介してのみ，交通対象の場所的移動が行なわれる関係となっていた。

　しかし，このように理解しても，依然として交通サービスはなぜ生産的機能を有すると認識できるのかに関してはさらなる考察が必要である。そもそも生産とは人間が生存していくために労働対象（天然資源や原材料）に観念的・実体的に働きかけて，その性状を人間の欲望・欲求を充足するのに適した形態へと変化させることであった。いいかえると，生産とは人間が自然という労働対象に働きかけて，その労働対象を企図した通りにその性状を変化させることであった。

　翻ってサービスの機能をみると，サービスとは労働対象の価値を実現するようにサービスの生産者が労働力と労働手段を用いて労働対象へ直接に働きかける労働行為であった。この労働行為の結果，労働対象である人間や人間の所有物に企図した通りの有用性が生じていることからサービスは生産とみなせる。同様に交通サービスも交通対象の変化した位置という結果をもたらす。そこでは各人の価値観に基づきながら交通対象の価値が実現されていて，人間の必要や欲望・欲求が充足されている。したがって，こうした交通サービスにも生産

---

[5]　生産要素（factors of production）とは，生産を遂行するために要する諸資源のことである。本節は前田，前掲『改訂版　交通経済要論』39-42頁，および生田，前掲『改訂版　交通学の視点』29-41頁に依拠する。

的機能があるといえる。

　生産を行なうためには，労働力，労働手段，労働対象が必要である。交通サービスにおいては，交通サービスの生産地点で働く人に対象化されている労働力と，通路，運搬具，動力，結節機能点，エネルギー，情報という交通手段がその生産要素に該当する。ただし，交通サービス商品においては，交通サービスの生産要素としての労働力と交通手段が事前に準備できる一方で，その生産に必要な交通対象は交通サービスの需要者であるために，交通サービスの生産要素として事前に準備できない。

　というのも，交通対象である人や物の所有権を交通事業者が自由に行使できないためである。さらに交通需要者における価値観の多様化に伴い，交通事業者が交通需要の発生する場所と時間に関する的確な情報の把握に益々の困難をもっていることもそれに拍車をかけている。つまり，交通事業者の非所有物が生産過程に混入することになり，それを自らの管理下におけない不自由さを交通事業者はもっている。一方で，交通対象が有形財生産の原材料に相当するため，交通事業者にとっては交通対象の分だけ資本の投下費用が少なくて済むという利点もある。

①　通　　路

　通路とは，交通対象が出発地から目的地までいかなる経路を通って場所的移動を達成するのかを決定づけるゆえに，交通にとって第一義的な機能を果たす。通路は，陸路，海（水）路，空路に区分され，交通サービスの生産にとっての交通手段に相当する。人間は場所的距離の克服を図るために，陸，海（河川），空という地理的，自然的条件をまずはそのままの状態で利用してきた。後に技術開発力がつくと，地理的，自然的条件の制約から人間は次第に解放されていく。例えば，陸路では道路や線路，水路では運河の建設・整備が挙げられる。

　通路は交通サービスの生産にとって基礎的条件である。現代社会では交通対象の場所的移動範囲が空間的に拡大しているため，国内外における通路ネットワークの形成が求められている。生活者としての個人から企業家としての個人，

あるいは非営利的な組織から利潤動機の組織といったあらゆる交通需要に対応しなければならないからである。特に，陸路においては道路や線路は巨額の建設費・整備費を要するために，また一度建設・整備すると物理的に固定化される傾向をもつために，いかなる経路にそれらを設置するかが地域的・国家的な政策課題となる。これに対し，海（水）路や空路は港湾や空港という固定化された結節機能点を使用する点を除き，通路それ自体に関しては，海，河川，空という自然条件をそのまま活用できる。このため陸路と違って建設費や整備費が不要となり，また経路変更も容易なため，需給の整合性を図りやすい。

② 運 搬 具

運搬具とは，輸送の技術面と交通対象の性状とに整合性をもつように人為的に製作された物的装置のことである。すなわち，陸路，海（水）路，空路ごとに相違する技術上の輸送方法に適した機能と，人，物の性質や状態に合った機能という2重の役割を果たす装置である。このため運搬具は技術力の進展に伴って改良される余地が大きい。

もう1つの側面である，運搬具が交通サービスの質に影響を及ぼす点も看過できない。なぜなら，交通サービスの生産要素（通路，運搬具，動力，結節機能点，エネルギー，情報，労働力）の1つである運搬具という交通手段が交通サービスの需要者である交通対象に対して直接に作用するからである。したがって，運搬具が交通サービスの質に対する評価に影響を及ぼす。特に，人間の輸送においては，安全性や快適性といった尺度が用いられて，交通サービスの質評価を通じて運搬具の機能が認識される[6]。

---

6) 例えば，鉄道の中・長距離輸送に2階建て車両を投入して，着席数の増大を図ることで着席率の増大という快適性を追求したり，鉄道車両の素材に軽合金を使用することで衝突時の被害を少なくして安全性を一層高めたりすることが挙げられる。

第1部　現代交通の基礎理論

③　動　　力

　動力はエネルギーを推進力に変える機能をする。素朴な形態の動力には，風，海や河川の流れ，動物といった自然力が挙げられる。ここではエネルギーが直接に動力となっている。人類史では，帆船，いかだ，馬車にみるように自然力を主たる動力とした時代が長かった。もちろん現在でもこうした自然力が動力として活用されているが，蒸気機関の発明を契機とする人工力と比較すると推進力ないし生産効率性において大きく劣っている。このため現代の交通サービスに求められる大量性や低廉性，迅速性という必要の充足を自然力は満足し得ない。

　資本主義経済の進展による社会的分業に伴って交通事業が独立した産業部門として誕生した背景には，イギリスにおいて蒸気力が動力として交通手段へ応用されたことにある。実は蒸気機関の原理は古代ギリシア時代に既に発見されていた。実用化に至った要因として，海外から大量の原材料が流入した結果，一度に大量に低廉に迅速に人や物を輸送する必要性が高まったことが指摘できる。これが蒸気機関車や蒸気船の誕生に結びつく。すなわち，自然力よりも高い生産効率性をもつ交通手段が開発できたゆえに，交通サービスの生産における大量性や低廉性，迅速性が達成できることになった。なぜなら，一度に大量の交通対象を輸送することから単位当たり生産費用が低廉化したからであり，また速度の上昇により移動時間が短縮したからである。

　自然力から人工力へと交通技術が飛躍的発展を遂げたことで交通サービス生産の経済的効率性が達成された。このため自然力に依存していた時代と比較して，より広範囲に人や物が場所的移動をできるようになった。特に商品流通に大きく影響し，資本主義経済の発展との間に相乗効果を生み出していくことになる。その後，蒸気力から電力へと新しい動力装置が開発され，さらに大きな推進力が確保できるようになった。経済的効率性のためにも，また希少資源の有効活用性の観点からも交通サービス生産における動力の技術的貢献度は高い。

④ 結節機能点

　結節機能点とは，交通対象が交通サービスの生産過程に出入りする物的装置である。鉄道駅，バス停，タクシー乗り場，宅配の集配所，空港ターミナル，港湾ターミナル，物流ターミナルといったように，結節機能点は半永久的に固定された場所である。つまり，交通対象が交通サービスを享受するためには，その生産過程に出入りできる開口部としての結節機能点を必要とする。

　交通サービス生産・供給システムと交通対象との接点である結節機能点には2種類がある。第1に同種交通機関における交通サービス生産・供給システムと交通対象との接続がある。同種交通機関から成る交通サービス生産・供給システム間を連絡する機能であり，交通対象がその間を移動する。第2に異種交通機関における交通サービス生産・供給システムと交通対象との接点がある。ここでは異種交通機関から成る交通サービス生産・供給システム間を交通対象が移動する。結節機能点は，陸，海，空の同種・異種交通機関を結節させる場，特に首都圏における鉄道の始発駅，空港や港湾などに典型的にみられる複合型ターミナルに象徴される。

　交通対象の価値を実現するには，交通サービス生産・供給システムと交通需要者である交通対象が場所と時間との一致をしなくてはならない。こうした時間と場所の整合を図る場所，つまり需要と供給の対峙する場所が結節機能点である。したがって，結節機能点は交通サービスの生産・供給を円滑に行なう上で重要な調節機能を担っている。換言すれば，結節機能点に交通サービスに対する過剰需要あるいは過少需要がある場合に，いかにして各種交通サービス生産・供給システムの供給能力と整合させるのかが，結節機能点に課せられた課題となる。即時財である交通サービスは貯蔵できないからである。

　社会的機能の点からも，結節機能点の立地は意味をもつ。鉄道駅，空港や港湾のように一度，結節機能点が決定されると半永久的にそれが固定される場合は，事前の地域調査が極めて大切になってくる。特に長い歴史を有する鉄道駅や港湾が街・都市を形成する中核となっている場合が多いために留意が必要となる。これに対して半固定的な結節機能点として，バス停が挙げられる。バス

事業では法的手続きを経ればバス停の位置を変更できるゆえに，需要動向に合わせた戦略的な結節機能点の変更が可能である。例えば，コミュニティー・バスのようにその結節機能点の柔軟性を活用して社会的機能に貢献している事例もある。

　近年では，人流の結節機能点を単なる交通サービスの生産要素とみなすだけでなく，商業施設の一部として活用する傾向がある。例えば，駅ナカと呼ばれる，鉄道駅構内に併設されている小売店舗の集合体が挙げられる。

⑤　エネルギー

　エネルギーとは，運搬具の場所的移動を行なう能力のことである。初歩的なエネルギーの形態は，風，海や河川の流れ，動物といった自然力である。自然力を運搬具に直接に伝達させて場所的移動を行なう交通サービスの生産方法では，エネルギーが自然条件に制限されてしまう。このために，安定的，効率的なエネルギーとしては限界を有している。だが，蒸気機関の発明を契機とする技術進歩により，この限界は克服された。すなわち，エネルギーを安定的，効率的に動力装置へと供給する内燃機関の発明による。これは石炭，石油や放射性物質という化石燃料を使用した内燃性のエネルギーを変換して動力装置に伝達する仕組みである。現代に至るまで，交通サービスの生産における動力は主に内燃機関に依拠してきている。

　しかしながら，情報化の進展，市場の拡大，国際化を背景に過去数十年にわたり内燃機関が世界中で多用されてきた結果，近年ではこのエネルギー変換の仕組みが問題視されてきている。なぜなら，エネルギーを変換させる際に化石燃料の燃焼から発生する二酸化炭素が，地球温暖化の原因と考えられているからである。また化石燃料の埋蔵量には限りがあるからである。こうした点を改善するために代替的な新エネルギーが求められている。つまり，自然環境を破壊せずに，化石燃料と同等以上の高い生産効率性のあるエネルギーとして，例えば太陽エネルギーを電気に変換する装置が開発され，次世代のエネルギーとしての実用試験が行なわれている。新しいエネルギーの技術開発が実用段階に

移行すれば，交通サービスの生産におけるエネルギーとして普及させていくことが交通部門における新たな政策課題となる。

⑥ 情　　報

　情報とは，交通サービスの自己生産，自己消費の主体者（交通需要者），および交通サービス商品の生産・供給者である交通事業者とその交通需要者にとって不可欠な要素である。事前に当該の場所的移動に関する情報をその主体者，交通事業者や交通需要者が入手することで，効率的な交通サービスの生産と消費が行なえるからである。これは交通サービスの即時性に起因している。

　第1に，交通サービスの自己生産，自己消費を事例にみてみよう。例えば，自身で自家用自動車を運転して自宅から50km離れたN空港まで，一般道路と高速道路を経由して移動すると想定しよう。主体者の最終目的は，N空港から航空機に乗ることである。この場合，自家用自動車を運転しながら，道路の渋滞や閉鎖区間がないかなどをラジオの道路情報や高速道路の電光掲示板によって確認するであろう。その結果，道路状況により予定時刻に間に合わなくなりそうだとわかったならば，主体者は同時に交通需要者でもあるため，代替道路を探して当初の目的を達成しようと判断するであろう。このように場所的移動を初期の目的通りに達成するためには，自己の管理化にある運搬具，動力，エネルギー，労働力に関する情報以外の他律的な要因，すなわち通路や結節機能点の情報を継続的に入手する必要があることがわかる。

　第2に，交通サービス商品の生産・供給，消費を考えてみよう。ここでは2つの観点から情報と交通サービス商品の関係を捉えることができる。初めに交通サービス商品の生産・供給者側からみると，通路，運搬具，動力，結節機能点，エネルギー，労働力といった複数の生産要素を組み合わせて交通サービスをシステムとして生産するゆえに，これら相互における情報の連結が不可欠となってくる。すなわち，交通サービス商品の生産・供給者側における情報の共有化ということである。情報の共有化がシステムとして構築されると，交通サービス商品の質が一定の水準に確保され得る。

さらに、生産・供給準備段階にある交通サービス（中間財）を、需要者である交通対象と結びつけて交通サービス商品（完成財）へと移行するためには、交通サービス商品の生産・供給における場所と時間を需要者側の必要に合わせなければならない。貯蔵の不可能な即時財であるから、交通需要者の欲望・欲求を充足するような場所と時間に交通サービス（中間財）を生産・供給しないと、結局は交通サービス商品（完成財）が生産されないからである。

続いて、交通サービス商品（完成財）の需要者側からみると、交通需要者は交通サービス（中間財）が生産・供給されている場所と時間に自らを一致させないと、目的地への場所的移動が達せられないことになる。したがって、事前に自らが利用する交通サービス商品の生産・供給方法について十分な情報が必要とされる。例えば、海外旅行で初めて訪れる都市において、空港からホテルまで交通サービス商品を使って移動する場合を想定してみよう。タクシーやバスあるいは他の移動方法を選択するにせよ、その乗降場所、発車時間や到着時間、さらには運賃に関する正確な情報が事前に入手できなければ、私たちは見知らぬ土地にある空港から最終目的地へ移動できないであろう。つまり、交通需要者が交通サービス商品を円滑に利用できるためには、交通サービス商品を生産・供給する交通事業者に関する情報が、すなわち最低限でもその生産・供給の場所と時間が交通需要者に対して事前に伝達されていなければならない。したがって交通市場を円滑に機能させるために、交通事業者と交通需要者の間にある情報の格差をできるだけ減らす工夫が特に交通事業者側からなされるべきである。

⑦ 労　働　力

交通サービスの自己生産、自己消費においては、自らの管理下にある排他的な交通手段を需要者自身が操作して場所的移動をする。この場合、通路、運搬具、動力、結節機能点、エネルギー、情報といった交通手段に自らの労働を投入することで、交通対象である自分自身や関連する人や所有物を移動させる。ここで労働とは労働力を発揮することであり、労働力とは労働者がもっている

場所的移動を遂行するのに必要な労働能力のことである。

　一方，交通サービス商品の生産・供給においては，交通需要者は交通手段を操作する労働の主体者とは異なる。このため交通需要者の存在する場所と時間を交通サービス商品の生産・供給される場所と時間に一致させないと，交通対象の場所的移動は果たせない。同じことを交通労働からみると，交通サービス商品が生産・供給される場所と時間に労働力を発揮する交通労働者がいないと交通サービス商品の生産・供給ができないことになる。即時財という交通サービス商品の性格ゆえに，早朝や深夜，夏期休暇や年末・年始といった交通需要者の必要に合わせた交通サービス商品の生産・供給に交通労働者が従事することになる。したがって，交通労働者は不規則な勤務形態におかれる。

　さらに資本家ないし経営者にとっては，勤務条件などの改善要求に端を発する労使関係の悪化から交通労働者が自らの労働をボイコットすることを非常に危惧する。交通サービス商品の即時性ゆえに，交通需要発生時点での生産・供給がなされないと社会的な損害を与えるだけでなく経営的な損失を被ることになるからである。このため，高質の交通労働ゆえに代替要員が少なく，かつ再生産過程に必須な交通事業者であればあるほど，交通労働者の要求は経営者に受容されやすくなる。

第3節　交通サービスの質[7]

　有形財と同様に交通サービスという即時財を考える場合にも，質と量の2つの観点から認識できる。ここで交通サービスは私的交通と交通サービス商品の両方を想定している。まず，生産された交通サービスの質を測定する指標をみてみよう。

　実は交通サービスが即時財であるゆえに，それを直接に取り出して測定することはできない。交通サービスの質を認識する交通対象が直接に交通サービス

7）　本節は，中島勇次編『交通の経済学Ⅰ＜理論と政策＞編』運輸調査局，1971年，17-18頁，および生田，前掲『改訂版　交通学の視点』44-60頁に依拠する。

の生産・供給システムに入り込みながらその生産・消費過程を享受しているからである。このため交通サービスの消費者による主観的な評価から事後的にその質を測定することになる。つまり，交通サービスの質に対する評価は交通需要者を巻き込んだ交通サービスの生産・供給システム全体を通じたものとなる。いいかえると，交通サービスの生産・供給システムとしての機能も個別の生産要素と同様に評価の対象となっている。ゆえに交通サービスの質評価は有形財以上に複雑になっている。

そもそも認識対象としての交通サービスが即時財であるゆえに，その認識は困難であった。加えて，交通サービスの質が果たして共通の尺度に基づき認識できるのかという問題も生じる。共通の尺度に基づく認識の困難性は，交通需要者によって価値観が異なることに起因する。人間の価値観は，誕生後における自然，社会，文化との関わり方によって多様化してくるために，同じ交通サービスを認識の対象に据えても，それに対する各人の認識の中身は異なってくるからである。

つまり，通路，運搬具，動力，結節機能点，エネルギー，情報，労働力というそれぞれの生産要素の質が総合的に客観的に交通サービスの質を規定しているが，主観的・一過的にしかそれが交通需要者に認識できない。このため，交通サービスの質評価は個別的・流動的になる傾向が回避できない。しかしながら，交通サービスの質は総合的・客観的に規定されているとの前提に立ち，交通サービスの質を評価する尺度をみていこう。

第1に，交通サービスの即地性・即時性がその質評価の根底にある。そもそも交通サービスの使用価値（有用性）は交通対象の場所的移動という空間の克服にある。また，交通サービスの生産に要する時間が交通需要者の移動時間を規定する。したがって，交通対象の場所的移動をいかに最短の距離で達成できるのか，これが交通需要者によって交通サービスの質にまずは求められる。つまり，交通サービスの生産される場所と時間が交通需要者のいる場所と時間に一致していること，できるだけ迂回をしないで最短距離・最短時間で目的地へ移動できること，すなわち即地性・即時性に規定された個別交通需要の充足度

が交通サービスの質を議論する際の起点となる。

　第2に，交通サービスの迅速性が挙げられる。交通対象の場所的移動には時間が必要なため，距離の克服に要する速度と時間も交通サービスの質評価に影響する。すなわち，交通サービスの生産される時間が交通需要者の移動時間を規定するゆえに，距離を一定とするならば，速度の増大は移動時間の短縮をもたらす。この結果，時間価値の高い交通需要者にとっては目的地での滞在時間が長く確保でき，仕事や観光に割ける時間が増えるだろう。迅速性は移動時間や移動速度という量的指標にて事後的に測定できる。

　第3に，交通サービスの安全性，快適性，利便性が交通サービスの質評価に影響する。交通サービスの生産過程では，交通対象に怪我や損傷が絶対にあってはいけない。常に100％の確率で安全に場所的移動を果たして当然なのである。有形財の場合，生産された工場で事故が発生しても，そこに消費者がいないため消費者は直接の被害者にはならない。だが，即時財である交通サービスでは，生産過程における事故は交通対象に直接の被害を及ぼしてしまう。交通サービスの生産過程は，同時にその消費過程にもなっているからである[8]。

　同様に生産過程が消費過程に直結しているために，生産要素の中でも特に運搬具の質が，生産過程における快適性・利便性の質を，つまり消費過程におけるそれらを規定している。さらに個々の交通サービス生産だけでなく，交通サービスの生産・供給システム全体についても快適性・利便性は追求されなくてはならない。交通需要者はそのシステム全体を通して交通サービスの質を評価するからである。快適性・利便性の評価に際しては，人間工学や心理学などといった関連領域との連携が不可欠となる。

　第4に，交通サービスの低廉性が交通サービスの質評価に影響する。例えば，

8）　さらに，生産過程における事故が第三者へ偶発的に被害を及ぼす可能性もある。逆に外部から交通サービスの生産過程に被害が及ぶ可能性もある。そこで，こうした事故の可能性をできるだけ回避することが交通サービスの生産過程には求められる。鉄道事業者を例にすると，ホームドアを設置すること，踏切を立体交差にすることなどの予防措置が必要となる。

同一の人物（交通需要者）が東京から大阪に移動する場合を想定しよう。その際，出発時刻や到着時刻にあまり差がない新幹線と航空機，つまり交通サービス商品の使用価値に大差のないゆえに競合する異種交通機関からどちらか1つを選択しなければならないとする。交通需要者は一定の予算制約（budget constraint）があるために，その予算内で可能な限り運賃の支払いが少なくて済むように少しでも安価な交通機関を選択するであろう。ここに低廉性という指標が指摘できる。

低廉性の指標は交通サービス商品だけでなく，自家用自動車を自ら運転する私的交通に代表される交通サービスにも当てはまる。交通需要者は多くの場合に私的交通からの発生費用を燃料代しか認識しないで，交通サービス商品よりも安価だと認識しがちである[9]。つまり，私的交通と交通サービス商品に対する負担額の比較が必ずしも同一基準から行なわれているとはいえない。このため認識された費用だけに依拠して私的交通が選択されることが多い。しかしながら，私的交通の利用で発生する正確なコスト計算をすれば，交通サービス商品のほうが私的交通よりも低廉，あるいはそれと同額となる可能性も残されている。

ただし，現実には各交通需要者の価値観や負担力，また交通サービス商品の生産場所，時間，経路，生産要素や生産方法が常に不変，同一であるということは例外的である。したがって，交通サービス商品の利用に際して負担する費用と実際にその消費から交通需要者が受け取る便益を算出できたとしても，消費者余剰は交通サービス商品の生産・供給と消費に関する時々の需給条件に依存するために，ある交通システムに対する低廉性の指標は相対的なものとならざるを得ない。

第5に，交通サービスの質評価は，交通需要者と交通サービスの生産要素やそれらの生産・供給システムを規定している法律，市場，組織といった制度に影響される。まず，法律は社会的強制力をもつゆえに，交通需要者，交通サー

---

[9] 例えば，燃料代を限界費用として認識するだけで，運転による機会費用，車体の購入費や諸税などにかかる経費を運転に際して看過しがちである。

第2章 交通サービス

ビス生産要素やそれらの生産・供給システムがその法律に依拠しながら行動し機能する関係にある。

続いて市場をみると、交通サービス商品に焦点を絞れば、その生産過程と市場の双方ともに法律で規制をされている。例えば、交通サービス商品の品質や交通市場における市場の失敗、あるいは公共運送人としての社会的責任などに法律の効力が発揮されている。特に法律によって市場を規制する根拠は、市場の失敗要因を取り除き、市場メカニズムによる資源配分の効率性を達成しようという意図に基づくと説明できる。

もちろん交通需要者は各人の規範ないし価値観という行動基準に依拠している。また交通事業者も交通サービス商品の生産に関する個別の意思決定基準に依拠している。だが、最終的に交通需要者の行動、市場、組織に対して一定の拘束力を法律は与える。

市場では取引に際して取引費用（transaction cost）が発生する。例えば、政府への提出書類の作成に要する時間や費用、交通サービス生産要素を外部組織から調達する場合の調査や事務処理に要する時間や費用などが挙げられる。組織へと視点を転じると、競争的市場環境にさらされた交通事業者は、取引費用を支払って交通サービス商品の生産要素市場から必要な生産要素を調達する方法と自社の組織として交通サービス商品の生産要素を抱える方法とにおける費用と便益、つまり取引費用と便益、および組織化の費用と便益をそれぞれ比較し、より効率的な方法を選択しようとする[10]。

この観点から、交通事業者は次の3類型に経営形態を区別できる[11]。第1に全部あるいは大部分の交通サービス商品生産要素を自ら購入し使用できる準備をしてから交通市場へ参入する方式、第2にいくつかの交通サービス商品生産要素を生産要素市場から調達し使用できる準備をして交通市場へ参入する方式、および第3に交通サービス商品生産要素の大部分を生産要素市場から購入し使用できる準備をして交通市場へ参入する方式である。

---

10) 宮沢健一『現代経済学の考え方』岩波書店、1987年、85頁。
11) 生田、前掲『改訂版 交通学の視点』116-117頁。

第1部　現代交通の基礎理論

　第1の形態と第3の形態を比べると，第3の形態ではできるだけ生産要素市場から生産要素を調達することで不使用能力（unused capacity）を可能な限り回避し，需要の変動に連動した交通サービス商品の生産を行なおうとする傾向にあることがわかる[12]。交通サービス商品の生産において通路費の占める比率が高い交通事業者，特に鉄道事業者は，従来，生産要素のほぼすべてを自ら準備して事業に参入していた。だが，他の交通事業者では，こうした輸送主体（transport operation）と通路主体（infrastructure operation）との一体化は異例であり，競争条件を整えるためにも，近年，欧州にみるように通路主体を生産要素市場から調達する上下分離（separation of infrastructure and operation）の経営形態へと転換する鉄道事業者が登場している[13]。

　昨今の流動化する社会経済環境に適応するためには，効率性を核とした組織の柔軟な再編成が必要とされるからである。このために交通事業としての組織のネットワーク化，すなわち交通サービス商品の生産要素や交通サービス商品の生産・供給システムとしての組織のネットワーク化が必要となる。交通サービス商品の質評価にはこうした法律と市場の状況を踏まえた，組織のネットワーク化が影響してくる。

　第6に，交通サービスの生産・供給が自然環境に及ぼす影響も交通サービスの質評価に関係する。地球環境の保全を目標とする循環型社会が人々の間で共通の規範となるにつれて，交通サービスの生産方法は再検討を迫られている。世界的に問題となっているのは，内燃機関から排出される窒素酸化物やＳＰＭ（ディーゼル微粒子）といった大気汚染の原因物質，さらに二酸化炭素である。前者は直接的に，後者は間接的に人体へ悪影響を及ぼす。特に，二酸化炭素は

---

12) 市場から生産要素を調達するか，もしくは企業内にその生産要素を組織化するか，この２つの手法は相互に代替的関係にあるとされ，その選択基準は取引費用の金額に求められている（Coase, R.H., *The Firm, the Market, and the Law*, Chicago：The University of Chicago Press, 1988, pp.174-179, 宮沢健一・後藤晃，藤垣芳文邦訳『企業・市場・法』東洋経済新報社，1992年，197-202頁）。
13) 堀雅通『現代欧州の交通政策と鉄道改革－上下分離とオープンアクセス－』税務経理協会，2000年を参照されたい。

地球温暖化現象の原因物質ではないかと特定されるに従い関心を高めてきている[14]。窒素酸化物やＳＰＭのような汚染物質の排出量は，排出ガス規制によって抑制されている。二酸化炭素に関しては，1997（平成8）年12月に開催された地球温暖化防止京都会議で京都議定書が採択され，二酸化炭素の削減へ向けた世界的な取組みが開始されている。

このように人々の間で自然環境に対する認識が高まるにつれて交通サービスの生産・供給の一要素である動力，中でも内燃機関の改良や新しい動力の開発が促進されることになる。なぜなら，内燃機関を動力として交通サービスの生産を行なっている自動車，航空機，船舶といった交通機関がエネルギーとして大量の化石燃料を消費し続けているからである。したがって，短期的には現行の内燃性のエネルギーを使用する動力から排出される二酸化炭素の量を抑制していくこと，つまり利用資源量を節約すること，長期的には新しい動力の開発と実用化を政策として同時に行なう必要がある。地球環境の保全に関わるゆえに，ここでの指標は持続可能性である[15]。

---

14) これに対して，地球は間もなく寒冷期に入るとして二酸化炭素地球温暖化説に懐疑的な立場や二酸化炭素は生物にとって必須だとして低炭素社会に疑問を投げかける立場もある（例えば，丸山茂徳『「地球温暖化論」に騙されるな！』講談社，2008年や武田邦彦『日本人はなぜ環境問題にだまされるのか』PHP研究所，2008年が挙げられる）。

15) 拙稿「循環型社会の形成と都市交通政策」大久保哲夫・松尾光芳監修『現代の交通−環境・福祉・市場−』税務経理協会，2000年，43−58頁，および拙稿「ＱＯＬと交通政策」高橋昭夫編『ＱＯＬとマーケティング−クオリティ・オブ・ライフ理論の構築をめざして−』同友館，2008年，81−107頁。

第 1 部　現代交通の基礎理論

第 4 節　交通サービスの量[16]

続いて，交通サービスの量をみてみよう。実際の統計上で使用されている交通サービスの基本的な量的指標においては，交通対象の移動重量[17]とその移動距離との積が使用されている[18]。交通サービスの量は運搬具と通路という交通手段の 2 元性を反映した生産単位から構成されている。すなわち，交通対象が人の場合には輸送した人数と輸送距離（km）の積である人キロを，交通対象が物の場合は輸送したトン数と輸送距離（km）との積であるトンキロを公的データで用いている。交通サービス商品の場合，人キロ，トンキロは販売単位であり，平均収入や平均費用の算出基礎となる。

しかしながら，例えば人の輸送をみると，100 人キロと表示されても，1 人が 100km 移動したのか，あるいは 100 人が 1 km を移動したのかがこの生産単位ではわからない。物の場合も同様に考えられる。それにもかかわらずこの生産単位が使用される理由として，輸送人員だけで表示しても正確な輸送量とならないからである。例えば，100 人が 1 km 移動しても，あるいは同人数が 100km 移動しても輸送人員だけで表示すれば両者ともに 100 人となってしまうからである。輸送距離だけを表示しても同様に不正確となる[19]。

ただし，実際に輸送すなわち生産・消費された量と，生産可能な量を示す輸送能力生産量（capacity output）とは異なる。例えば，定員 80 人のバスに 64 人の

---

16)　前田，前掲『改訂版　交通経済要論』29－30 頁。柴田悦子・土居靖範・森田優己編『新版　交通論を学ぶ』法律文化社，2000 年，34 頁。山内弘隆・竹内健蔵『交通経済学』有斐閣，2002 年，36－37 頁。
17)　輸送した人員や輸送したトン数のこと。
18)　ただし，都市旅客交通（地下鉄・バス・路面電車）と海上輸送は除く。
19)　トンキロを費用の点からみても不正確である。例えば，鉄道貨物を使って 1 トンの石油を 10km 輸送しても，1 トンの自動車を 10km 輸送しても 10 トンキロという同じ輸送量であるが，同じ重量でも容積が異なれば輸送費用が異なるからである（前田，前掲『改訂版　交通経済要論』115 頁）。

第2章　交通サービス

乗客が実際に乗って場所的移動をしたのであるならば，80人分は交通サービス商品（完成財）の輸送能力生産量であり，64人分は交通サービス商品（完成財）の生産量・消費量ということになる。ここでの乗車率は80％となる。なお，乗車率とは「（乗車人員／乗車定員）×100％」で求められ，鉄道でも使用する。タクシーでは「（乗客を実際に乗せて走った距離／走行距離）×100％」で求められる実車率が，航空機では「（搭乗人員／座席数）×100％」から算出されるロード・ファクター（搭乗率）が使用されている[20]。

では，交通事業者の視点から交通サービス商品の生産を考えてみよう。その場合，交通サービス商品（完成財）と交通サービス（中間財）を区別する必要がある。交通サービス商品（完成財）は交通サービス生産要素のすべてが揃った状態を指し，交通対象の場所的移動という位置の変化が完了すること，つまり交通サービス商品の生産を意味する。上記のバスの事例で考えると64人という実際に生産した量・消費された量に相当する。一方，交通サービス（中間財）は交通サービス生産要素のうち，交通対象が投入されずに生産要素が稼働している状態－例えば回送運転－，あるいは受け入れ可能な交通対象に余力を残したままで生産要素が稼働している状態－例えば空席がある場合－を指す。

人や物といった交通対象が存在しない場合や輸送能力生産量に達していない場合，中間財である交通サービスの生産が行なわれている一方で，その消費がなされていない状態と考えられる。すなわち，本来の交通対象である人や物の代わりに便宜上，交通手段や空間的距離を交通対象と想定し，それらに対して交通労働が働きかけて交通サービスが生産されている状態である。

先ほどのバスの事例に当てはめると，第1に回送運転では，80人の乗車定員のすべてが交通サービス（中間財）として生産されているが，交通対象がないゆえに交通サービス商品（完成財）として消費されていない状態となる。第2に空席がある事例をみると，80人の乗車定員のうち，実際に乗車した64人分が交通サービス商品（完成財）の生産量・消費量であり，残りの16人分が交通

---

20)　山内・竹内，前掲『交通経済学』120－121頁。

サービス（中間財）の生産量となる。

　つまり，交通サービス商品（完成財）の生産量・消費量とは実際に交通対象がある場合における生産量に相当する。一方で，交通サービス（中間財）の生産量とは交通対象がゼロの場合に輸送能力生産量（80人）に相当する生産量（80人）に，交通対象が1人の場合に「輸送能力生産量（80人）－1人＝79人」の生産量に，交通対象が16人では「輸送能力生産量（80人）－16人＝64人」における生産量にそれぞれ相当する。

　このように交通サービス商品（完成財）と交通サービス（中間財）に区別することは，交通事業者が交通サービス商品生産の損益分岐点を算出するために要する原価（固定費・変動費）と売上高を的確に把握する際に重要となる。利益構造を分析するには，総額と1単位（例えば1人や1トン）当たりに関する費用認識が重要だからである。

　先の例に従うと，定員80人のバスに64人が乗車しているならば，交通サービス商品（完成財）が64人分生産され，交通サービス（中間財）が16人分生産されていることになる。交通サービス商品（完成財）と交通サービス（中間財）の生産量を合計すると，80人分の生産が行なわれている。だが，実際の消費量は64人であり，16人分は中間財として生産されたにもかかわらず完成財として消費されていない。そこでは16人分の運賃が未収となるため，運賃体系の設定によっては運賃水準を損なう可能性がある。

　とはいえ，運賃水準や運賃体系を算出・決定する段階では，交通サービス商品（完成財）と交通サービス（中間財）の比率が未確定である。そこで交通事業者は過去の平均利用率（乗車率・実車率・ロード・ファクター）を基礎に運賃水準・運賃体系をあらかじめ確定しておくことになる[21]。その際，運賃の有効期間における自然的・政治的・経済的・社会的・文化的・技術的要因を考慮することが必要である。

---

21)　澤喜司郎「交通用役の特質と交通労働の価値」下山房雄・山本興治・澤喜司郎・香川正俊編『現代の交通と交通労働』御茶の水書房，1999年，29-51頁。

第3章　交通サービス商品と交通資本

第1節　交通サービス商品の成立

　商品は資本主義社会における財やサービスの最も基礎的な姿であり，価格がつく財である。商品は経済財とも呼ばれ，私たちの欲望・欲求に対して相対的に限定された希少な財である[1]。しかしながら，財やサービスがすべて商品になるわけではない。生産物どうしが直接に交換される物々交換の世界では，生産物は商品とはなっていない。自家用自動車に自分の荷物を載せて運搬する行為では，交通サービスが商品となっていない。貨幣を媒介として財やサービスが売買される市場において初めて財やサービスは商品となる。

　この背景には，私的に生産手段が所有されている状況下で他人に消費してもらうための生産物やサービスをつくるという社会的分業体制，すなわち競争原理の下で生産要素の投入によって任意に商品が増産できるといった再生産の技術的法則性の存在が挙げられる。こうした私有財産制の下における社会的分業体制を基礎に，他人にとっての使用価値（有用性）をもつ生産物やサービスをつくり，それを市場において貨幣と交換することを目的とした時に生産物やサービスは商品となる。このような特徴をもつ社会を商品経済と呼び，特に商品経済が資本の下に包摂されている社会を資本制商品経済ないし資本主義経済と呼ぶ[2]。

---

1) 経済財に対して，自然界から私たちが無料で入手できる自然物を自由財と呼ぶ。私たちの欲望・欲求に対して相対的に限定されずに入手でき，希少でない自由財には価格がつかない。
2) 資本とは，生産過程と流通過程で貨幣資本，生産資本，商品資本と，貨幣から生産要素の姿へ，生産要素から商品の姿へと絶えず形を変えながら循環し続けて，自己増殖する価値の主体である。

第1部　現代交通の基礎理論

　資本主義経済は，およそ500年前に成立したとされる。すなわち，原始蓄積段階（16世紀～18世紀後半），自由競争段階（18世紀後半～19世紀末），独占段階（19世紀末～20世紀中葉頃），新自由主義段階（20世紀中葉頃～現代）といったように重商主義，自由主義，帝国主義，新自由主義と段階的な発展をとって現代に至っていると認識される[3]。

　時間の経過につれて資本主義は成長から成熟へと変容し，同時にそうした各期において支配的立場にある国の経済政策が他国のそれへ直接的・間接的に影響を及ぼす。重商主義から自由主義段階ではイギリスが，帝国主義段階から20世紀中葉まではアメリカがそれぞれ資本主義世界を支配し，わが国もイギリスとアメリカが実施した経済政策の影響を受けてきた。商人資本，産業資本，金融資本の政策が，それぞれ重商主義，自由主義，帝国主義に対応しており，資本主義の変容を規定している[4]。

　こうした資本主義の変容とともに交通はいかなる発展を遂げてきたのであろうか。交通は徒歩という素朴な形態として人間の誕生と同時に行なわれてきた長い歴史をもつ。これは，いわば交通サービスの自己生産，自己消費であり，あくまで自分用の場所的移動を目的にしたものであった。交通サービスの自給自足であり，したがって商品経済とは異なる。一体，商品としての交通サービスはどのような過程を経て誕生してきたのであろうか。

　商品としての交通サービス，すなわち交通サービス商品は，大きくは自己運送，半他人運送，他人運送という3段階を経て成立してきたと認識できる[5]。すなわち，第1の自己運送（private carrier）とは，資本主義経済の原始蓄積段階に出現する輸送形態であり，商業と交通事業がまだ未分化の状態であった。そこでは商人自身の個人的目的ないし自己の商品取引を遂行するために商人自

---

3)　新田滋『段階論の研究－マルクス・宇野経済学と＜現在＞－』御茶の水書房，1998年，第1章。
4)　宇野弘蔵『経済政策論（改訂版）』弘文堂，1971年，第1編～第3編（宇野弘蔵『経済政策論（宇野弘蔵著作集第7巻）』岩波書店，1974年，第1編～第3編）。
5)　佐波宣平『改版　交通概論』有斐閣，1954年，34－44頁。前田義信『改訂版　交通経済要論』晃洋書房，1988年，54－56頁。

らが交通機関（船舶）を所有，稼働して自身の商品を輸送していた。いわば交通サービスの自己生産，自己消費の段階といえる。わが国の北前船や菱垣廻船，欧州における地中海諸都市・ハンザ同盟の諸都市・オランダの海上貿易商，イギリスの東インド会社に自己運送の形態がみられる。

第2の半他人運送（semi-common carrier）とは，資本主義経済の原始蓄積段階から自由競争段階に出現する輸送形態である。半他人運送が現れた背景には，商人が行なう自己運送において商人自身の交通機関（船舶）では自己の商品をすべて輸送できない状態があった。したがって，商人自身が所有，稼働する交通機関から溢れ出た自己の商品を，輸送余力のある他の商人の交通機関に積載してもらうこと，逆にいえば他人の商品を自己の交通機関に積み込む形態が発生してきた。時には自己の交通機関にすべて他人の貨物を積載し輸送する代わりに運賃を徴収する輸送形態も行なわれた。これらは商品としての交通サービスにおける生産，消費の中間形態といえるだろう。欧州におけるイギリス東インド会社やその他特許会社の船舶，ハンザ同盟の船舶に半他人運送の形態がみられる[6]。

第3の他人運送（common carrier）とは，資本主義経済の自由競争段階から独占段階に出現する輸送形態である。特に産業革命を契機として，蒸気によって機械を動かす機械制大工業が普及したことに関係する。これが生産力の上昇をもたらし大量の商品生産を可能としたことから，消費財市場，生産財市場，労働市場が形成されていった。ここから交通に対する共通した社会的要求，すなわち迅速性，低廉性，安全性，大量性，同時性，定型性，快適性といった交通サービスの質に対する社会的要求が生まれてきた。

折しも，動力に蒸気を応用した蒸気機関車と蒸気船の出現が巨大な交通需要

---

[6] わが国では，江戸時代初期頃から農閑期の副業として農民が馬の背を使って他人の荷物を有料で輸送する形態が信州でみられた。これは次第に輸送業に特化して中馬と呼ばれるようになった（古島敏雄『信州中馬の研究－近世陸上運輸史の一齣－』伊藤書店，1944年，古島敏雄『信州中馬の研究（古島敏雄著作集　第4巻）』東京大学出版会，1974年に所収）。

を処理する独立した交通事業者を誕生させた。なぜなら，蒸気機関車と蒸気船は巨額の初期投資額，専門的な技術や経営を必要としたために，副業として交通サービス商品を生産・供給していた商人の処理能力を超えたからであった。

このように資本制商品経済の成立によって，交通事業は商業から分離して自立した産業部門を形成し独自の資本投下分野を確立することになった。これをもって交通労働の投入とその成果との間に一定の法則性が認識できる，商品としての交通サービスの生産・供給が開始されたのである[7]。

初期の他人運送の形態として，例えば，わが国では東京（新橋）・横浜間鉄道（1872年開業），日本鉄道会社（1883年開業）や海運事業者の九十九商会（1870年創業），アメリカでは1818年に就航したブラック・ボール・ライン（Black Ball Line）[8]，イギリスでは1830年に開業したリバプール・マンチェスター鉄道（the Liverpool and Manchester Railway）などが挙げられる。

第2節　交通資本の運動・蓄積・回転

①　交通サービス商品の使用価値と交換価値

資本主義経済においては交通事業者が交通サービス商品を生産している。ゆえに，それは他人にとっての場所的移動という有用性だけでなく，同時に交通市場における交換上の価値を有している。社会経済学の視点から交通サービス商品をみると，有形財の商品と同様に，交通サービス商品にも他人用の使用価値と，他商品との交換割合および商品の社会的性質すなわち人間労働の共通な社会的性質を示す交換価値が備わっている。

まず，使用価値をみると，交通事業者が交通サービス商品の生産・供給を介して，交通需要者の場所的移動という欲望・欲求を充足している。そこでは労働力と交通手段をもって交通対象（人や物）に直接に働きかけながら当初に企

7）このように商業から交通事業が分離した事例以外に，交通手段の賃貸事業から資本主義的交通事業が誕生する事例もある。

8）世界初の定期船として，帆船でニューヨーク・リバプール間を運航した。

第3章　交通サービス商品と交通資本

図したその場所的移動を生み出す労働行為，すなわち交通サービスが交通事業者によって商品として生産・供給されている。この交通需要者の場所的移動が交通サービス商品の使用価値に相当する。

　続いて交換価値をみていこう。競争原理が貫徹し，通路，運搬具，動力，結節機能点，エネルギー，労働力，および情報からなる交通サービス生産要素の投入によって任意に商品生産の増加がみられるならば，再生産の技術的法則性が認識できる[9]。そこではその交通サービス商品の生産部門において社会的に標準的な交通手段と社会的に平均程度の熟練・強度の交通労働という条件が成立している。ゆえに交通サービス商品の運賃（市場価格）は，当該商品を生産するために歴史的に支出された過去の労働量（労働時間）ではなく，その時点における標準的な技術と平均的な熟練度をもつ交通労働によってその交通サービス商品を新たに再生産するために社会的に必要な労働量（労働時間）によって示される[10]。

　このように社会経済学では交通サービス商品の運賃（市場価格）とその使用価値（有用性）を切り離して立論していく。交通サービス商品に交換価値と他人用の使用価値（有用性）という交通労働の２重性があると認識しているからである。したがって，運賃を規制するのはあくまで交換価値，厳密にはその本体である価値の大きさになるのである。使用価値と交換価値が直結しているわけではない点を確認したい。

　そうはいっても，多くの場合に使用価値の大きい商品の生産には大きな労働量（労働時間）が注ぎ込まれているし，この逆もいえる。つまり，ある程度までは使用価値と交換価値（価値の大きさ）が近似する傾向にある。このため商品の存在量に限りがあるならば，限界効用と運賃（均衡価格）が比例している

9）　佐藤拓也「サービス労働の価値形成性」大石雄爾編『労働価値論の挑戦』大月書店，2000年，74頁。
10）　価値と価格の単位をみると，価値はある財の物量単位当たりの労働量（労働時間），一方の価格は物量単位当たりの貨幣量で示され，同じ尺度で測定できない。したがって，このままでの比較は無意味である（中谷武『価値，価格と利潤の経済学』勁草書房，1994年，33-88頁）。

ように交通需要者の認識に反映するのかもしれない[11]。だが，使用価値と交換価値を関連づけると同時に区別することを看過してはならない。

これに対して，交通サービス商品の運賃の決定要因を需要曲線と供給曲線との交点に求めるのが新古典派経済学である。換言すれば，そこでは運賃である均衡価格が限界効用（需要曲線）と限界費用（供給曲線）のいずれに基づいて決定されるのかに関して明言されていない。そこで，この均衡状態を供給曲線の視点から捉えると，運賃（均衡価格）はその交通サービス商品を生産する限界的生産者（最小の利潤を確保）の限界費用に依拠して決定される。これは収穫逓減の法則（限界費用逓増の法則）を前提としており，需要＞供給以外の需給関係を考慮に入れていない。

運賃の決定は限界効用価値説からも説明される。すなわち，客観的価値をもつ交通サービス商品の追加的な1単位の使用や消費から生じる交通需要者の主観的満足度という交通サービス商品の限界効用の大きさに価値の基礎を求める説である。同説では交通サービス商品の追加的な1単位の消費に対して各人が支払ってもよいと考える貨幣額に比例して限界効用の大きさが示されている。つまり，均衡状態を需要曲線の視点から捉えると，運賃（均衡価格）は限界効用に依拠して決定される。

限界効用価値説はピグーの提唱した厚生経済学の考え方である。だが，効用は個人の主観的な満足度であるゆえに個人間の効用の比較・計測は不可能であること，また特定の個人においても異なる財やサービスの効用を共通な尺度で測定できないこと，以上の理由から限界効用価値説のよって立つ基数的効用は批判された。しかし，後にヒックスらの新厚生経済学によって，無差別曲線による選好順序に基づけば，個人の効用を計測しなくても需要曲線が導出できるとして，つまり序数的効用だけを取り扱うことでその批判は克服されたとされている。

しかしながら，無差別とは，全く同じ程度の満足感が前提に据えられている

---

11) こうした点に新古典派経済学の意義があるともいえよう。

第3章　交通サービス商品と交通資本

概念である。ゆえに，選好順序に基づく理論は実は効用の計測可能性を暗黙のうちに前提としている。つまり，選好理論は限界効用価値説による考え方を基礎にしている[12]。

② 交通資本の循環と特質

　有形財を生産する一般の産業資本では，資本の一部が常に商品として市場にあり，他の一部が常に生産過程にあり，さらに残りの一部は貨幣として存在している。つまり，貨幣資本－商品資本…生産資本…商品資本'－貨幣資本'・貨幣資本－商品資本…生産資本…商品資本'－貨幣資本'の各形態と循環は，相互依存の関係にあり固定化されていない。ただし，「'」は剰余価値を表す[13]。さらに同時並行的に順次に資本の運動は行なわれている。このように資本とは，生産過程と流通過程において形態変化を繰り返しながら，循環し続ける過程で自分の価値を増殖していく主体である。

　一方，即時財を生産する交通資本では，基本的に交通サービス商品（完成財）の生産過程と流通過程が分離不可能であるゆえに，生産過程と消費過程との場所的，時間的な一致を要する[14]。すなわち，貨幣資本－商品資本…生産資本＝商品資本'－貨幣資本'・貨幣資本－商品資本…生産資本＝商品資本'－貨幣資本'となっているために，生産された交通サービス商品がその場所でその瞬間に交通需要者に消費されなければ単なる交通サービス（中間財）の生産に終わってしまい，生産資本が商品資本'に形態変化できない。このため商品資本'がないことから貨幣資本'に形態変化できず，剰余価値を交通事業者は獲得で

---

12)　大石雄爾「市場メカニズム論と限界効用価値説の問題点」大石雄爾編『労働価値論の挑戦』大月書店，2000年，170－185頁。
13)　剰余価値とは剰余労働が産出する価値であり，利潤の本体である。ゆえに利潤は剰余価値と同義である。
14)　ただし，航空券や鉄道の乗車券のように交通サービス商品の場所的移動という有用性が実現される前に，その対価である運賃を交通需要者に支払わせる場合もある。ここでは交通サービス商品の流通過程が生産過程と切り離されて，前者が後者よりも先行している。

きない。即時財である交通サービス商品（完成財）の場合，交通サービス（中間財）の貯蔵・保管による在庫調整が不可能だからである。

だが，これでは交通事業者にとって生産過程に投下した資本が回収できないことになる。いかに生産される交通サービス商品をその場所で，かつその時間に消費させることができるのかが個別の交通事業者にとって課題となる。このため交通需要の的確な認識が交通事業者にとって重要となる。

交通資本にとって，交通サービス商品の生産過程は有形財商品のそれと比較して独特なものとなっている。すなわち，有形財商品の生産過程では貨幣資本でもって労働力と生産手段（労働手段と労働対象）を購買するのに対して，交通サービス商品の生産過程では労働力と，生産手段のうち交通手段（労働手段）しか購買できない。ただし，交通事業者は交通手段の中でも運搬具と動力が一体化したもの，例えば航空機を必ずしも購買するとは限らない。機体だけリースする方式を採用する場合もある。これは固定資本である交通手段の社会的磨損ないし陳腐化を回避しようとする交通事業者の志向を反映したものである[15]。

さらに人，物という交通対象（労働対象）は交通サービス商品の生産に必要な要素である。しかし，その自由処分権は交通事業者にないために交通資本の投下対象とはならない。したがって，交通資本においては交通対象に相当する分だけ有形財の生産と比べて前貸しを要する資本量が少なくて済む。

交通サービス商品（完成財）の生産においては，交通労働者によってなされた交通労働が，交通対象である人や物の場所的移動という位置の変化に対象化される。ここで対象化とは蓄積ということである。もちろん交通サービス自体は即時財であるから，それだけを取り出して認識することは不可能である。したがって，交通需要者の意図通りに，あるいは交通サービス商品として事前に公示した通りに交通対象の場所的移動がなされたのかという点から間接的に交

---

15) 背景には航空市場の競争激化と航空機の急速な技術進歩がある。競争他者が自者よりも高性能の同種機体を採用すれば，当該交通事業者はその機体の耐用期間が残っていても，すなわち物理的磨損が終了する前であっても取替えが必要となるからである。

通サービス商品生産の使用価値を確認することになる。

　資本の価値増殖をみると，交通事業者として，特に交通資本として，交通サービス（中間財）の生産量と交通サービス商品（完成財）の生産量との合計（輸送能力生産量）に対する交通サービス商品（完成財）の占める生産量の割合，つまり乗車率，実車率やロード・ファクター（搭乗率）をできるだけ100％に近づけようとするインセンティブが働く。

　というのは，交通サービス（中間財）の生産過程は不使用能力の発生を意味するからである。そこでは輸送能力生産量・供給量＞顕在的需要量となっており，交通サービス（中間財）の生産・供給に投入した資本が回収できない状態にある。したがって，交通資本の立場からは，輸送能力生産量・供給量＝顕在的需要量が成立している，つまり両者の乖離をできるだけ減らすような経営戦略を練ることになる。

　だが，現実には，左辺以上に右辺が大きくなりすぎると，交通需要者からの当該交通サービス商品の質，例えば混雑を原因とする快適性の低下に対するクレームとなる。このため交通事業者には交通サービス商品の生産・供給に対する事前の需要調査が交通需要者のためにも自身にとっても不可欠である。すなわち，短期的には顕在的需要量を，長期的には需要量の増減も予想した輸送能力生産量・供給量の設定が求められる。

　顕在的需要量に関しては，一定期間における平均利用率を統計データとして収集・分析することで対処できるであろう。ただし，交通需要の波動性を考慮すると，ピーク時（peak hours）を想定した輸送能力生産量・供給量を確保すると，オフ・ピーク時（off-peak hours）で不使用能力が生じてしまうことが避けられない。

　顕在化した交通需要者（固定客）の維持だけでなく，潜在的な交通需要者（レジャー客など）を獲得するためには，交通需要者の欲望や欲求に合わせた交通サービス商品の生産・供給が交通事業者にとって不可欠である。このためには，交通サービスの生産において直接に交通需要者に働きかける通路，運搬具，動力，結節機能点，エネルギー，情報，労働力といった生産要素，あるいは情報

提供システムや運行・運航システムといったハードとソフトが一体化した交通システムの構築や的確な作業水準をもった労働力の確保・養成が必要である。

このように交通需要者から高い交通サービスの質評価を獲得するためには交通手段や労働力に対する適切な規模の投資や教育を実施することが肝要である。また流通過程を生産過程（消費過程）に先行させるための予約・販売システムの構築とそれに向けた先行投資も，即時財を生産・供給する交通事業者にとっては重要である。というのは，それらが交通需要者の必要や欲求を充足する交通サービス商品を生産するために，またその生産や流通の場所と時間を交通需要者のそれらと可能な限り一致させるために不可欠な機能を果たすからである。

③　交通事業者の利潤と交通労働

交通資本は，投下資本よりも大きい価値を生むことに，すなわち価値増殖ないし利潤（profit）を獲得することを目的としている。有形財の生産資本と同様に資本の運動に従いながら，交通資本は即時財である交通サービス商品の生産・供給を通じて利潤を獲得している。通常，利潤は交通サービス商品の販売額からその生産に要した費用を差し引いたものと認識されている。個別には商品を安く仕入れてそれ以上の高い価格で販売することになるであろう。だが，全体としてみれば安く仕入れた側には利益となる一方，高く買わされた側には損失となるので差益は相殺されてしまうことになる。では，こうした事例以外を説明する際に，利潤がどこから発生すると考えたらよいのであろうか。

資本主義経済における交通資本の運動を再度確認しておこう。ここでは生産を通じて利潤を獲得する即時財としての生産資本を出発点とする。まず，現象形態からみれば，資本企業（交通事業者）は貨幣を労働力と交通手段（通路，運搬具，動力，結節機能点，エネルギー，情報）に投資する。そしてこれらの生産要素を組み合わせて交通サービス（中間財）を生産し，これに交通需要者が加わることで交通サービス商品（完成財）として供給される。その際，競争原理が作用し，交通サービス生産要素の投入によって任意に商品を増産できるならば，商品生産は再生産の技術的法則性に従っており，価値を形成する労働が行なわ

れている。

　生産要素のうち，運搬具のような機械に含まれる価値はその寿命が来るまでは生産過程で何年間にもわたりながら少しずつ交通サービス商品（完成財）に移転されていく。したがって，そうした機械に含まれる以上の価値を交通サービス商品に移転させることはできないことになる。つまり，機械という交通手段の価値は生産過程において既に確定されており増加しない。

　一方，商品としての労働力はどうであろうか。労働力商品も他の商品と同じように価値をもっている。労働力は原則的にいかなる使用価値でも生産できる性質ないし主体的機能をもつ。労働力の価値はその労働者に必要な消費財の価値ないし生活費に還元される。すなわち，労働力の維持ないし再生産に要する費用が労働力の価値を規定することになる[16]。資本家（交通事業者）はこの労働力を生産過程で利用しながら，労働力の価値以上の価値，すなわち剰余価値を獲得する[17]。

　ところで資本家と労働者は自由で対等な契約を交わしているのに，なぜ剰余価値が生まれるのであろうか。その理由は，人間の労働力が自身を維持ないし再生産する以上の生産物やサービスを生産する能力をもっているからである。1日を単位として考えた時，1日の労働時間の限定された部分で労働者は自身の労働力の価値に等しい生産物やサービスを産出することになる。だが，これで労働は終了せずに，実際には残りの労働時間で自身の労働力の価値以上の価値を生み出している。

　例えば，労働力の維持ないし再生産に必要な労働時間を3時間とし，3単位

---

[16]　労働力の維持ないし再生産費には，①労働者自身の生活のための費用（生存費），②家族の生活のための費用（家族費），③労働者自身の能力形成のための費用（修業費）が含まれる。

[17]　資本家は個人資本家と結合資本家に区別できる。資本の投下主体と運用主体が同一の場合，その主体を個人資本家と呼ぶ。一方，複数の主体が資本を投下して単一の資本として運用する場合，この形式を結合資本家と呼ぶ。今日の株式会社が結合資本の具体的な現象形態である。ここで資本家とは，自らの労働と資本から出発する産業資本家的な企業家（entrepreneur）を想定している。

の価値を産出するとしよう。仮に1日の労働時間を8時間とした場合，8単位の価値を生み出せることになる。この労働力の価値である3単位と，労働によって生み出された価値8単位との差が剰余価値と呼ばれる。ここで剰余価値とは5時間分の剰余労働が生産物やサービスに対象化した価値のことである。このように1日の労働が生む価値から労働力の日価値を差し引いた残り，すなわち剰余労働（surplus labour）が対象化した価値が剰余価値であり，利潤の本体である[18]。

　交通資本に視点を戻して，その特徴を2つ確認しておこう。第1に，交通資本の循環では交通サービス商品の生産過程と流通過程と消費過程が場所と時間において不分離ということ，第2に，生産要素の1つである原材料，すなわち交通対象を交通事業者は購入できないということであった。

　まず1点目についてみてみたい。基本的に交通サービス商品の生産過程＝流通過程＝消費過程のようにこれらの過程は同時進行する。しかし，例えば航空券のように流通過程を先行させるだけでなく購入時期による運賃体系の変更を通じて交通需要者の誘導を図りながら交通サービス商品の生産量と消費量を可能な限り一致させることも行なわれている。もちろん，こうした流通過程の先行にもかかわらず，交通サービス商品の即時性によって有形財の生産資本と比べて交通資本の回転が独特なものになっていることに変わりはない。

　2点目の交通対象が第3者という点についてみていこう。すなわち，交通事業者が交通対象を自由に所有・管理できないために，交通サービス商品（完成

---

[18]　資本家は契約に基づいて労働力の価値に等しい費用を労働者に支払っている。労働そのものは価値をもたないからである。ただし，現実の労働者の賃金額は労働市場における労働力の需給関係に依拠して決定される。また労働力の日価値は労働者の賃金の大きさを最終的に規定する基準として機能するだけである。なお，自分で実際に働いた労働時間と賃金に相当する価値を生み出す労働時間との差，すなわち剰余労働が存在する事実をもって直ちに搾取と認識すべきだとは考えない。搾取には倫理的ないし政治的意思決定が関与するからである。こうした対立関係よりもむしろここでは資本関係の再生産に着目している（詳しくは，八木紀一郎『社会経済学－資本主義を知る－』名古屋大学出版会，2006年，1－13頁を参照されたい）。

財）の生産過程において交通サービス（中間財）が必ずしも完成財になるとは限らないのである。第1の特徴で述べたように商品が交通サービス，すなわち即時財であるから，その生産・供給と同じ場所・時間に交通対象がなければ投下資本が回収できないことになる。換言すれば交通サービス商品が生産・供給される場所・時間に予約や事前の誘導を通じて交通対象を一致させるか，逆に交通サービス商品が生産・供給場所と時間を交通対象である人，物の交通需要発生場所と発生時間に適合させるかしない限り，交通事業者は交通サービス商品（完成財）の生産・供給を行なえないことを意味する。

　しかし，交通資本の運動は上記2点を除くと，有形財における資本の運動と同様に考えられる。なぜなら，交通事業者が貨幣を通路，運搬具，動力，結節機能点，エネルギーや情報といった交通手段と，労働力に投資するからである。これらの生産要素を組み合わせて交通サービス（中間財）が生産され，ここに交通対象が投入されることで交通サービス商品（完成財）が生産されるからである。

　競争原理が作用し，交通サービス生産要素の投入によって任意に交通サービス商品が増産できれば，再生産の技術的法則性に従っていることが確認できる。ゆえに交通労働による価値・剰余価値の形成が認識できる。ただし，交通対象が交通サービス（中間財）の生産される場所と時間に一致しないと，交通サービス商品（完成財）は生産・供給されない。このように労働力が交通手段と一体となって交通対象の場所的移動という交通サービス商品の生産・供給を行なうこと，つまり交通労働が剰余価値を形成することに交通資本の運動における基本的性格があった。こうして交通事業における利潤の源泉は交通労働者の剰余労働に求められる。

　続いて，こうした交通労働の特質をみると，それは有形財を生産する労働と比較して以下の点で異なっている[19]。

　第1に，交通労働では通路上が作業場となるゆえに，交通労働者は常に動的

19）　佐竹義昌『交通労働の研究』東洋経済新報社，1966年，15-18頁。

過程で作業をしなければならない。例えば工場で製品を製造する場合，工場自体は特定の固定された場所にあり，そこで働く労働者は静的な労働環境の中でほとんどの作業を遂行できる。これに対し，交通労働では交通サービス商品が場所的距離の克服過程で生産されることから，交通労働者は必然的にその運搬具と動力の移動過程という動的な労働環境におかれている。このため交通労働者の精神的・肉体的な緊張は静的な労働環境のそれよりも大きくなりやすい。

　第2に，交通サービスが即時財であることから，交通労働は交通需要の発生場所，発生時間に著しく制約される。このことは生産した交通サービス商品の貯蔵ができないこと，および交通需要者である交通対象が生産過程において客体となることを意味する。つまり，交通サービス商品の生産場所と生産時間が交通需要の発生場所と発生時間に規定される。したがって，交通需要の波動性や季節性に合わせた弾力的な交通サービス商品の生産・供給を交通事業は行なわなければならないのである。

　第3に，交通労働は作業密度の定量化・定型化に困難を伴う。交通サービス商品の生産過程が波動性や季節性をもつ交通需要の発生場所と発生時間に著しく制約されることを反映して，交通需要と整合性をもつように労働力の配置も調整されるからである。このため交通労働者の勤務する場所と時間も規則性をもったものとはなりにくい。つまり有形財生産の従事者とは異なり，交通労働従事者の勤務形態は不規則となりがちである。ゆえに交通労働者は早朝や深夜の勤務を行なわざるを得ない場合もある。

　第4に，交通労働は生産過程以外の他律的条件に制約される。これは自ら制御できる生産過程の範囲を逸脱する事態発生の可能性を意味する。有形財の生産においては，固定された建物の中で作業を行なうために外部環境の影響をほとんど受けない。一方，交通サービス商品の生産においては，通路上を運搬具が移動するために事故や天災といったような外部環境の影響を受けやすい。一度，外部環境の変化によって生産過程が妨げられると，交通サービス商品の生産を直接に中断させることになる。したがって，交通労働者は交通サービス商品の生産・供給における外的環境の変化に対応できる準備を要する。

第5に，交通労働の従事者には社会的規制が課せられる。ここで社会的規制とは交通サービス商品の質の1つである安全性の水準維持を目的とする規制である。万が一，交通労働者を原因とする事故が発生すると，直接に交通対象へ被害を与えることになるからである。つまり，交通労働の質が交通サービス商品の質に直接に反映されることから，交通労働者の健康管理や技術には一定の水準が不可欠とされる。特に精神的，肉体的緊張の度合いが高い交通労働に従事する者ほど，また最先端の機器を操作する者ほど厳密な検査や審査が課せられる。

　次に，こうした特質をもつ交通労働の生産性（labour productivity of transport）に視点を移してみよう。交通労働の生産性とは，単位時間内に交通サービス商品をどれくらい生産できるのかという労働の効率性や作用度を意味する指標である。社会的に必要な労働量（労働時間）当たりの交通サービス商品の生産量である。交通労働の生産性は次の式で産出される。すなわち，「交通労働の生産性＝交通事業者の付加価値／交通事業者の労働者数＝（前期・当期末の平均有形固定資産額／前期・当期末の労働者数）×（付加価値／前期・当期末の平均有形固定資産額）＝労働装備率×設備投資効率＝資本装備率×設備投資効率」で算出できる。一般に，労働装備率（labour intencity）ないし資本装備率（capital intencity）が大きいことは固定資産の償却不足がなければそれだけ機械化が進行していることを表す。

　このため労働（資本）装備率の高い交通事業者ほど付加価値生産性は大きくなる。しかし，市況の低迷などで稼働率が低下し，機械化に対応して付加価値を高めることができないと設備投資効率が低下し，総合的にみて労働生産性を下げる結果を招く。このほか交通労働の生産性を上げるには，次の2つの方法がある。第1には，交通サービス商品の生産要素投入量を一定とした場合，輸送量を増加すること（正比例），あるいは輸送距離を延ばすこと（正比例）である。第2には，交通サービス商品の生産量を一定とした場合，交通労働の投入量を減少すること（反比例）である。

④ 交通資本の回転と生産性の向上

交通資本の運動をみると，貨幣資本－商品資本…生産資本＝商品資本'－貨幣資本'という形態変化が生じていた。ここから交通資本は自分の価値増殖を行ないながら循環し続ける価値の主体と位置づけられる。さて，この貨幣資本から始まり貨幣資本'に循環するまでの過程をみると，一定の期間が必要となっている。個々の交通事業者にとって，この期間は投下した資本金を回収する期間に相当する。なお，資本の1回転に要する期間とその速度という点からみた資本の循環（circuit of capital）を資本の回転（turnover of capital）と呼び，異なる資本の回転の速度を比べる際には，一定期間（通常は1年間）における資本の回転数で比較する[20]。

有形財における資本の回転期間は，商品の生産に要した期間とその流通に要した期間とに区別される。だが，即時財を生産・供給する交通資本の回転期間は，生産過程＝流通過程＝消費過程となっており，有形財における資本の回転期間よりも1回転に要する期間が短くなる傾向をもつ[21]。確かに予約・販売制の航空券や鉄道乗車券のように流通過程を生産過程＝消費過程に先行させることもある。だが，流通過程が生産過程に先行したからといって商品が既に生産されているわけでなく，当該交通サービスを受ける権利を保障した契約書が事前に取引されているにすぎない。しかし，その契約書を前提に交通サービス商品が事後的に生産・供給されると，交通資本の回転期間が独特なため，有形財における資本の回転期間と比較して交通サービス商品におけるそれは短縮されることになる。

つまり，有形財を生産する企業よりも交通事業者は投下資本を早く回収できることを意味する。同時にこれは莫大な初期投資額を要しない交通事業者が，すなわち中小規模の交通事業者が利潤を確保できる理由でもある。初期投資額が少ない交通事業者ほど，交通サービス商品（完成財）が生産・供給されるならば，比較的短期間で初期投資額を回収できるからである。さらに，初期投資

---

20) 資本回転数＝12／（1年間の回転数）で産出される。
21) ここでは完成財としての交通サービス商品を想定している。

額が少ない交通事業者ほど，交通手段に配分する資本（不変資本）を少なくして，代わりに労働力に配分する資本（可変資本）を多くすることで利潤率（rate of profit）を高めようとしているからでもある。

このように個別の交通事業者は交通資本の運動によって投下資本よりも大きい価値を生むこと，つまり利潤の獲得に目的をおいている。そこで利潤の継続的な獲得という視点から交通資本の運動を捉えると，単純再生産（simple reproduction）と拡大再生産（expanded reproduction）に分けられる[22]。まず，交通事業者が獲得した利潤をすべて自己消費するのであれば，資本の規模は不変のままで単純再生産となる。次に利潤の一部を蓄積していく，すなわち利潤の一部を次期の資本に追加していくのであれば，資本の規模は拡大されることから拡大再生産となる。これは資本の集積（concentration of capital）とも呼ばれる。この追加投資を繰り返すことで，つまり拡大再生産を行なうことで，個別の交通事業者として資本の規模を大きくすることが可能である[23]。

資本の集積を図るために個別の交通事業者は追加投資を継続的に行なう。多くの場合，結果として生産の規模が拡大されることになる。その際，個別資本としての交通事業者が生産性の上昇を目的とすると，追加投資を交通手段に割り当てるゆえに，交通手段の価値（不変資本）が労働力の価値（可変資本）に比較して大きくなっていく[24]。なお，投下資本の配分の表し方は，投下資本価値を100％として，不変資本（fixed capital）と可変資本（variable capital）とがそのうちのどれだけの比率を占めるかという仕方で表示される。

では，大規模な交通事業者と中小規模の交通事業者における資本の集積を比

---

22) 例えば，小幡道昭『経済原論－基礎と演習－』東京大学出版会，2009年，176－180頁を参照されたい。
23) 1年間の経営活動の結果，どのくらいの利潤を個別の企業が生み出したのかを比較するには，企業の課税対象額を示す法人申告所得が便利である。これは税法に則して算出された数字で，業界や企業間の格差が排除され共通の尺度で比較できる利点をもつ。ただし，2006（平成18）年3月31日以降，公示制度の変更に伴い，各自業者が法人申告所得を公表する義務は廃止された。
24) 個別資本における投下資本の配分は，労働装備率ないし資本装備率という統計指標に反映されている。

べてみよう。まず，大規模な交通事業者と比較して小額の資本金で交通サービス商品を生産・供給している中小規模の交通事業者における投下資本の配分を考えてみよう。中小規模の交通事業者では資本金が小額なために交通手段に多くの資本を割くことができず，労働集約型産業になる傾向を有している。例えば剰余価値率（rate of surplus value）－（剰余価値／可変資本）×100％－を100％とした場合，貨幣資本（100）でもって商品資本（100）を購入する際に，その内訳を交通手段（20），労働力（80）としてみよう。交通サービス商品を輸送能力生産量で生産・供給した結果，商品資本（100）に加えて剰余価値（80）が生まれることになる。

　一方，巨額な資本金で交通サービス商品を生産・供給できる大規模な交通事業者は高い生産性を達成するために交通手段に多くの資本を割り当てる。例えば，剰余価値率を100％とした場合，貨幣資本（100）でもって商品資本（100）を購入する際に，その内訳を交通手段（70），労働力（30）としてみよう。交通サービス商品を輸送能力生産量で生産・供給できれば，商品資本（100）に加えて剰余価値（30）が生まれることになる。つまり，生産性の上昇ないし超過利潤の獲得を目的に追加投資を交通手段に配分すると，機械化が進行するため結果として人件費が節約できる。

　だが仮にほかの諸条件が不変であるならば，投下資本における交通手段比率の上昇は利潤率の減少をもたらす。もちろん初期投資額が巨額な場合，利潤率が減少するとはいっても利潤量で比較した場合には中小規模の交通事業者よりも多額であるといえよう[25]。なお，利潤率を高めるために大規模な交通事業者は自ら保有する経営資源を最大限に活用しながら新事業に進出していくことがある。そこでは交通サービス商品の生産要素を共有しながら複数商品の生産を行なうことで生産費用の低廉化が図られている。いわゆる範囲の経済（economies of scope）と呼ばれるものである。大規模な交通事業者になる程にグループ会社を形成する理由は範囲の経済にある[26]。

25）　ただし，生産の規模が拡大されるわけだから，交通手段の操作，維持や管理に従事する新たな交通労働者の雇用を生み出す可能性がある。

ここで利潤率の概念を確認すると，前貸し資本全体（投下総資本）に対する利潤の比率であり，利潤を可変資本と不変資本との合計で割った商－利潤／（可変資本＋不変資本）－の100分率で示される。ゆえに投下資本を労働力よりも交通手段へ多く配分することは不変資本（価値量不変の資本）もしくは固定資本（価値の回収のされ方からみた不変資本）への投下割合の増加を意味する。

　生産過程において固定資本の価値は少しずつ長期間にわたり部分的に交通サービス商品に移転する。このため固定資本から資本の回転をみると，資本の回転数は減少することになる。資本の回転数が減少すれば利潤率も低下する[27]。利潤率の低下を補うために，個別の交通事業者は剰余価値を蓄積していくことで，あるいは剰余価値の一部を次期の追加投資に回すことで資本の規模を拡大しようとする。

　多くの場合，大規模な交通事業者は他者との競争に対峙しているために，輸送量や輸送距離の増大による生産性の上昇を目的として一定段階まで追加投資を交通手段へ割り当てようとする。というのは，生産性を上昇させる方法の1つが生産規模の拡大に求められるからである。例えば，運搬具の大型化や通路の延長，結節機能点の拡張が事例として挙げられる。

　すなわち，労働力を一定とした上でそれ以外の交通サービス商品の生産要素投入量を拡大して大量生産を行なうと，商品単位当たりの平均費用が低下する。ゆえに運賃面で他者に対する競争力が増大する。これは規模の経済（economies

---

26) 例えば，わが国の私鉄にみられる多角経営が挙げられる。鉄道事業を中核に，バス・タクシー事業，デパート事業，不動産事業，観光事業，保険事業，ビル賃貸業などといった複数の事業を1つの経営体で行なっている。
27) 資本：C，利潤：P，年間売上高：S，資本利益率：P_1，年間売上高利益率：P_2とすれば，資本の回転数Nは企業会計上，次のようになる。$P_1 = P／C$…①，$P_2 = P／S$…②，$N = S／C$…③。①②③式から，$P／C = P／S × S／C$ゆえに，$N = P_1／P_2$となる。回転数Nを③式で捉える限り，回転数が低下すると，利潤率も低下することがわかる。したがって，利潤率を高めるために交通事業者は資本の回転期間をできるだけ短縮しようとする。なお，企業会計上の利益率とは利益を投下総資本で割った商－利益÷投下総資本－の100分率で示される，利益に対する総資本の比率である。

of scale）と呼ばれ，個別生産費が市場価格を下回ることから個別交通事業者は超過利潤を獲得でき利潤量の増大に寄与する。もちろん生産規模の拡大に見合うだけの交通需要量があり，かつ交通サービス商品（完成財）が生産・供給されているという前提が必要となる。

　このほかに情報化の促進や労働密度の増加も個別交通事業者の生産性上昇に貢献する。しかしながら，交通手段の価値構成が労働力よりも大きくなるゆえに，当該交通事業者における資本の回転数が減少し利潤率も減少する。ただし，生産性の上昇と資本の規模拡大とが同時に行なわれていく場合には，利潤率の低下と利潤量の絶対額の増加が発生することも起こり得る。

　以上のように資本の集積には資本が少なくとも１回転する必要があり，資本の蓄積には時間がかかる。このため交通サービス商品別市場における競争激化の中で早急に資本の規模を拡大しようとすれば，社債の発行，銀行からの借入金，あるいは既に形成されている諸資本との吸収や合併，すなわち資本の集中（centralization of capital）が行なわれることもある[28]。巨額の資本がないと優れた生産性をもつ交通手段の導入や市場シェアの拡大が行なえず，個別の交通事業者は他事業者との競争に勝ち残れないことになるからである[29]。だが，資本の集中は資本金と市場シェアの両者において少数の大規模交通事業者による寡占状態をもたらす。わが国では，鉄道事業，航空事業および外航海運事業にみられる状態である。

　一方，道路運送事業すなわちバス事業，タクシー事業やトラック事業，および内航海運事業では大手と中小の２極分化の傾向がみられ，多くの場合に独占

---

28) 例えば，近年では日本航空と日本エアシステム，阪急電気鉄道と阪神電気鉄道のように株式取得を介した吸収・合併などがある。資本の集中に際し，固定費に相当する管理部門や経理部門の統廃合が実施されるならば，規模の経済が同時に発揮される（坂井素思『社会経済組織論－社会的協力はいかに可能か－』放送大学教育振興会，2010年，111頁）。

29) このように交通事業者が資本の回転率を上昇させたり，資本の集積を通じて自己資本の拡大を図ったり，あるいは，社債を発行したり，銀行からの借入金や資本の集中を通じて他人資本の投入を行なって資本規模の拡大を図る行動を採用する理由の１つとして，社会的信用の獲得も挙げられる。

的競争状態となっている。なぜなら，これらの業種では交通手段への投資に比して労働力に多くの投資を配分することで中小規模の交通事業者でも大企業以上の利潤率を生み出すことが可能だからである。このため道路運送事業や内航海運事業では中小規模の交通事業者が多数存在できる。

第3節　交通産業の特徴

　交通産業は，対価と引き換えに交通サービス商品を販売することで，人や物の場所的移動を担う産業である。このため人間の経済的活動だけでなく，社会的・文化的活動にも広く影響を及ぼす資本主義経済の基幹産業でもある。交通産業の歴史を振り返ってみると，交通技術の近代化と歩調を合わせて進歩してきていることが確認できる。いいかえると，交通技術の発展・近代化が交通産業の成長を規定する要因である。こうした交通技術の発展・近代化を受けて，現代の交通産業は国内から国外へと，その活動領域を全世界にまで拡大しつつある。この結果，輸送距離や輸送量が増大しつつある。一方で，輸送時間（リードタイム）の短縮や輸送費用の低下がもたらされてきている。

　交通産業の存在形態をまずは事業者の規模からみてみると，2つに分類できる。すなわち，1つ目は，鉄道事業者，航空事業者，外航海運事業者のように交通手段に巨額の初期投資を要する大規模事業者から主に構成されている領域である。2つ目は，バス事業者，タクシー事業者，トラック事業者，内航海運事業者のように零細な小規模事業者から主に構成される領域である。交通産業には傾向としてこうした事業者規模による交通手段の相違がある。もちろん，前者にも小規模事業者があり，後者にも大規模事業者が存在する。大規模交通事業者は利潤率の低さを利潤量でもって，小規模交通事業者は利潤量の低さを利潤率の高さでもって事業の継続を図っている。

　しかしながら，交通産業の質をみると，規模の大小に関わりなくすべて交通サービス商品を生産している業種である。わが国の各種統計で産業区分の基本として統一的に使われている『日本標準産業分類』によると，交通産業は，G

第1部　現代交通の基礎理論

電気・ガス・熱供給・水道業，H情報通信業，I運輸業，J卸売・小売業，K金融・保険業，L不動産業，M飲食店，宿泊業，N医療，福祉，O教育，学習支援，P複合サービス業，Qサービス業（他に分類されないもの），S公務（他に分類されないもの）といった第3次産業に分類されている[30]。第3次産業とは第1次産業と第2次産業に属さない事業，すなわち物的財貨を生産しない事業＝サービス業である。このように漠然としたサービス業の理解となる理由として，『日本標準産業分類』には明確なサービス業の実体がないことが指摘できる。そこで運輸業に限定されるが，サービス業の実体を考えてみたい。

I運輸業に属する項目をみると，鉄道業，道路旅客運送業（一般乗合旅客自動車運送業，一般貸切旅客自動車運送業，一般乗用旅客自動車運送業，特定旅客自動車運送業など），道路貨物運送業（一般貨物自動車運送業，特定貨物自動車運送業，貨物軽自動車運送業，集配利用運送業など），水運業（外航海運業，沿海海運業，内陸水運業，船舶貸渡業），航空運輸業（航空運送業，航空機使用業），倉庫業（倉庫業，冷蔵倉庫業），運輸に付帯するサービス業（港湾運送業，貨物運送取扱業，運送代理店）が配置されている。ここから人と物の場所的移動と物の保管をする行為，すなわち企図した結果を求めて交通対象に働きかける労働行為を商品化している交通事業者が少なくともサービス業の一部を構成していると考えられる[31]。

さらに交通産業の特徴として，各交通事業者に対する各種規制や指導監督を目的に交通機関ごとに事業法が制定され，事業免許や認可，運賃の認可や届出などで規制が実施されている点を指摘できる。具体的には，鉄道事業法と軌道法が鉄道事業者に対して制定されている。以下，同様に，道路運送法が貨物運

---

30)　総務省統計局統計基準部編『日本標準産業分類－分類項目名，説明及び内容例示－（2002年3月改定）』総務省統計局，2002年，57–59頁，370–383頁，548頁。『日本標準産業分類』は，一国の産業を第1次産業，第2次産業，第3次産業と全体をおおまかに分類・整理する，クラーク（C.Clark）の産業3分法に拠っている（Clark, C., *The Conditions of Economic Progress*, London：Macmillan, 1951, Chapter Ⅶ, 大川一司・小原敬士・高橋長太郎・山田雄三邦訳『経済進歩の諸条件（下巻）』勁草書房，1955年，第7章）。

31)　ただし，鉄道業，水運業，航空運輸業は，交通対象別（人と物）に区分されていない。

送事業者を除く旅客運送事業者（バス事業者・タクシー事業者）に対して，貨物自動車運送事業法がトラック事業者に，貨物利用運送事業法が貨物鉄道事業者，トラック事業者，貨物船舶事業者，貨物航空事業者に対して，海上運送法が外航船舶事業者に，内航海運業法が内航船舶事業者に，航空法が航空事業者に対してそれぞれ制定されている。現在では，経済的規制はできるだけ緩和する方向で各事業法は策定し直されており，特に参入規制や運賃規制は大幅に緩和されている[32]。

　なお，各種の交通機関に対する統一的・体系的な交通法はわが国には規定されていない。このため，交通機関間の適正な競争関係や分担関係を交通市場において生み出す，交通調整政策が不可欠となる[33]。特に交通産業の発達に加えて自家用自動車が普及しているわが国では，交通調整政策だけでなく，交通調整政策と自家用自動車との関係調整も国民的公共性の観点から看過できない政策課題である。この重要性は2005年度の輸送機関別分担率において，国内旅客輸送の約50％（人キロ）が自家用自動車で占められていることからも示される（図表3－1）。その一方で，2005年度の輸送機関別分担率における国内貨物輸送では，約51％（トンキロ）をトラック事業者が占有しており，自家用自動車の占有率はトラックの約7分の1しかない（図表3－2）。

　そもそも自家用自動車は人も物も運搬できる。日常生活では自家用自動車のこうした特徴が発揮されるため，その利用人数や利用人キロは増える。通勤や買い物などのライフスタイルに密着しているからである。対して産業界では，どれだけ多くの荷物を一度に運搬できるかが重視される。輸送効率性の確保が求められるゆえに，自家用自動車よりもむしろ輸送の産業化が促進される。すなわち，日常生活では交通サービス商品よりも私的交通が選択される一方で，産業界においては私的交通だけでなく交通事業者も選択される。これが交通調整政策に加えて自家用自動車との調整政策も必要な所以である。

---

[32]　各交通事業者に対する詳細な規制に関しては，国土交通省大臣官房総務課監修『平成22年版　国土交通六法〔交通編〕』ぎょうせい，2010年を参照されたい。
[33]　斉藤峻彦『交通市場政策の構造』中央経済社，1991年，193頁。

第1部　現代交通の基礎理論

図表3－1　輸送機関別国内旅客輸送分担率の推移

(単位：％)

年度	鉄道 計		JR		民鉄		自動車 計		バス 計		バス 営業用	
	人数	人キロ	人数	人キロ	人数	人キロ	人数	人キロ	人数	人キロ	人数	人キロ
1960(昭和35)	60.6	75.8	25.3	51.0	35.3	24.8	38.9	22.8	31.0	18.1	30.5	17.6
1965(昭和40)	51.3	66.8	21.8	45.5	29.5	21.3	48.3	31.6	34.3	21.0	32.6	19.2
1970(昭和45)	40.3	49.2	16.1	32.3	24.3	16.9	59.2	48.4	29.1	17.5	25.3	14.0
1975(昭和50)	38.1	45.6	15.3	30.3	22.8	15.3	61.5	50.8	23.2	15.5	20.1	11.3
1980(昭和55)	34.8	40.2	13.2	24.7	21.6	15.5	64.8	55.2	19.1	14.1	16.0	9.4
1985(昭和60)	35.3	38.5	12.9	23.0	22.4	15.5	64.4	57.0	16.3	12.2	13.4	8.3
1990(平成2)	33.9	35.0	12.9	21.4	21.0	13.5	65.8	59.8	13.2	10.0	10.4	7.0
1995(平成7)	33.2	34.0	13.2	21.2	20.0	12.8	66.5	60.0	11.2	8.3	8.8	6.3
2000(平成12)	32.1	32.1	12.9	20.1	19.2	12.0	67.6	60.9	9.8	7.3	7.5	5.8
2005(平成17)	32.5	33.6	12.8	21.1	19.6	12.5	67.2	59.0	8.7	7.6	6.7	6.2

年度	自動車 バス 自家用		自動車 乗用車 計		自動車 乗用車 営業用		自動車 乗用車 自家用		旅客船		航空	
	人数	人キロ	人数	人キロ	人数	人キロ	人数	人キロ	人数	人キロ	人数	人キロ
1960(昭和35)	0.6	0.5	7.9	4.7	5.9	2.1	2.0	2.6	0.5	1.1	0.0	0.3
1965(昭和40)	1.7	1.8	14.0	10.6	8.5	2.9	5.5	7.7	0.4	0.9	0.0	0.8
1970(昭和45)	3.8	3.5	30.1	30.9	10.6	3.3	19.5	27.6	0.4	0.8	0.0	1.6
1975(昭和50)	3.1	4.2	38.3	35.3	7.0	2.2	31.3	33.1	0.4	1.0	0.1	2.7
1980(昭和55)	8.1	4.7	45.7	41.1	6.6	2.1	39.1	39.0	0.3	0.8	0.1	3.8
1985(昭和60)	2.9	4.0	48.1	44.8	6.0	1.8	42.0	43.0	0.3	0.7	0.1	3.9
1990(平成2)	2.8	3.0	52.6	49.8	5.0	1.4	47.6	48.4	0.3	0.6	0.1	4.7
1995(平成7)	2.4	2.0	55.3	51.7	4.0	1.2	51.3	50.6	0.2	0.5	0.1	5.5
2000(平成12)	2.3	1.5	57.8	53.6	3.6	1.0	54.1	52.6	0.2	0.4	0.1	6.6
2005(平成17)	2.0	1.3	58.5	51.4	3.3	1.0	55.2	50.4	0.2	0.3	0.1	7.1

(注)　四捨五入の関係で，各計数の和が合計と一致しないことがある。
(出所)　国土交通省総合政策局情報政策本部監修『交通経済統計要覧（2010年版）』運輸政策研究機構，2011年，26－27頁。

第3章　交通サービス商品と交通資本

図表３－２　輸送機関別国内貨物輸送分担率の推移

(単位：％)

年度	鉄道						自動車	
	計		JR		民鉄		計	
	トン数	トンキロ	トン数	トンキロ	トン数	トンキロ	トン数	トンキロ
1960(昭和35)	15.5	39.2	12.7	38.6	2.8	0.7	75.4	14.9
1965(昭和40)	9.6	30.7	7.6	30.3	2.0	0.5	83.5	26.0
1970(昭和45)	4.9	18.1	3.8	17.8	1.1	0.3	88.0	38.9
1975(昭和50)	3.7	13.1	2.8	12.9	0.8	0.2	87.3	36.0
1980(昭和55)	2.8	8.6	2.0	8.4	0.8	0.2	88.9	40.7
1985(昭和60)	1.8	5.1	1.2	5.0	0.5	0.1	90.2	47.4
1990(平成２)	1.3	5.0	0.9	4.9	0.4	0.1	90.0	50.0
1995(平成７)	1.2	4.5	0.8	4.4	0.4	0.1	90.3	52.5
2000(平成12)	1.0	3.8	0.6	3.8	0.3	0.0	90.4	54.0
2005(平成17)	1.0	4.0	0.7	4.0	0.3	0.0	91.0	58.6

年度	自動車				内航海運		航空	
	営業用		自家用					
	トン数	トンキロ	トン数	トンキロ	トン数	トンキロ	トン数	トンキロ
1960(昭和35)	24.8	6.9	50.6	8.0	9.1	45.8	0.0	0.0
1965(昭和40)	25.3	12.0	58.2	14.0	6.8	43.3	0.0	0.0
1970(昭和45)	21.2	19.2	66.8	19.5	7.2	43.1	0.0	0.0
1975(昭和50)	24.9	19.2	62.5	16.8	9.0	50.9	0.0	0.1
1980(昭和55)	27.8	23.6	61.1	17.2	8.4	50.6	0.0	0.1
1985(昭和60)	33.8	31.6	56.4	15.8	8.1	47.4	0.0	0.1
1990(平成２)	36.4	35.6	53.6	14.4	8.7	44.9	0.0	0.1
1995(平成７)	40.6	40.0	49.8	12.5	8.5	42.8	0.0	0.2
2000(平成12)	46.8	44.3	43.6	9.7	8.6	42.0	0.0	0.2
2005(平成17)	53.6	51.1	37.4	7.5	8.0	37.2	0.0	0.2

(出所)　国土交通省総合政策局情報政策本部監修『交通経済統計要覧（2010年版）』運輸政策研究機構，2011年，20-21頁。

第4節　交通サービス商品と私的交通

　まず自家用自動車を典型とする私的交通における交通サービスの使用価値（有用性）を，交通サービス商品における他人用の使用価値（有用性）と比較することで両者の特徴を明らかにしてみたい。そもそも交通は場所的移動を通じて交通需要者の空間的・時間的制約を克服することに目的があった。そこでは経済的価値が重んじられ，交通手段の技術的進歩と相まって，交通需要者の移動時間を可能な限り短縮すること，および低廉にすることに意義がある。

　こうした点を交通需要者が私的交通を活用できるという前提でみると，個別交通需要を充足する私的交通のほうが交通サービス商品よりも使用価値（有用性）が高いと交通需要者に認識される。私的交通では交通需要者の場所的価値とそれを実現する交通サービスの使用価値（有用性）が空間的・時間的に一致している一方で，交通サービス商品のそれは完全な一致とはなっていないためである。つまり，私的交通と交通サービス商品には，客観的な使用価値に相違がある点を指摘できる。

　次に，私的交通における経済的価値の客観的側面を交通サービス商品の価値（交換価値の本体）と比べてみよう。私的交通が生み出す交通サービスにも価値に類似する概念を設定できると考えられる。というのは，私的交通であっても競争的な市場で交通サービス商品を生産していること，また生産要素の投入によって任意に疑似商品としての交通サービスを増産できることを想定すれば，すなわち商品再生産の技術的法則性に従っていることを仮定すれば，私的交通でも価値に類似する概念を抽出してもよいと考えられるからである。

　その際，私的交通の価値は本来の交通サービス商品の生産部門における社会的に標準的な交通手段と社会的に平均程度の熟練・強度の交通労働でもって，その商品を新たに再生産するために必要な労働量（労働時間）を直接に反映していない。ゆえに，この価値の大きさを測定するには私的交通と似通った再生産の技術的法則性に従う交通サービス商品の価値から換算する必要がある。

第3章　交通サービス商品と交通資本

　近似という限定つきだが，まずは通路，運搬具，動力，結節機能点，エネルギー，情報，労働力という私的交通における交通サービスと同様な生産要素を使用する交通事業者を選択する。例えば，1人1車制の個人タクシー営業許可を受けた個人タクシー事業者が私的交通に近似する交通サービスを生産していると考えられる。なお，車両取得費や諸税を換算するために，小型車や中型車といったタクシーの車両ランクと自家用自動車のそれができれば同じであるほうが望ましい。

　次いで，個人タクシー事業者における交通サービス商品の生産において社会的に標準的な交通手段と社会的に平均程度の熟練・強度の交通労働でもって，その交通サービス商品を新たに再生産するために必要な労働量（労働時間）はどの程度なのかを算出するという段階を踏めばよい。すなわち，交通サービス商品（タクシー）の運賃（市場価格）を生産価格とみなし，ここから平均利潤に相当する分を差し引いた生産費用に相当するものを基礎に価値を間接的・概算的に計算すればよい[34]。

　ただし，私的交通の運転者に本業がほかにある場合，個人タクシー運転手の人件費よりも低めに機会費用を設定して生産費用を求める必要がある。しかし，私的交通を利用する前に交通需要者はそうした計算を行なわず，限界費用として現金支出費（out-of-pocket cost）－例えばガソリン代や駐車場代－だけを認識し，運転の機会費用，車両購入費，強制保険料，各種税金，免許取得費，任意保険料などに関する正確な総費用換算を行なっていないことが多い[35]。

　このように私的交通（自給自足の交通サービス）と交通サービス商品を比べると，交通サービスの客観的な使用価値と交換価値の両方の認識が相違している。つまり，交通サービスの生産される場所と時間に交通需要者の場所と時間

---

34) 労働価値説の主な意義は，労働量（労働時間）による交換比率（相対的価格）を決定することではなく，価格や利潤とは何かを考察することにある。市場価格と価値の次元は異なっている。
35) 村尾質『体系交通経済学』白桃書房，1994年，39-43頁。生田保夫『私的交通システム論』流通経済大学出版会，2011年，85-86頁。

が規定されるという即時財の特質から使用価値（有用性）においてかなり優位に，また交通サービスの限界費用だけを認識しがちという費用認識の不十分さから交換価値においても優位に，交通サービス商品と比べて私的交通が交通需要者に選択される条件が整っている。これを反映して，自家用自動車の保有台数は2006（平成18）年までは年々，増加していた（図表3－3の合計欄）。とはいえ，私的交通と交通サービス商品のどちらを実際に利用するのかに関する最終的な判断は交通需要者の客観的な環境や価値観に左右される。

　第1に交通需要者のおかれた客観的な環境を私的交通と競合する交通サービス商品の存在という視点からみていこう。そもそも目的地までの場所的移動において代替する交通サービス商品がない場合，私的交通を選択せざるを得ない。もちろん私的交通を所有・使用できない場合には，交通政策として公共性の観点から私的交通に代替する交通サービスの供給を検討しなければならない。

　第2に目的地までの場所的移動に際して私的交通と競合する交通サービス商品がある場合，どちらを選択するのかという点において交通需要者の価値観が作用する。こうした事例は短・中距離の場所的移動をする日常生活に多くみられる。その判断基準としては，個別交通需要の充足度，不使用能力の程度，環境負荷の度合や移動に要する総支出費の認識度といったような時間的価値，社会的価値，自然的価値や経済的価値に対する交通需要者の価値観が作用する。

　第3に国際輸送や長距離の国内輸送をみると，短距離の私的交通と長距離の交通サービス商品とが補完し合っている事例を挙げられる。これは長距離の交通サービス商品の利用に加えて，出発地から結節機能点，結節機能点から目的地までの両方もしくは片方において，短・中距離ではあるが，私的交通と交通サービス商品との競争が存在する可能性を意味する。この場合，交通手段の選択に際しては，第2と同様に交通需要者の価値観が働いている。

　このように私的交通と交通サービス商品の選択が求められる領域は短・中距離に多いと考えられる。したがって，交通事業者の視点からは，運賃の多様性に加えて交通サービス商品の個別交通需要対応性を特に高めていくことが私的交通との競争で優位に立てる重要な要因となっていく。

第3章 交通サービス商品と交通資本

図表3-3 自家用自動車保有台数の推移

(単位:千台)

区分 年	乗用車			トラック			バス		
	自家用	営業用	計	自家用	営業用	計	自家用	営業用	計
1961(昭和36)年	364	76	440	1,150	166	1,316	4	54	58
1966(昭和41)年	1,727	151	1,878	2,611	250	2,861	28	77	105
1971(昭和46)年	6,559	218	6,777	5,086	351	5,437	105	85	190
1976(昭和51)年	14,579	243	14,822	6,902	439	7,341	133	87	220
1981(昭和56)年	21,293	250	21,543	8,088	538	8,626	141	88	229
1986(昭和61)年	25,595	252	25,847	7,602	704	8,306	141	90	231
1991(平成3)年	32,177	260	32,437	7,920	826	8,746	151	95	246
1996(平成8)年	38,847	256	39,103	7,801	935	8,737	148	95	243
2001(平成13)年	42,109	256	42,365	7,001	1,105	8,106	137	99	236
2006(平成18)年	42,474	273	42,747	6,034	1,126	7,160	126	106	232
2010(平成22)年	40,153	265	40,419	5,280	1,083	6,362	120	108	228

	その他			小型2輪	軽自動車	合計			
	自家用	営業用	計	自家用	自家用	自家用	営業用	計	指数
1961(昭和36)年	69	11	80	50	1,460	3,096	308	3,404	42
1966(昭和41)年	146	27	173	48	3,058	7,618	505	8,123	100
1971(昭和46)年	319	56	375	172	5,968	18,209	710	18,919	233
1976(昭和51)年	541	95	636	257	5,867	28,279	864	29,143	359
1981(昭和56)年	720	132	852	445	7,297	37,984	1,008	38,992	480
1986(昭和61)年	840	104	944	851	12,062	47,091	1,150	48,241	594
1991(平成3)年	1,073	229	1,302	1,000	16,768	59,089	1,410	60,499	745
1996(平成8)年	1,342	303	1,645	1,209	19,170	68,518	1,589	70,107	863
2001(平成13)年	1,516	238	1,754	1,308	21,755	73,826	1,698	75,524	930
2006(平成18)年	1,345	273	1,619	1,428	25,807	77,214	1,778	78,992	972
2010(平成22)年	1,233	279	1,512	1,524	28,648	76,959	1,735	78,693	969

(注1) 各年3月末現在の数値を使用している。
(注2) 「その他」は特種用途車・大型特殊車である。
(注3) 千台未満は四捨五入した。よって、合計と一致しない。
(注4) 1976(昭和51)年度から沖縄県分を含む。
(注5) 「小型2輪」および「軽自動車」については、統計上、営業用・自家用の区別をしていないため、便宜上「自家用」区分としている。
(出所) 国土交通省自動車局監修『数字でみる自動車(2011年版)』日本自動車会議所、2011年、2-3頁。

第5節　交通サブ・サービス商品

　交通サービス商品に関連するがこれとは区別して認識すべきサービスとして，例えば航空機の客室乗務員が行なう機内販売サービスやミールサービス，新幹線などの特急列車内で販売員が行なう車内販売サービスがある。これらも消費者（交通需要者）に直接に仕える労働であるからサービスに相違ないが，本書ではこれを交通サービス商品とは区別し，交通サブ・サービス商品と認識していく。なぜなら，これらは場所的移動という交通サービス本来の機能に付随するサービスだからである。付随とはいえ，交通需要者それぞれに対する欲望・欲求を充足する点では交通サービス商品に匹敵する意義をもっている。

　こうした場所的移動に付随する交通サブ・サービス商品では，その購入ないし消費に際して追加費用がその場で交通需要者から徴収されるか，あるいは事前に運賃に加算されていることが多い。労働価値説から交通サブ・サービス商品をみると，機内販売サービスや車内販売サービス，ミールサービスにはカートへの積み込み作業，オーブンなどによる簡単な調理・加工などといった労働が加わっている。このような労働なくしては土産品や飲食物が最終的に機内や車内にいる交通需要者の手元に届かない。

　ゆえに，そうした労働はそれらの価値実現に不可欠な価値形成労働である。価値形成労働であるということは，同時に剰余価値形成労働でもあるといえる。土産品や半加工食品などは価値通りに仕入れをしても，機内販売サービスや車内販売サービス，食事の最終的仕上げといった作業を通じて剰余労働が対象化した価値，つまり剰余価値が生み出されるからである。したがって，交通サブ・サービス商品も交通資本の価値増殖に寄与することになる。

　翻って交通需要者の視点に立つと，交通の目的が本源的需要の場合と派生的需要の場合に分けて考えられる。まず，交通の目的が本源的需要の場合，例えば観光列車やクルーズ客船の乗客は，その移動過程自体を享受しようとすることから，その交通事業者でしか味わえない飲食物やその交通事業者のオリジナ

ル品・限定品を交通サブ・サービス商品として購入しようとするだろう。

　したがって，本源的需要者における需要の交通サブ・サービス商品価格弾力性は非弾力的になる傾向がある。本源的需要者にとって，交通は単なる場所的移動ではなく，その過程を楽しむことに価値がある。このため移動過程の価値を高める事象に対しては消費性向（propensity to consume）が高くなりやすい。

　次に，交通の目的が派生的需要の場合，例えば，朝晩の通勤・通学列車や海外出張の航空機の乗客は，交通サブ・サービス商品への関心はあまり高くない。というのは，場所的移動よりもむしろ目的地での活動に主たる関心があるからである。このため派生的需要者における需要の交通サブ・サービス商品価格弾力性は弾力的になりやすい。

　競争的な交通市場では，長期的な生き残りと利潤の確保のために，他者にはない持続可能な競争優位性という付加価値を交通事業者は交通サービス商品を通じて創出しなければならない。だが，その交通サービス商品が交通需要者に受容されなければ無駄に終わる。そこで機内販売サービスやミールサービス，車内販売サービスが他の交通事業者との製品差別化（product differentiation）もしくは交通サービス商品に対する付加価値の創出に活用できる。こうした交通サブ・サービス商品が交通事業者と交通需要者の両者に価値を創造するからである[36]。

　すなわち，同種・異種交通機関が相互に類似した質や運賃で交通サービス商品を生産・供給している交通事業者では，標的の設定が正しいならば，そうした交通サブ・サービス商品は製品差別化において有効に機能する[37]。その際，交通サブ・サービス商品の販売・提供を契機として交通事業者と交通需要者の

---

　36)　もちろん，交通サービス商品自体の改良，例えば運搬具の内装，空調や座席に対する物理的な工夫，あるいは交通サービス商品の予約販売システムの改善も交通サービス商品の差別化を図る上で役立つ（経済企画庁総合計画局編『おいしい交通をめざして−21世紀の総合交通研究会報告−』大蔵省印刷局，1991年，60−80頁。岩澤孝雄『交通産業のサービス商品戦略』白桃書房，1996年，90頁）。

　37)　運輸省運輸政策局・長銀経営研究所編『運輸関連業のニューサービス戦略』中央経済社，1986年，28−62頁。

間に何事かを生産・創造していく関係性の構築が望まれる。というのは，他者との製品差別化がさらに促進されていくからである。その要は製品やサービスを貨幣と交換する関係性から一歩進んだ，その場所（空間・時間）的移動でなくては生み出せない価値にある。いいかえると，その場所に規定された相互性，精神性，人間性に関わる多元的な価値を交通事業者と交通需要者が共創していくことである[38]。

　こうした多元的な価値を規定しているものは文化的価値である。文化的価値は経済的価値と相関性をもつが，同一視はできない。なぜなら，文化的価値は商品に対する消費者の支払意思だけで評価されるのではなく，一体感，伝統，美的感覚，独自性のような観点も加わって多面的・総合的に評価されるからである。ここに交通サブ・サービス商品の存在意義がある。

　交通サービス商品の生産過程では，交通事業者と交通需要者が場所と時間を必ず共有しなければならない。ゆえに，他者との製品差別化を希求する交通事業者にとって，その場所と時間は交通サブ・サービス商品を活用しながら交通需要者に自者の文化的価値を伝達し，さらに共に文化的価値を創造していく絶好の機会となる。交通需要者が交通サービス商品を選択するに際して，交通サービス商品の経済的価値に加えて交通サブ・サービス商品の文化的価値にも依拠する可能性を交通サブ・サービス商品はもっているからである。

---

[38] 交通サブ・サービス商品を交通ホスピタリティへと昇華できれば，製品差別化はさらに明確となる。交通ホスピタリティにおいては，①１対１の接遇，②臨機応変な対応，③多様な価値の創造が基軸となる（詳しくは，山本哲士『ホスピタリティ講義－ホスピタリティ・デザインと文化資本経済－』文化科学高等研究院出版局，2010年を参照されたい）。

第4章　弾力性概念と交通市場

第1節　交通需要の運賃弾力性

①　交通需要の基本的性質[1]

　交通は各人の目的を実現するために交通対象の場所的移動を行なうことで達成される。ただし，その場所的移動に際しては，必ず自給自足の交通サービスもしくは交通サービス商品の生産・消費を経なければならない。そこでこの過程を2つに分けて考えてみたい。すると，交通はまず自らの目的を実現するために人や物といった交通対象の場所的移動に対する必要が認識されることから開始されることになる。この段階が終わると，続いて私的交通，交通事業者のどちらがその目的を達成するのに適切なのかを各人が自らの価値基準から判断していく。つまり，欲望から欲求の段階である。

　その際，類似した社会環境で成長した人々，例えば経済合理性という規範の中で育った人々は，経済的価値を重視する価値観をもっている可能性が高い。しかしながら，こうした見方は人間がもつ多様な価値観の一面しか認識できないであろう。というのも，外的環境や内的環境の変化とともに同一人物の価値観が時間の経過とともに変容していく場合もあり得るからである。例えば，マズローの法則（Maslow's hierarchy of needs）に示されるように，当初は低次元の生理的・安全的な必要・欲求であったものが，次第に高次元の帰属愛的・自尊的・自己実現的なそれへと必要・欲求の充足度に応じて価値観が移行していくこともあるからである。

　このように交通とは，まず交通対象の場所的移動に対する必要を直接の契機

1）　本項は以下の文献に依拠している。村尾質『体系交通経済学』白桃書房，1994年，15-16頁。竹内健蔵『交通経済学入門』有斐閣，2008年，48頁。

として，次に，私的交通や交通サービス商品に対する欲望・欲求が交通サービスに対する需要−交通需要−として発生していく[2]。したがって，交通対象の場所的移動に対する必要と交通サービスに対する需要が欲望・欲求の現実化を介して垂直的関係におかれていることがわかる。すなわち，交通対象の場所的移動に対する必要がその欲望・欲求の現実化によって交通サービスに対する需要を規定する関係にあるゆえに，まずは前者からみていこう。

　交通対象の場所的移動の主体は人間である。人間は各人ごとに様々な価値観をもっている。なぜなら，これまで各人の生まれ育ってきた個別の自然や社会，文化が五感覚器官の形成に異なる影響を及ぼしてきたゆえに各人の認識を比較すると差異が生じているからである。多様な価値観をもつ人間が自らの目的を意識的・無意識的に設定して行動を起こすわけだから，当然にその目的も多様になってくる。したがって各人の価値観によって目的が相違するため，交通対象の場所的移動に対する様々な必要が発生することになる。つまり，交通対象である人や物の場所的移動に対する必要はこうした人間の多様な価値観にその根拠をもっている。

　次に，そうした交通対象の場所的移動に対する必要とその欲望・欲求の現実化に規定される，交通サービスに対する需要すなわち交通需要をみてみよう。交通需要は交通サービスに対する目的によって2つに分類できる。1つ目は本源的需要である。これは交通サービスそれ自体を交通需要者が第1番目の需要目的としているものである。例えばクルーズ客船やお座敷列車での移動が挙げられる。2つ目は派生的需要である。これは交通以外の目的を実現するための手段として交通サービスを需要するものである。例えば通勤や通学，貨物輸送が該当する。本源的需要と派生的需要のどちらも多様な価値観による影響が著しく，これに規定された多様な欲望・欲求が現実化したものとなっている。

　その一方で，多様な価値観を反映した交通需要者の必要は，多くの場合，特定の交通機関に対する欲求へと収束しやすい。例えば，行楽シーズンになると，

---

[2] ここで需要とは貨幣的な支払能力に裏づけられた有効需要を指している。

車窓からの風景を眺めながら場所的移動を享受するための必要が特定の場所・時間に発現する。日常生活では，自宅から会社や学校に移動して仕事や勉強をするための必要が特定の場所と時間に発生する。続いて，そうした必要が欲求となって特定の交通機関（鉄道，バスや私的交通）の交通サービスに対する需要として顕在化するため，ピーク時やラッシュアワーが生じる。このように本源的需要，派生的需要ともに交通需要を発生させるのは交通対象の場所的移動に対する個人主体の多様な価値観に基づく必要である。だが，自然環境や制度によってそうした必要は特定の交通機関に対する欲求となって現れていく。

　物流も同様である。わが国では12月になると，お歳暮をお世話になった方々へ贈る習慣がある。これは交通対象の場所的移動に対する必要を同じ時期に集中して発生させる。この段階に続いて，自分でお歳暮を持参するか，あるいは在庫のおかれている倉庫からトラック事業者（宅配事業者）を介してそれを配送してもらうかに関する特定の交通機関への欲求が発生する。この結果，トラック事業者を選択する個人主体が多い場合，配達時期の集中を反映して，トラック事業者の輸送能力生産量にまで交通需要が達することもある。

　人流・物流ともに交通需要の変動が直ちに交通量の増減に影響を及ぼす。朝晩と日中の波動性，ウィークデイとウィークエンドの波動性，月末とそれ以外の波動性，季節による波動性が交通需要には現れる。すなわち，交通対象の場所的移動に対する必要が特定の交通機関の選択に対する欲求となって顕在化する。これが自給自足あるいは商品としての交通サービスに対する需要量の変化に直結していくのである。ただし，交通対象の場所的移動に対する必要を実現する交通サービスが複数ある場合，交通対象の場所的移動に対する必要と特定の交通サービスに対する需要量の変化が必ずしも整合性をもっているとは限らない。個人主体の条件によって，交通需要の分散が予想されるからである。

　例えば現在地から目的地までの移動に際して複数の交通サービスから選択できるならば，できるだけ低廉で迅速に移動することを交通需要者は望むであろう。つまり，自給自足もしくは商品としての交通サービスは交通需要者にとって費用と認識されている。そこで新古典派経済学の考え方に従えば，それぞれ

の交通サービスについて，運賃，所要時間，頻度，規則性，確実性，アクセス性，安全性，快適性，自己完結性をすべて費用に換算した一般化費用の中から，交通需要者は一番低廉な交通機関を選択することになる。その際，交通需要者の価値観がそうした9つある要因の費用換算に重みづけをしているため，交通需要が分散していくこともある。

② 交通需要の運賃弾力性[3]

ここからは交通事業者の視点に立って交通需要を考えていく。交通需要者の欲望・欲求が特定交通事業者の交通サービス商品に対する需要に結びつく要因として，自者の交通サービス商品の運賃，交通需要者の所得，および同質の交通サービス商品を提供する競合他者の交通サービス商品の運賃が挙げられる。

自者や他者の交通サービス商品の運賃の変化が自者の交通サービス商品に対する需要すなわち交通需要にどの程度の影響を及ぼすのかといった動向を認識する指標に交通需要の運賃弾力性がある。弾力性（elasticity）とは，2つの変数のうち，一方の変数の変化が他の変数の変化にどの程度影響を与えるのかを示す因果関係の概念である。ただし，2つの変数以外の条件を一定とするため，比較的短期の動向を把握するのに適している。

では，特定の交通事業者における交通サービス商品の運賃（均衡価格）の変化がその交通需要量の変化にいかに反映されるのかを示してみよう。ただし，すべての交通サービス・交通サービス商品の質，交通需要者の所得と価値観やその他の社会経済状況を一定と仮定する。今変化する前の運賃をP_1，変化した後のそれをP_2，運賃の変化する前の交通需要量をQ_1，運賃の変化した後のそれをQ_2とすれば，交通需要の運賃弾力性E_dは次のようになる。

$$E_d = |[(Q_2-Q_1)/Q_1]/[(P_2-P_1)/P_1]|$$
$$= |交通需要量の100分率変化／運賃の100分率変化|$$

---

[3] 本項は以下の文献に依拠している。佐波宣平『改版 交通概論』有斐閣，1954年，73-89頁。岡野行秀・山田浩之編『交通経済学講義』青林書院新社，1974年，60-61頁。土井正幸・坂下昇『交通経済学』東洋経済新報社，2002年，36-38頁。

つまり交通需要の運賃に対する弾力性は、運賃を原因、交通需要量をその結果とみなし、運賃が1％変化した時に、交通需要量が何％変化するのかを示している。なお、需要曲線は通常は右下がりなため、運賃の値上がりは交通需要量の減少を引き起こすので、一般にE_dは負の値をとる。そこで絶対値で交通需要の運賃弾力性を表示する。

交通需要の運賃弾力性E_dは、$E_d=1$の場合に中立、$E_d>1$の場合に弾力的、$0<E_d<1$の場合に非弾力的という3つに区分される。$E_d=1$とは、交通サービス商品の運賃と交通需要量とが等しい割合で変化することであるから総収入に変化はない。

$E_d>1$とは、交通サービス商品の運賃の変化率よりも交通需要量の変化率が大きい、すなわち需要の運賃弾力性が大きいことである。こうした場合に交通サービス商品の運賃の値上げや値下げが交通需要量の変化に大きく表れるために、交通事業者は交通サービス商品の運賃を少し値下げすることで交通需要を増大させ総収入の増加を図ろうとする。

$0<E_d<1$とは、交通サービス商品の運賃の変化率よりも交通需要量の変化率が小さい、つまり需要の運賃弾力性が小さいことである。ここでは交通サービス商品の運賃の値上げや値下げが交通需要量の変化にさほどの影響を及ぼさないために、交通事業者は交通サービス商品の運賃を値上げすることで総収入を増大しようとする。逆にそれを値下げすれば総収入は減少する。ただし、特定の交通市場で独占的な状態にある交通事業者の生産・供給する交通サービス商品が必需財に近いと考えられる場合には、運賃の値上げが高所得者と比べて代替的な移動手段をもつ可能性の小さい低所得者に影響を及ぼすこともある。

交通需要の所得弾力性と交通需要の交差弾力性も交通需要の運賃弾力性と同様に考えられる。すなわち、交通需要の所得弾力性は「交通需要量の100分率変化／所得の100分率変化」で、交通需要の交差弾力性は「交通サービス商品Bの需要量の100分率変化／交通サービス商品Aの運賃の100分率変化」でそれぞれ求められる。交通需要の所得弾力性をみると、通常、所得の増加に伴い交通需要量も増加する関係にある。交通需要の交差弾力性をみると、その値が負

の符号の場合，交通サービス商品Aの運賃の値上がりに対して交通サービス商品Bの需要量が減少している。つまり，交通サービス商品Aと交通サービス商品Bの間に連動が認められることから両者は補完財となる。逆に，交通需要の交差弾力性が正の符号の場合，両者は代替財である。

第2節　供給の運賃弾力性と費用の生産量弾力性

①　供給の運賃弾力性[4]

運賃（均衡価格）の変動につれて交通事業者が交通サービス商品（完成財）の供給量を変動し得る割合を供給の運賃弾力性と呼ぶ。交通需要者の要因によって交通需要の運賃弾力性の値が規定されていたのと同様に，供給者（交通事業者）の要因によって供給の運賃弾力性の値も規定されている。なお，ここでは生産した交通サービス商品がすべて消費されている状態，すなわち交通サービス商品の生産量＝供給量という前提をおいている。

今変化する前の交通サービス商品（完成財）の供給量をS_1，変化した後のそれをS_2，供給量の変化する前の交通サービス商品（完成財）の運賃をP_1，供給量の変化した後のそれをP_2とすれば，交通サービス商品（完成財）における供給の運賃弾力性E_sは次のようになる。

$$E_s = [(S_2 - S_1) / S_1] / [(P_2 - P_1) / P_1]$$

$$= 供給量の100分率変化／運賃の100分率変化$$

つまり供給量の運賃に対する弾力性は，運賃を原因，供給量をその結果とみなし，運賃が1％変化した時に，供給量が何％変化するのかを示している。なお，供給曲線は通常は右上がりを示すことから，運賃が値上がりすると供給量も増加する。したがって，供給の運賃弾力性は正の値をとる。

---

4) 本項は以下の文献に依拠している。佐波，前掲『改版　交通概論』108-111頁。佐波宣平『弾力性経済学』有斐閣，1966年，98-110頁。Stonier, A.W. and D.C. Hague, *A Textbook of Economic Theory*, London：Longman, 1980, pp.36-38.

第4章 弾力性概念と交通市場

　供給の弾力性は供給側の要因，すなわち単一の交通事業者，複数の交通事業者（交通産業），生産期間の長短によって以下のように決定される。

　第1に単一の交通事業者をみてみよう。運賃の値上がりに合わせて交通事業者が供給量を増大しようとしても，限界費用が著しく上向きの場合，限界費用が平均費用より高くなってしまう，つまり生産費が高くなる[5]。このため交通サービス商品の生産量はさほど増えない。運賃が大きく値上がりしても供給量の増加は少ない。$0 < E_s < 1$になるゆえに，供給の運賃弾力性は小さい。反対に，鉄道事業にみられるように，限界費用が平均費用よりも低い状態で，限界費用をさほど高めることなく交通サービス商品の生産量を増やせる場合，交通事業者は運賃の値上がりに対して比較的簡単に交通サービス商品の生産量を増やせる。$E_s > 1$であるゆえに，供給の運賃弾力性は大きい。

　第2に複数の交通事業者をみてみよう。ここでは単一の交通事業者における交通サービス商品の供給量よりもむしろ多数の同種交通機関事業者における交通サービス商品の交通市場向けの総供給量に注目したい。例えば似通った限界費用曲線（供給曲線）をもつ同種交通機関としてトラック産業を想定しよう。ここでは限界費用曲線が平均費用曲線の上に位置している。運賃がわずかに値上がりした場合でも個々のトラック事業者は競って交通サービス商品の生産量を増やすため，トラック産業全体としてみるとその生産量はすぐさま増大に至る。ゆえに個別のトラック事業者をみると，$0 < E_s < 1$であるが，産業全体でみると，$E_s > 1$になるゆえに，供給の運賃弾力性は大きいことになる。

　逆に，現役で営業活動をしているA社，B社，C社，D社（限界生産者＝最小の利潤を確保），さらにD社以上に限界費用の大きいE社のようにA社から段々と限界費用が増大していく，極端に限界費用に相違のある同種交通機関から構成されているトラック産業を想定しよう。この場合，運賃がかなり値上がりし

---

[5] 限界費用は実務上，航空機，バス，列車などを1運用追加した場合に発生する費用（斎藤峻彦『交通経済の理論と政策』ぺんぎん出版，1978年，63頁），もしくは旅客が1人，貨物が1トン増えた場合に発生する追加的費用（小淵洋一『第3版現代の交通経済学』中央経済社，2000年，41頁）と考えられている。

ても依然として不利な状態にあるE社は生産費用がかさむため交通サービス商品の生産をしないで待機状態となる。したがって，残るトラック事業者が交通サービス商品の生産量を増やしても全体としてその生産量はあまり増えない。$0 < E_s < 1$ となるゆえに，供給の運賃弾力性は小さい。

　第3に交通サービス商品の生産期間の長短をみてみよう。供給の運賃弾力性は生産期間の長短によっても規定されるからである。生産期間が極短期の場合，不使用能力の有無にかかわらず，運賃の値上がりに対して生産量をすぐさま増やすことは難しい。$0 < E_s < 1$ となるゆえに，供給の運賃弾力性は小さい。一方，生産期間がかなり長期の場合，現時点で不使用能力があれば，もしくは交通手段の新設・拡充が行なえれば，運賃の値上がりに対する生産量の増加がしやすい。$E_s > 1$ であるゆえに供給の運賃弾力性はかなり大きい。逆に不使用能力がなく，あるいは短期間に交通手段の新設・拡充ができなければ，運賃の値上がりに対する生産量の増大が困難となる。$0 < E_s < 1$ となるゆえに，供給の運賃弾力性は小さい。

　一般に不況期には労働力の調達が可能ならば不使用能力を容易に交通サービス商品の生産へ振り当てることができる。このため運賃の変化に対する生産量・供給量の感応度である供給の運賃弾力性は大きい。一方，好況期では交通サービス生産要素がほぼ稼働率の上限に達しており，完全操業の状態である。したがって運賃の上昇が少々あっても生産量の増加の余地がなく，供給の運賃弾力性は小さい。

　しかし，運賃の変化に対する生産量・供給量の増減に関する交通事業者の判断は，そうした交通サービス商品の技術的生産過程よりもむしろ利潤の大きさにおかれている。つまり，平均費用を償わない場合，換言すると，限界費用逓増の法則（収穫逓減の法則），すなわち規模の不経済（diseconomies of scale）が働いている場合，供給の運賃弾力性が小さい。生産の技術的条件が劣化するため，ある一定量の交通サービス商品を生産するために必要な労働量（労働時間）が増加しているからである。逆に，限界費用逓減の法則（収穫逓増の法則），すなわち規模の経済が働く場合，平均費用が償われるので供給の運賃弾力性が大き

い。生産の技術的条件が向上するため，ある一定量の交通サービス商品を生産するために必要な労働量（労働時間）が減少しているからである。

② 費用の生産量弾力性[6]

供給の運賃弾力性は運賃（均衡価格）と供給量についての関係を示す指標であり，そこには費用概念が含まれていた。ゆえに費用と生産についての関係を示す指標として，費用の生産量弾力性にも言及しておく。これは交通サービス商品（完成財）を生産するのに要する費用の生産量弾力性で示される。そこで特定の交通事業者における交通サービス商品の生産量の変化がいかにその交通サービス商品の総費用の変化に反映されるのかをみてみよう。なお，ここでは生産した交通サービス商品がすべて消費されている状態，すなわち交通サービス商品の生産量＝供給量という前提をおいている。

今変化する前の交通サービス商品の生産量をQ_1，変化した後のそれをQ_2，生産量の変化する前の交通サービス商品の総費用をC_1，生産量の変化した後のそれをC_2とすれば，交通サービス商品における費用の生産量弾力性E_cは次のようになる。

$$\begin{aligned}
E_c &= [(C_2-C_1)/C_1]/[(Q_2-Q_1)/Q_1] \\
&= 総費用の100分率変化／生産量の100分率変化 \\
&= [Q_1 \times (C_2-C_1)]/[C_1 \times (Q_2-Q_1)] \\
&= (Q_1/C_1) \times [(C_2-C_1)/(Q_2-Q_1)] \\
&= [(C_2-C_1)/(Q_2-Q_1)] \times (Q_1/C_1) \\
&= [(C_2-C_1)/(Q_2-Q_1)]/(C_1/Q_1) \\
&= MC/AM \\
&= 限界費用／平均費用
\end{aligned}$$

---

[6] 本項は以下の文献に依拠している。佐波，前掲『弾力性経済学』110-112頁。前田義信『改訂版　交通経済要論』晃洋書房，1988年，118-120頁。山内弘隆・竹内健蔵『交通経済学』有斐閣，2002年，124-128頁。

第1部　現代交通の基礎理論

　一般的に交通事業者ごとにみた交通サービス商品における費用の生産量弾力性E_cは，交通サービス商品の生産費用が生産量の増加につれて増える関数である。これは右上がりの費用曲線として表せる。交通サービス商品における費用の生産量弾力性E_cは，$E_c=1$の場合に中立，$E_c>1$の場合に弾力的，$0<E_c<1$の場合に非弾力的という3つに区分できる。

　$E_c=1$とは交通サービス商品の生産量とその総費用とが等しい割合で増加することである。平均費用（総費用／生産量）が一定なことから，規模の経済は作用しない。規模の経済が不成立ゆえに，固定的な比率で使用されている全生産要素の限界費用は一定である。限界費用とは，生産量の追加単位によって生じる総費用の増加分である。つまり，平均費用と限界費用が一定となっている。

　$E_c>1$とは交通サービス商品の生産量の変化率よりもその総費用の変化率が大きいことである。生産量の増加割合に比べて総費用の変化が大きいことから，規模の不経済が確認できる。平均費用が逓増しているからである。生産の技術的条件の劣化した領域へ生産が拡大されたために，ある一定量の交通サービス商品を生産するために必要な労働量（労働時間）が増加していることを意味する。この状態では，限界費用＞平均費用であることから，平均費用曲線が限界費用曲線の下に位置している。さらに生産規模の増大につれて，組織が大規模化することも限界費用の逓増に関係する。というのも，この組織を管理するために中央での意思決定に要する現場からの情報収集費，またこうした意思決定をする管理組織や現場の人件費などが新たに発生するからである。

　$0<E_c<1$とは生産技術の状態が一定である時に，交通サービス商品の生産量の変化率よりもその総費用の変化率が小さいことである。生産量の増加割合に比べて総費用の変化が小さいことから，規模の経済が確認できる。固定要素の不可分性により共通費が各輸送単位に配賦されるゆえに，生産量の増大につれて平均費用が逓減していく。生産の技術的条件が向上するため，ある一定量の交通サービス商品を生産するために必要な労働量（労働時間）が減少していることを意味する。この状態では，限界費用＜平均費用となっていることから，平均費用曲線が限界費用曲線の上に位置している。

第3節　交通市場と市場メカニズム

① 交通市場の分類

　交通市場を考察するに際して，ここでは交通サービス商品市場を主眼におき，交通サービス商品生産要素市場にまで視野を拡大しない。もちろん交通サービス商品の生産・供給には交通サービス商品生産要素との場所と時間における整合性が不可欠であるという基本的視点を看過しているわけでない。だが，単純化のためここでは交通サービス商品と交通市場との考察に焦点を絞っていく。

　交通市場とは交通サービス商品を生産・供給する交通事業者とそれを購入する交通需要者とが相互に自立しながら運賃（均衡価格・市場価格）という貨幣を介して商品の交換をする場のことである[7]。そこでは，①交通事業者と交通需要者，②交通事業者内部，および③交通需要者内部において競争が行なわれている。①の競争では交通事業者はできるだけ高く販売しようとし，交通需要者はできるだけ安く購入しようとする。②のように交通圏の重なる交通サービス商品を販売する同種・異種交通機関の交通事業者間においては，運賃や市場占有率の競争がある。③は限られた交通サービス商品に対して多数の交通需要者がいれば，交通需要者間でも競争が発生することを示している。

　交通サービス商品と交通市場との関係をみると，一般に交通機関別市場，営業領域別市場，顧客特性別市場，輸送対象・目的別市場，および地域特性別市場に分類できる[8]。これを交通事業者からみると交通機関別市場と営業領域別市場が，交通需要者からみると顧客特性別市場，輸送対象・目的別市場と地域特性別市場がそれぞれ対応している。以下，その順に内容を整理していく。

　交通機関別市場とは，鉄道事業者，自動車運送事業者，航空事業者，海運事業者といった交通機関別に区分した市場である。この分類の利点は交通事業者

---

[7]　交通市場は無計画性に，交通資本は計画原理の貫徹にそれぞれ特徴をもつ。このため市場と資本とでは資源配分のメカニズムが異なってくる点に留意すべきである。

[8]　岩澤孝雄『交通産業のサービス商品戦略』白桃書房，1996年，86-88頁。

に対する規制政策との整合性を認識しやすいということにある。規制政策が交通機関別市場を対象に行なわれているからである。もちろん現実の交通市場では，これら同種交通機関が相互に競争や補完，あるいは異種交通機関が相互に競争ないし補完する場合もあり，さらに私的交通との競争，補完の関係もあり得る。特に異種交通機関との関係は交通調整政策の領域である。

交通機関別市場を経済学の市場に対応させてみると，次の通りになる[9]。完全競争市場は理念上に存在し，現実の交通市場にはほとんど対応しない。大都市のタクシー事業者，トラック事業者や内航海運事業者，世界の大都市間を結ぶ外航海運事業者（不定期船）などは完全競争市場に近い位置にある独占的競争市場（monopolistically competitive market）に該当する。世界の大都市間を結ぶ外航海運事業者（定期船），大都市間を結ぶ航空事業者（幹線定期便），競争鉄道線が存在する鉄道事業者などは寡占市場（oligopolistic market）に該当する。このように交通機関別市場では，独占的競争市場と寡占市場に当てはまる事例が多い。ローカル鉄道事業者，ローカルバス事業者，ローカル航空事業者などは独占市場（monopolisitic market）に該当する。

続いて営業領域別市場とは，国内交通と国際交通といった交通事業者が供給する交通サービス商品の流通範囲に基づく区別である。この分類は交通機関別市場の延長線上に位置づけられ，特にわが国では航空事業者や海運事業者に適用できる。そこでは人や物という交通対象について国内交通ないし国際交通だけで完結する場所的移動，あるいは両者を併用するそれに区分された2種類の交通サービス商品が生産・供給されている。

続いて，交通需要者側から交通サービス商品と交通市場との関係をみていく。顧客特性別市場は通常の交通サービス商品が想定している不特定で多数の交通需要者を対象とする一般輸送市場，および特定された少数の交通需要者を対象とする貸切輸送市場とに分けられる。前者と比して後者は交通サービス商品（完成財）の生産・供給において確実に交通サービス（中間財）を消費してくれ

9） 伊藤允博『新版　現代の交通経済－アメニティ時代の交通－』税務経理協会，1989年，第6章。

る点で交通事業者にとってはより好ましい輸送形態である。同時に後者は，交通需要者にとって専用の交通サービス商品となることから，前者よりは交通サービスに対する質評価が高まる。この輸送形態は私的交通に一層近づいた質的特性をもつ状態となるからである。

輸送対象・目的別市場とは，まずは交通対象が人なのか物なのかによって区分し，続いてその交通対象ごとの移動目的によって区分する市場である。人の場合には通勤輸送，通学輸送，観光輸送などといった分類が，物では引越し輸送，納品輸送などといった分類がある。

最後の地域特性別市場とは，都市交通や地方交通といった交通サービス商品の需給が行なわれる具体的空間に従った区分である。都市交通と地方交通ともに旅客輸送を中心に地域住民の移動の確保を対象とする市場である。そこでは鉄道事業者，バス事業者，タクシー事業者の生産・供給する交通サービス商品ごとの分類や，民間事業者と地方公営企業といった経営主体による分類，交通サービス商品と私的交通の競合・補完といった分類がある。

② 交通市場の需給関係

交通サービス商品のすべての取引が契約に基づいて行なわれ，そのすべての契約に要する費用がゼロで締結されると仮定した完全競争的な交通市場では，交通サービス商品に対する需要曲線と供給曲線が交わる均衡点で均衡価格（運賃）と均衡生産量の組み合わせが決定するとされる[10]。

この交通市場において交通事業者の交通サービス商品の生産量が均衡生産量を超えているならば，供給価格が需要価格を上回ることになるので供給過剰となり交通事業者は損失を被る。このため交通事業者は価格すなわち運賃を下げて生産量を減少する。交通需要者の視点からみると，供給価格が需要価格を上回った結果，交通需要量を減少させることになる。運賃が下落するにつれて交

---

10) 荒井一博『ファンダメンタル ミクロ経済学』中央経済社，2000年，138-153頁。なお，ここでは限界効用逓減の法則と限界費用逓増の法則（収穫逓減の法則）が前提とされていることを再確認しておく。

通需要は再び増加する関係にある。

　逆に，交通事業者の交通サービス商品の生産量が均衡生産量より少ないならば，需要価格が供給価格を上回り超過利潤が発生する。それゆえ交通事業者は生産量を増大する。交通需要者にすれば供給価格が需要価格を下回ったことから交通需要量を増加させる。だが，運賃が上昇するにつれて交通需要は減少する関係にある。

　このように交通需要者と交通事業者の両者が交通サービス商品の運賃（均衡価格）をコントロールできないという仮定の下で行動すると，交通サービス商品の需給関係に不均衡があるならば，運賃を指標として両者は行動するゆえに需給均衡が達成される。もちろん交通サービス商品のすべての取引が契約に基づいており，すべての契約が取引費用ゼロで締結され実行されると仮定されている。

　しかし，現実には交通サービス商品の需要と供給の均衡点に影響を及ぼす要因は交通サービス商品の運賃だけではない。例えば，長期的には好況や不況が交通需要者の所得に変化を与えることもあるだろう。このため需要曲線がシフトするかもしれない。さらに交通サービス商品に対する交通需要は，運賃以外の交通サービスの質，および交通需要者の嗜好や価値観の変化といった非経済的要因にも左右される点も看過できない。

　一方，交通事業者に課される税金や補助金といった制度の変更により長期的には供給曲線がシフトするかもしれない。短期的にみても同様な交通圏における自家用自動車を代表とする私的交通との競合[11]，さらに供給条件が酷似した交通サービス商品を販売する他の交通事業者との競争も供給曲線をシフトさせる要因である。私的交通や異種交通機関との補完関係も同様に考えられる。ま

---

11) 移動したい場所と時間にすぐ移動できるという使用価値の優位性が私的交通にはある。加えて，私的交通の運転に伴う機会費用，自動車取得費，燃料代や関係諸税などに対する認識が一般に交通需要者ないし運転者になされていない。つまり，私的交通への支出が交通サービス商品のそれよりも低く評価されている。このため交通事業者にとって私的交通は使用価値と交換価値の両面において競争相手となる。

た，鉄道事業法，道路運送法，航空法などといった法令による交通機関別の規制政策の変化が交通事業者の費用構造に変化を与える可能性もある[12]。

　以上みてきたように，市場メカニズムの働きによって交通サービス商品に対する需要と供給が一致する点で均衡価格（運賃）と均衡生産量が決定されることを確認できた。こうした需要曲線と供給曲線が交差する均衡価格を基礎に，新古典派経済学は余剰分析を行なっていく。しかし，その交通サービス商品に対する需給変化の十分な時間を経て決定される需給の均衡状態を考えた場合，なぜ均衡価格（運賃）がそこに決定されるのであろうか。

　換言すれば，短期的な需給の変化（個々の交換行為）を経た後に，なぜ需要曲線と供給曲線がその交通サービス商品の任意の運賃に応じてそれぞれの形状を示し，両者の交点で交通サービス商品の運賃は決定されるのであろうか。需給が一致するところで運賃が決定されるという事態の説明ではなく，交通サービス商品の運賃（価値の大きさ）を規制する要因は何であろうか。新古典派経済学はこれについて何も説明しない。ただ，運賃を前提に，運賃が限界効用と限界費用を規定することだけを説明する。

　交通サービス商品の総生産量・総供給量が社会的需要を満たしていることを前提とした場合，交通サービス商品の平均費用が交通サービス商品の運賃水準を決定する十分条件だといえる。なぜなら，長期的・安定的に平均費用を回収できることが継続的事業体，すなわちゴーイング・コンサーン（going concern）としての交通事業者に必須となるからである。

　交通サービス商品の生産に要した営業費・減価償却費や諸税を償うのが平均費用である。平均費用に平均利潤を含めるのであれば，これは総括原価（full cost）の考え方となる。つまり，平均利潤を無視すれば供給価格は「交通サービス商品の生産に要した総費用／交通サービス商品の総生産量」から導かれる平均費用によって直接の規定を受けていることになる。もちろん総費用には結合費や共通費，および交通サービス（中間財）の生産費などが含まれている。

---

12) 例えば，山口真弘『交通法制の総合的研究』交通新聞社，2005年，48-221頁を参照されたい。

第1部　現代交通の基礎理論

　需要される運賃で交通サービス商品を交通事業者が供給できていることを前提に運賃を交通事業者側から導き出す考え方は、労働価値説ないし社会経済学とも整合性をもって説明できる。交通サービス商品の再生産は技術的法則性に従っていると認識できるゆえに、交通サービス商品は価値をもっているといえるからである。

　交通市場において利潤なしで交換が行なわれているならば、最終的に交通サービス商品の生産に必要な労働量が運賃（市場価格）を規制する。というのは、交通サービス商品の価値の大きさをみると、その商品の生産部門において社会的に標準的な交通手段と社会的に平均程度の熟練・強度の交通労働で、その商品を新たに再生産するために必要な労働量（労働時間）がその商品の価値の大きさを規定しているからである。

　だが、平均利潤が交通サービス商品の運賃に入ると、こうした規制は直接には当てはまらないことになる。社会全体の個別部門における各剰余労働量（各剰余労働時間）の平均（つまり平均利潤）と、交通部門で直接に費やされた個別剰余労働量（個別剰余労働時間）の平均（交通部門の平均利潤）とは異なる大きさになるからである。

　このように剰余労働量（剰余労働時間）の範囲内で、運賃（市場価格）はその交通サービス商品の生産部門で社会的に標準的な交通手段と社会的に平均程度の熟練・強度の交通労働で、その商品を再生産するために必要な労働量（労働時間）によって規制されているとはいえない。しかし、一定期間における生産条件（投入構造）の安定性を前提とすれば、労働者数に照応した労働量（労働時間）の編成が運賃の相対的比率を規定している。ゆえに市場価格のもとでも、労働量（労働時間）による運賃の規制－価値の媒介による資源配分の方法、すなわち価値法則－は、運賃（市場価格）の背後で緩やかながら作用していることになる[13]。

---

13)　水谷謙治『新経済原論－経済の基本構造－』有斐閣、1994年、103-104頁。

③ 交通産業における規制と規制緩和

　新古典派経済学に基づく交通政策においては完全競争市場が基調とされている。というのは，完全競争市場における均衡がパレート最適であるという厚生経済学の第1定理（first theorem of welfare economics）に依拠しているからである[14]。パレート最適（Pareto optimun）とは，もはや何人も，他者を不利にすることなく，自己を有利にすることができなくなった状態のことである[15]。すなわち，各人が限界原理に従って行動すると，資源の効率的な配分が達成される。このため初期の所得分配に応じて無数のパレート最適が存在することになる。限界代替率＝価格比，限界生産力＝生産要素の実質価格となるように財やサービスの需要量と供給量が規定されていればよいからである。ただし，数量は無規定となっている。

　厚生経済学の第1定理によると，いかなる初期の所得分配から取引を開始してもパレート効率的配分に到達する。すべての市場均衡はパレート最適をもたらすのである。これは，ある一定の条件下で，すべてのパレート効率的配分は競争均衡となるという厚生経済学の第2定理（second theorem of welfare economics）につながる[16]。この含意は，競争市場を活用すると，財やサービスの初期の所得分配を再分配できること，続いて効率的な配分が達成できること，すなわち分配と効率の問題は分離できることにある。

　この点に関して新厚生経済学では，パレート最適は弱い価値判断であるゆえに客観性をもつから経済学で処理できると考える一方で，所得分配はそれよりも強い価値判断を要するために経済学では扱えないと判断していた。そこで，

---

14) Dorfuman, R., P.A.Samuelson, R.M.Solow, *Linear Programming and Economic Analysis*, New York：McGraw-Hill, 1958, p.410（安井琢磨・福岡正夫・渡部経彦・小山昭雄邦訳『線形計画と経済分析Ⅱ』岩波書店, 1959年, 507頁）. 加藤寛・浜田文雅編『公共経済学の基礎』有斐閣, 1996年, 1－25頁.
15) Pareto, V., *Manuel d'Economie Politique*（2me édn）, Geneve：Librairie Droz, 1966, Appendice, §89, pp.617-618.
16) Dorfuman, R., P.A.Samuelson, R.M.Solow, *op.cit.*, p.410（安井・福岡・渡部・小山邦訳，前掲『線形計画と経済分析Ⅱ』507頁）.

新厚生経済学は一度放棄した所得分配の公正性に関する問題を社会的厚生関数（social welfare function）という概念を体系の外から導入してこの問題の解決を試みるのであった[17]。しかしながら，各社会構成員の評価に基づいた社会的厚生関数を導ける民主的手続きは存在しないとアロー（K.J.Arrow）によって批判されている[18]。このアローの指摘を受けて新厚生経済学は政治過程にまで踏み込んだ分析を内包した公共経済学へと発展している[19]。

このように資源配分の効率性を実現するには，完全競争市場，もしくはそれに準じた考え方の下で政府が交通政策を実施することが期待される。ただし，この前提として，市場メカニズムの有効な働きを保証しなければならない。たとえ完全競争市場の条件が満たされたとしても，そもそも市場が正常に機能していないと期待される結果が得られないからである。そこで，まずは市場メカニズムがいかなる条件の下で有効に働くのかを確認しておこう[20]。

市場メカニズムが有効に働くには，第1に制度面において私有財産制の確立とこれに連動した契約自由の原則が整っていること。第2に，機能面において理念的に完全競争市場が想定されること。すなわち，①市場で取引される財やサービスは同質であること，②その市場に参加している需要者と供給者は取引される財やサービスの質と価格に関する情報を完全に知っていること，③取引費用が発生しないこと，④その市場に多数あるいは無限の需要者と供給者がい

---

17) 社会的厚生関数とは社会構成員による社会全体の良し悪しの相対的重要度ないし大きさを評価する基準として導入された。

18) これは「アローの一般不可能性定理（Arrow's General Impossibility Theorem）」と呼ばれている（Arrow, K.J., *Social Choice and Individual Values*, New York：Wiley, 1951, 長名寛明邦訳『社会的選択と個人的評価』日本経済新聞社, 1977年）。佐伯胖『「決め方」の論理－社会的決定理論への招待－』東京大学出版会, 1980年, 55-82頁も参照されたい。

19) Johansson, P.-O., *An Introduction to Modern Welfare Economics*, Cambridge：Cambridge University Press, 1991（関哲雄邦訳『現代厚生経済学入門』勁草書房, 1995年）.

20) 宮沢健一『現代経済学の考え方』岩波書店, 1985年, 62-65頁。荒井, 前掲『ファンダメンタル ミクロ経済学』260-305頁。

て，その需要者と供給者は市場で成立する財やサービスの価格を所与と受け取って行動すること，および⑤その市場への参入も市場からの退出も需要者・供給者ともに自由であること。第3に，思想面において市場の取引と価格形成に人為的な介入がないこと，換言すると個人主義と自由権の思想が売り手と買い手にあり，両者の立場が対等であることである。

　交通市場をみると，市場メカニズムの有効な働きを阻害する要因，すなわち市場の失敗（market failure）が生じている。市場の失敗は大きく3つに類型化できる。第1に市場は成立するがその作動が非効率である場合，第2には市場の形成が困難である場合，第3にそもそも市場が解決能力をもたない場合である。こうした市場の失敗が交通市場に規制を実施する根拠である。具体的には同種交通機関に対する規制，すなわち交通産業規制がとられている。これは個々の交通事業者への規制という形式をとって行なわれている[21]。市場の失敗を惹起する要因として，情報の非対称性，外部性，公共財，自然独占が挙げられる。そこで，交通産業規制の根拠となっている市場の失敗に関する要因を個別に検討していこう。

　第1に情報の非対称性である。情報の非対称性とは，交通需要者が交通サービス商品の選択に際して情報を十分に得られないために適切な商品の購入ができないことを示す概念である。これは交通サービス商品の生産・供給を行なう交通事業者とその消費を行なう交通需要者との間に当該商品をめぐって情報量の偏在があるということからも説明できる。多くの場合，交通事業者が交通需要者に比して自者の交通サービス商品に関する多くの情報を有している。このため，交通需要者にとってはその商品に対して支払う運賃から得られる便益が果たして適切なものか判断できない。

21）　山内・竹内，前掲『交通経済学』10-32頁。交通事業者への規制を質的側面から分類すると，独占行為を禁じる経済的規制と一定基準以上の環境や安全に関する社会的規制がある。同様に量的側面からは事業参入への免許や運賃の認可に関する経済的規制がある。経済的規制をみると，質と量の両者に関する規制が行なわれている。なお，量に関する規制のことは直接規制とも呼ばれる。わが国における交通事業者への規制は，例えば鉄道事業法，航空法や道路運送法などがある。

市場メカニズムが有効に働くためには，交通サービス商品に関する情報が当該市場に参加している交通需要者と交通事業者に完全に与えられていることが条件となる。すなわち，割高な交通サービス商品や低質なそれを取引後に交通需要者が知るような事態を生じさせないことを意味する。交通需要者が利用しようとする交通サービス商品の情報を完全に把握できない場合，事前に交通事業者を免許制度や運賃の認可制度で規制していく。なお，情報の非対称性は取引費用にも関連している。交通サービス商品の取引に際して交通需要者に情報収集費が発生するからである。

第2に外部性である。外部性とはある交通事業者の行動が他の経済主体の状況へプラスないしマイナスの影響を一方的に及ぼすことを指す概念である。前者は外部経済，後者は外部不経済と呼ばれる。さらに両者は市場を介すか否かで区分される。まず，ある交通事業者の行動が他の経済主体の状況へ市場を介して影響することを金銭的外部効果（pecuniary external economies），次にある交通事業者の行動が他の経済主体の状況へ市場を介さないで直接に影響することを技術的外部効果（technological external economies）と呼ぶ[22]。

金銭的外部効果は市場を介してその外部性が運賃に反映されるゆえに，市場の失敗とはならない。したがって，ある交通事業者の行動が市場を介さないで他の経済主体の行動へ直接に影響を及ぼす技術的外部効果が市場の失敗という観点からは問題となる。

そこで，マイナスの影響を他の経済主体へ与える技術的外部効果が規制の対象に据えられる。規制しないと外部費用が発生して，最適な資源配分が実現されないからである。例えば，トラックの稼働によって発生する排気ガスの中に，窒素酸化物やＳＰＭ（ディーゼル微粒子）といった人体に悪影響を及ぼす有害物質が含まれている。そこで東京都では，こうした有害物質を減少させる装置をトラックに装着することをトラック事業者に義務づけている[23]。

---

22) Scitovsky, T., "Two Concepts of External Economies", *Journal of Political Economy*, Vol. 62, No. 2, April 1954, pp. 143–151.

このような規制は，トラック事業者における有害物質減少装置の装着や低公害車の普及に貢献すると考えられる。なぜなら，運賃競争の激化しているトラック事業では装置の購入や低公害車の購入が原価上昇の原因となって，これが運賃の値上がりに反映される。このため規制がなければそれらの普及に支障となりやすいからである。このようにマイナスの技術的外部効果がある場合，そもそも原因と結果の間に市場が介されないために市場メカニズムの作用する余地がなく，政府による規制が実施される[24]。ただし，環境の質をどの水準に設定するのかは，市場メカニズムとは別に考慮しなければならない。

第3に公共財である。公共財とは非排除性（non-excludability）と非競合性（non-rivalness）の2つの性質を同時にもつ財やサービスに適用される概念である。これは新古典派経済学の視点から交通における公共性の量を捉えようとする考え方である。公共性の質を議論の出発点として当該の財やサービスを公共財だと考えているのではない。そうではなく，議論の前提となる公共性の質には言及せず，単に財やサービスがもつ上記の特性から公共財が定義づけられている。

公共財の定義は公共性の構造に踏み込まれることを回避している。公共財を財やサービスの物理的特性と個人の合理的な行動から定義づけることで，個人の行動を規制する制度形成に関する次元に触れなくて済むからである。すなわち，合理的な行動をする個人を想定している経済的公共性から外れる，制度に対する考察が不要になるからである。

だが，公共性には個人の合理的な行動と，この行動を規制する社会構成員の共通した価値観に依拠して形成された制度とが交錯している。ゆえに時代の変化とともにまた地域や文化の相違によっても公共性の質は変容する。つまり，

---

23) 国土交通省，地方公共団体や経済産業省は全日本トラック協会や各都道府県トラック協会と協力しながらトラック事業者における低公害車の普及促進に向けて補助金を支給する制度を設けている。

24) これは環境規制と呼ばれ，質的側面からの規制に相当する。なお，規制の他に，補助金の支給，原因者と被害者との交渉に基づく効率的な生産量の実現といった手法もある。ただし，交渉に要する取引費用はゼロとする。

個人の行動を規制する社会経済制度が公共性の構造を規定していることから，まずは制度と公共性の構造分析が必須であり，これを踏まえた上で公共性の量的評価が意義をもつのである。

公共性とは，「価値の複数性を条件とし，共通の世界にそれぞれの仕方で関心をいだく人々の間に生成する言説の空間」だとされる[25]。すなわち，公共性とは，各人における価値の複数性を前提として，共同消費諸手段としての財やサービスの機能と役割について自発的に他者と共通の価値観に収斂した概念であり，それは社会経済制度に反映されていく。例えば，過疎地域における移動手段確保の問題などが挙げられる。そこでは，公共性の構造は価値の統一を社会構成員に求める共同体，あるいは同一の経済的価値に還元しなければ機能しない市場メカニズムに依拠した経済的厚生よりも広範な概念である。価値の複数性を条件に据えているからである。

そもそも制度は，国家的制度，国民的制度，経済的制度が相互規定的に重層化したものから成り立っている。ゆえに公共性は，国家的公共性，国民的公共性，経済的公共性から成る複合体となる。つまり，公共財のように専ら経済的公共性に基づく認識では制度の一面的な理解となり，多様な公共性の構造が部分的にしか捉えられない。その一方で，公共財による立論は公共性の量的側面を提示できるゆえに，政策上の判断基準を明確にする点で優れている。したがって，公共財の視点から規制を検討する場合，これがもつ限界を自覚した上でその有効性を考察しなければならない。

公共財の事例として，交通サービス商品を分析してみよう。当然，経済的公共性に論点を限定することになる。まず運賃を支払わない人がその交通サービス商品の消費から排除されるために交通サービス商品には排除性が認められる。続いて運搬具の輸送能力生産量に交通需要者の量が達すると他の交通需要者は当該交通サービ商品を享受できないゆえに競合性をもつ。ただし，競合性に関しては，輸送能力生産量までは他の交通需要者も当該交通サービス商品を消費

---

25) 斎藤純一『公共性』岩波書店，2000年，6頁。

できるので非競合性は一定の物理的容量までは認められる。

　例えば鉄道事業では，座席やつり革が確保できる程度までの混雑度であれば，乗客はいつでも好きな時にその鉄道を利用できる。限定された非競合性ではあるが，ここから鉄道事業における交通サービス商品には公共財として識別可能な特性の一部，すなわち非競合性が該当するといえる。こうした排除性と非競合性をもつ交通サービス商品は準公共財（quasi public goods）と呼ばれる。

　一般的に準公共財とは，便益を特定の個人だけに限定できない（排除不可能性）一方で，便益の程度がそれほど大きくない公共財のこと，あるいは便益を特定の個人に限定できる一方で，ある人の消費が他人の消費を妨げない性質（非競合性）をもつ公共財のことである。このように準公共財は私的財に近似した性質をもつので，受益者負担の性質がある程度まで適用できる[26]。

　鉄道事業以外の交通事業者が販売する交通サービス商品にも，非競合性という準公共財の性質が備わっている。したがって準公共財を生産する交通事業者が規制される理由として，交通サービス商品の非競合性が挙げられる。すなわち，潜在的な交通需要者に対する利用可能性の確保が規制の根拠である。実際に交通サービス商品を定期的に購入する利用者以外に，当該地域に潜在的利用者が存在する可能性を否定できないからである。これを根拠に当該交通事業者（鉄道事業者やバス事業者）に対する規制や補助金の支給が実施される。

　すなわち，潜在的利用者は利用可能性に対する対価の支払いを逃れる傾向－フリーライダー問題－をもつゆえに，交通事業者を市場メカニズムに委ねると交通事業者は当該商品の輸送能力生産量の縮小，もしくは事業の廃止に至るかもしれない。交通事業者が交通サービス（中間財）の生産をしているにもかかわらず，交通サービス商品（完成財）が供給されず，損益分岐点ないし操業停止点に交通サービス商品の生産量が達しないからである。このため交通事業者に対する規制や補助金の支給には特に地方部において当該交通事業者しか利用できない人々－フリーライダー化しない人々－にとって意義がある。

---

26) 井堀利宏『基礎コース　公共経済学』新世社，1998年，121頁。

このように公共財（準公共財）の定義に従うと，経済的価値に統一された経済的公共性，すなわち経済的厚生という公共性の量的評価を基礎にしているために，相違する価値観をもつ人々の間における議論の尺度が明確となる。しかし，こうした利点は公共財の視点から公共性を認識する際の限界でもある。国家的公共性と国民的公共性への認識が公共財の中に十分に組み込まれていないためである。したがって，価値の複数性を条件に据えながら，社会構成員の共通した価値観を反映した社会経済制度，すなわち公共性の質にまで遡って公共財（準公共財）の公共性は検討されなければならない。

第4に自然独占である。自然独占とは，交通事業者の費用構造と市場全体の需要規模との関係で決定される概念である。自然独占は巨額の初期投資を要する交通事業者，特に鉄道事業者にみるように固定費の大きい交通事業者で規模の経済が作用するゆえに，生産規模を大きくしないと費用が下がらないことに端を発する。つまり，固定費が大きく費用逓減状態にある交通事業者を自由な市場メカニズムの働きに委ねると，費用の低下を実現するために破滅的競争を行ない1つの交通事業者による自然独占に至る。このように交通市場において複数の交通事業者で交通サービス商品を生産するよりも1者で生産したほうが低廉な総費用を達成するという関係をもって自然独占の成立とする。このことを費用曲線が劣化法性（sub-additivity）をもっているといい，自然独占の基本的条件とされる。

自然独占が規制される理由は，独占となった交通事業者が法外な運賃を利用者に課すことを回避するためである。また競争に敗れた交通事業者の残した交通サービス商品の生産要素が他の用途に転用できない場合に，それが無駄な資産になることを予防するためである。交通サービス商品の生産を中止した後も当該生産要素から費用が発生し続けることは埋没費用（sunk cost）と呼ばれる。

交通サービス商品がもつ市場メカニズムの有効な働きを阻害する性質を根拠に，自然独占にある交通市場では参入や退出に関する規制が行なわれている。しかし，規制の根拠とされている自然独占については，潜在的な新規参入者が存在すれば競争的な市場と同様の効果がそこに期待できることから既存の交通

第4章 弾力性概念と交通市場

事業者は独占価格を設定しないと考えるコンテスタビリティ理論（contestability theory）が1970年代末から論じられるようになっており検討を要する。

コンテスタビリティ理論が成立するためには，コンテスタブル市場（contestable market）が必要である。その市場の条件とは，第1に企業は同質の財やサービスを生産すること，第2に潜在的参入者が既存企業に対して強力であり，既存企業の制約となること，第3に潜在的参入者の参入および退出が自由であり，退出に際して費用が発生しないこと，第4に埋没費用，先入者の利得，情報の非対称性，戦略的な行動がないこと，第5に潜在的参入者は，既存企業の価格から少しだけ低廉な価格を設定することで，市場の需要量の範囲内で好きなだけ財やサービスを販売できることである[27]。

こうした条件を満たす交通市場になると，既存の交通事業者は独占力の行使によって得ていた超過利潤を含む運賃をつけられなくなる。埋没費用や参入障壁がないという条件下では，仮に既存の交通事業者に超過利潤があるのならば，その超過利潤が潜在的参入者の参入動機になってしまうからである。つまり電撃的参入・退出（hit-and-run）が可能となるからである。このため市場の外部から潜在的参入者による脅威が加わるのならば，既存の交通事業者は潜在的参入者との競争を考慮した運賃設定を行なう。

自然独占が成立する場合でも，コンテスタブル市場の条件が成立するならば規制政策は必要ないということがコンテスタビリティ理論から導かれる。換言すると，平均費用逓減で埋没費用ゼロ，運賃が平均費用と等しく維持されている市場がコンテスタブル市場で，こうした市場では自然独占を根拠とする政府

---

27) Dixit, A., "Recent Development in Oligopoly Theory", *The American Economic Review*, Vol. 72, No. 2, May 1982, pp. 12–17 ; Baumol, W.J., J.C.Panzar, and R.D.Willig, *Contestable Markets and the Theory of Industrial Structure* (rev. edn), Orland : Harcourt Brace and Jovanovich, 1988. 奥野正寛・篠原総一・金本良嗣『交通政策の経済学』日本経済評論社，1989年，第4章。山内・竹内，前掲『交通経済学』132–133頁。生田保夫『改訂版 交通学の視点』流通経済大学出版会，2004年，144–148頁。竹内，前掲『交通経済学入門』147–155頁。

第1部　現代交通の基礎理論

の規制は不要と主張したのがコンテスタビリティ理論である[28]。

しかしながら，コンテスタブル市場の成立には厳格な条件が必要とされた。このため現実にその条件が満たされているのかには疑問がある。そこで航空市場がコンテスタブル市場か否かを検討してみたい。航空事業者には空港やターミナル施設を建設する必要がなく，航空機はリース，レンタル，中古市場からの調達ができる。航空事業への参入・退出に際しては埋没費用がゼロとなることから，航空市場はコンテスタブル市場だと従来は考えられていた。

しかし，現実には航空市場においても埋没費用があることがわかり，コンテスタブル市場は成立し難いと考えられている。例えば，ハブ＆スポーク，コンピューター予約システム（CRS）が埋没費用に相当すると実証研究で明らかになっている。現在では，コンテスタビリティ理論は現実の交通市場への適用に際して考慮すべき点を抱えているとされる。だが，こうした限界を認識すると同時に，コンテスタビリティ理論が交通政策の介入根拠に関する理論的な基準を新たに明示した点は評価すべきである[29]。

---

28) 西田稔・片山誠一編『現代産業組織論』有斐閣，1991年，141頁。
29) 小西唯雄編『産業組織論の新展開』名古屋大学出版会，1990年，111-132頁。同編『産業組織論の新潮流と競争政策』晃洋書房，1994年，55-67頁。長岡貞男・平尾由紀子『産業組織の経済学-基礎と応用-』日本評論社，1998年，114-115頁。依田高典『ネットワーク・エコノミクス』日本評論社，2001年，19-50頁。竹内，前掲『交通経済学入門』156-157頁。

第5章　交通サービス商品の運賃

第1節　運賃の社会政策的機能[1]

　運賃には個別交通需要者の交通サービス商品に対する多様な金銭的評価，各交通事業者の参入目的によって異なる交通サービス商品の生産費用と利潤の関係や交通市場の構造だけが反映されているわけではない。というのは，需給関係，交通サービス商品生産費用の回収や同一・異種交通機関との競争・補完関係に加えて，社会政策的機能もまた運賃には課せられているからである。社会政策的機能とは公共性や外部性への配慮，効率的な資源配分の達成，所得再分配による公平性の実現である。

　第1に公共性は基本的に個々の社会構成員における価値の複数性を反映した概念である。さらに価値は国家や地域の歴史・文化あるいは統治機構によっても影響を受ける。このため公共性は有事に関連する領域から国民経済や地域経済の意思あるいは市民社会のそれが反映された領域までといったように幅をもった内容となる。つまり，国防政策や災害復旧政策，産業振興政策への付随，あるいは交通需要者の負担力の差異への配慮といった公共性の個別の内容と整合性をもつように運賃は調整され，その機能を発揮する。

　第2に外部性であるが，ここでは公共性と区別して考えていく。外部性とは交通事業者におけるマイナスの技術的外部効果を意味している。マイナスの技

1）　本節は，以下の文献に依拠する。中島勇次編『交通の経済学Ｉ＜理論と政策＞編』運輸調査局，1971年，75-88頁。岡野行秀・山田浩之編『交通経済学講義』青林書院新社，1974年，132-135頁，255-271頁。永田元也・細田繁雄『交通経済論』税務経理協会，1975年，114-123頁。生田保夫『改訂版　交通学の視点』流通経済大学出版会，2004年，150-160頁。

術的外部効果を市場に内部化するための手段として，運賃が利用される。例えば，地球温暖化の原因とされる二酸化炭素を削減するために，内燃機関を動力とする運搬具の所有者に炭素税を課すという議論がなされている。これが実現されると運賃に炭素税分の加算がなされることになる。すなわち，該当する交通サービス商品の運賃を値上げすることで生産量の減少が生じるならば，マイナスの技術的外部効果が市場に内部化されたことになる。

第3に，効率的な資源配分という目的のために，運賃の決定を市場メカニズムに委ねるものである。理念的に想定した完全競争市場では市場メカニズムに任せると効率的な資源配分が達成されるからである。もちろん交通市場では交通サービス商品だけが取引されるゆえに，私的交通で生産・消費される交通サービスは直接に勘案されていない。だが，交通過程の一部である交通サービス商品の取引を市場メカニズムに委ねることで資源配分の明確な指標が得られるゆえに，交通市場を通じた運賃の決定は資源配分の効率性を達成する上で有効性をもつ。

第4に，所得再分配による公平性の実現である。これは市場メカニズムを活用し，社会全体の中で運賃負担力の高い者から低い者へ所得の再分配を行なうことで効率性と公平性の実現を図ろうとするものである[2]。例えば，交通市場である程度の独占力をもつ交通事業者が収支均衡の上で差別運賃（discriminatory price）を設定することが挙げられる。次善の運賃体系によるラムゼイ運賃の考え方がこの端的な事例である。つまり，社会全体の中で経済的厚生を増やしていこうとするものである。

---

2) ただし，市場メカニズムに依拠した運賃の決定では公平性より効率性が優先されやすい。このため社会的価値判断を踏まえた調整が必要となる。さらに，生存権や生活権といったソーシャル・ミニマムを運賃で調整しようとする考え方もあるが，本質的に市場メカニズムとソーシャル・ミニマムとは別の概念である。

第2節　費用の概念

　通常，交通事業者は最低の生産費用でもって交通サービス商品の生産を行なえるように交通対象を除く交通サービス商品生産要素の組み合わせを考えている。すなわち，通路[3]，運搬具，動力，結節機能点[4]，エネルギー，情報，労働力[5]という交通サービス商品の生産に要する各要素費用の認識が最大関心事となる。

　しかしながら，一口に費用といっても，会計学的費用は発生した費用の記録に重点がおかれるのに対して，経済学的費用は機会費用（opportunity cost）に基づいている。機会費用とは，ある目標を実現するために犠牲にされた選択肢が生み出したであろう費用のことである。なお，会計学的費用の原価は平均利潤を含まないが，経済学的費用はそれを含む[6]。同様にまた，通路，運搬具，動力，結節機能点，エネルギーといった交通手段を会計学では歴史的費用（取得原価）と捉えている一方，経済学では取替費用（再取得原価）と認識している[7]。

3）　特に線路は陸上交通機関にとって最大の費用負担となり巨額の投資費用を回収するまでの時間がかかる。それだけでなく公共性の問題も抱え込みやすい。このため市場メカニズムに委ねると過少生産になりやすい。これを回避するため，例えばわが国の鉄道事業をみると，国有国営形態で鉄道ネットワークの拡張を図った時期があった。だが近年では，これまで一体の組織となっていた通路を鉄道事業者の経営から分離し，別の組織下で管理，運営しようとする傾向がある。

4）　結節機能点には交通サービス商品以外の機能－例えば商業施設－が集積の経済を求めて集中しやすい。ターミナルが大規模になる程，この傾向が強くみられる。ただし，空港や港湾の建設には社会的インフラストラクチャーの整備という観点から公的資金の投入が行なわれている。

5）　生産性の向上という観点から，これらの生産要素の中でも相対的に労働力の占める割合が減少してきている。いわゆる資本構成（composition of capital）の高度化である。このため労働力商品への支出額も相対的に低下する傾向にある。

6）　経済学的費用の利潤ゼロは会計学的費用の利潤ゼロではない。会計学的費用では配当を費用とみなさないが，経済学的費用では配当を費用とみなす。このため経済学的費用の利潤ゼロは会計学的費用で配当分の利潤が生じていることを意味する。

交通論の費用分析をみると、交通サービス商品における生産費用については大きく2つの視点から分類されている[8]。

第1に、交通サービス商品の生産に要した総費用がどこに帰属するのかという視点からの分類である。そこでは総費用が特定の交通サービス商品の生産に応じて追加的に投入された生産要素費用と、交通サービス商品の生産を行なうために事前に要する最小規模の生産要素費用とに区分されている。前者を直接費（direct cost）、後者を間接費（indirect cost）と呼ぶ。経済学の概念では前者が可変費（variable cost）、後者が固定費（fixed cost）に相当する。可変費は総費用のうちで不比例的に変動する費用、もしくは比例的に変動する費用のことであり、固定費は総費用のうちで全く増減しない費用である。なお、直接費・可変費と間接費・固定費ともに交通手段の規模を固定して考える短期の概念を前提条件としている。

交通事業者が2つ以上の交通サービス商品を生産する際に発生する費用と、費用の発生原因を個別の交通サービス商品に求める費用という区分もある。前者を共通費（common cost）[9]、後者を個別費（individual cost）[10]と呼ぶ。なお、共通費と個別費の区別は費用配分上の分類の仕方に依拠する相対的なものである。そこで交通サービス商品の運賃の決定指標に関する費用分析に際しては固定費と可変費の区別のほうが共通費と個別費の区別より重要となる[11]。

さらに、ある交通事業が複数の交通サービス商品を生産するに際して生じる費用が2つの観点に区別して認識される。まず、相異なる複数の交通サービス商品の生産割合が技術的理由から固定されているゆえに、例えば一定区間を往

---

7) 前田義信『改訂版　交通経済要論』晃洋書房、1988年、108頁。このため交通サービス商品の生産要素における交通手段の資産価値を認識するに際して、歴史的費用と取替費用とでは相違が生じてくることになる。この点は総括原価運賃形成原理の公正報酬率方式を適用する運賃規制において問題となってくる。

8) 山内弘隆・竹内健蔵『交通経済学』有斐閣、2002年、119–120頁。

9) 間接費ないし固定費に相当する。

10) 直接費、可変費ないし現金支出費に相当する。

11) 前田、前掲『改訂版　交通経済要論』108–111頁。

復輸送する鉄道事業を事例に挙げると，往路の輸送が必ず復路の輸送を発生させるような場合に発生する費用がある。次に，相異なる複数の交通サービス商品の生産割合を交通事業者の経済的合理性から任意に変更できるゆえに，例えば既存の線路上を走行する旅客列車と貨物列車の運行割合が任意に変更できるような場合に発生する費用がある。

このため個別の交通サービス商品に発生する費用配分の基準をめぐっては両者に相違がある。前者は相異なる複数の交通サービス商品の生産を結合生産（joint production）と認識しその費用を結合費（joint cost）として，後者はそれを複合生産（multiple production）と認識しその費用を共通費としてそれぞれ明確に区別している。結合生産では技術的必然性に基づいて生産割合が固定しているのに対し，複合生産では生産の割合が経済的な合理的判断に基づいて自由に変更できるという相違点がある[12]。

第2に，総費用を交通サービス商品の生産量の追加や削減から発生する費用という視点からの分類である。ここで増分費用（incremental cost）とは，交通サービス商品を生産している交通事業者が新たに輸送量を増加させる際に追加的に発生する費用である。これに対し，稼働中の交通サービス商品の生産を停止した際に削減できる費用のことを回避可能費用（avoidable cost）という。なお，稼働中の交通サービス商品の生産を停止したにもかかわらず費用が発生し続ける際には埋没費用ないし回避不可能費用（unavoidable cost）があるという。こうした費用は固定費用として固定費と呼ばれる。

以上みてきたように交通論の費用分析には種々の費用概念がある。したがって，費用分析の目的，すなわち第1に交通サービス商品の生産・供給における効率性の測定，第2に交通サービス商品の運賃を決定する際の指標として個別の交通サービス商品に費用を配分するための手段，第3に交通機関相互における輸送分野の調整や運賃の比較に対する基礎という目的に応じて費用概念を使い分けなければならない[13]。

---

12) 山内・竹内，前掲『交通経済学』147頁。
13) 前田，前掲『改訂版　交通経済要論』114頁。

第3節　運賃の学説史

　運賃の理論的根拠には交通需要者が交通サービス商品に支払ってもよいと認める価値に基づくとする運送価値説（the value of service principle = the principle of charging what the traffic will bear）と交通事業者が交通サービス商品を生産するのに要した費用に基づくとする運送費用説（the cost of service principle）がある。アダム・スミス『諸国民の富』には，運送価値説と運送費用説の萌芽的な考え方が既に示されていた[14]。

　まず運送価値説をみると，交通需要者の価値基準に応じて対象となる交通サービス商品への価値評価が相違するために流動的な運賃となりやすい[15]。その交通サービス商品に対する運送価値が流動的・主観的である一方，客観的には交通需要者の負担力が運賃に対する制約条件となっている。もちろん負担力の大きい交通需要者がその上限に近い運賃をそのまま支払うとはいえない。交通対象の価値額や代替的交通サービス商品の存在，あるいは負担力に占める支払額の割合に依拠して支払う上限が変化するためである。

　交通需要者が提示する相異なる運賃に対して交通事業者が個別に対応できるためには，交通事業者の交通市場における独占の程度が重要となる。独占の程度に基づいて交通事業者は交通需要者の個別支払額に対応した運賃の設定を行なえるからである。これは差別運賃であり，その根拠は交通サービス商品に対する需要の運賃弾力性が相違していることに求められる。リストは鉄道事業者を事例にして運送価値説を根拠に差別運賃の可能性を早くから指摘していた[16]。現在では差別運賃が成立する条件として，第1にある交通サービス商品の市場

---

[14]　Smith, A., *An Inquiry into the Nature and Causes of the Wealth of Nations*, ed.by E.Cannan, New York：Modern Library, 1937, pp.682-683（大内兵衛・松川七郎邦訳『諸国民の富（第4分冊）』岩波書店，1960年，60-61頁）．
[15]　以下の叙述は，生田，前掲『改訂版　交通学の視点』160-179頁，および雨宮義直「運賃の経済理論と実際」廣岡治哉編『現代交通経済論』産図テクスト，1997年，197-201頁に依拠している．

が複数個に分割できること，第2にそれぞれの市場における需要弾力性が大きく相違していること，第3に複数個の市場に分割する費用が小さいこと，以上3点が必要とされる[17]。

　続いて運送費用説をみると，交通サービス商品の生産に要した費用を基準に運賃が算出されている。このため交通需要者の価値基準に応じて交通サービス商品への価値評価が変動する定性的な運送価値説と比べて，運送費用説は定量的な運賃に対する算出の根拠を与える。マルクスは鉄道事業者を対象に労働価値説を基礎としながら運送費用説を主張する。ただし，マルクスは例外的に自然独占にある鉄道事業者の差別運賃を認めていた[18]。運送費用説の基本的な考え方は交通サービス商品の生産に要した原価に適正な利潤を加算してこれを運賃で回収するというものである。これは個別の交通事業者に独立採算の考え方を適用するもので，総括原価主義に相当する。

　各交通事業者に独立採算が適用される場合でも，現実には交通市場における競争関係も運賃を規制してくる。それゆえに各交通事業者における交通サービス商品の生産費用と市場価格の両面からの検討が必要とされる。ここで生産費用とは各交通事業者の生産原価をそのまま反映した運賃であり，市場価格とは交通市場での競争関係を反映した各交通事業者の運賃である。交通市場が競争的になれば市場価格は低下する傾向を示すために，交通事業者の生産費用を市場価格以下に押し下げようとする力，より正確には原価圧縮に対するインセンティブが各交通事業者に作用する。

　ここまで運送価値説と運送費用説とをみてきた。その結果，交通サービス商

---

16) List, F., *Schriften, Reden, Briefe,* Band Ⅲ-1, Berlin：Verlag von Reimar Hobbing, 1929, s.360.
17) Stigler, G.J., *The Theory of Price* (4th edn), New York：Macmillan, 1987, p.211（南部鶴彦・辰巳憲一邦訳『価格の理論（第4版）』有斐閣, 1991年, 247頁）.
18) Marx, K., *Das Kapital：Kritik der Politischen Oekonomie, Zweither Band, Buch Ⅱ*, Hamburg：Otto Meissners Verlag, 1922, s.120-123（社会科学研究所監修, 資本論邦訳委員会邦訳『資本論（第5分冊）』新日本出版社, 1984年, 237-238頁）.

品の生産費用を根拠に運賃を決定する運送費用説に比べて，差別運賃のように交通需要者の負担力に応じて運賃を決定する運送価値説は客観性に欠ける点が示された。このため交通サービス商品の生産費用配分という視点から差別運賃の客観的基準を立論できないかが鉄道事業者を典型として試みられた。すなわち，交通サービス商品の費用配分の基準を結合生産あるいは複合生産のいずれに求めるのかをめぐって20世紀の初頭に鉄道事業を事例にしながらタウシッグ（F.W.Taussig）とピグー（A.C.Pigou）との間で論争が交わされた[19]。

まずタウシッグは交通サービス商品によって運賃に相当な格差があった当時の鉄道事業者における運賃の決定原理を結合生産に求めた。結合生産とは同じ生産過程から技術的理由のために必ず一定の割合に従って相異なった複数の生産物が生産されることを意味する[20]。タウシッグはこの生産物を対象とした結合生産の概念を交通サービス商品という即時財ないしサービスにも適用し，運送価値説の考え方を説明しようとした。タウシッグに従えば，同一の交通サービス商品が異なる交通需要者によって相違する評価を受ける事実から，鉄道事業は相違する複数の交通サービス商品を同時に生産していると考えられる。それゆえに差別運賃の理論的根拠は結合生産に求められると認識したのである。

タウシッグのいうように，確かに結合生産は鉄道事業者の旅客輸送において典型的な往復輸送にみられる。往路輸送は通勤・通学輸送のように人々の自宅から会社や学校への移動後に，必ず逆方向の復路輸送という方向による結合生産を生み出すからである。さらに往復輸送はピーク時とオフ・ピーク時の輸送

---

19) これはピグー・タウシッグ論争と呼ばれる。増井健一「鉄道運賃の性格に就いての論争－タウシッグ対ピグー－(1)」『三田学会雑誌』第45巻第5号，1952年5月，49－56頁，同「鉄道運賃の性格に就いての論争(2)」『三田学会雑誌』第45巻第9号，1952年9月，56－63頁，および伊勢田穆「タウシッグ＝ピグー論争について」『香川大学経済論叢』第48巻第1号，1975年4月，30－76頁を参照されたい。

20) Mill, J.S., *Principles of Political Economy with Some of their Applications to Social Philosophy*, ed.by W.J.Ashley, London：Longmans, Green and co., 1926, pp.569－571（末永茂喜監訳『経済学原理（第3分冊）』岩波書店，1960年，254－256頁）.

を生み出す。往路で高い乗車率であった同一の列車が復路では低い乗車率になるという時間による結合生産を生み出すからである。

　だが，鉄道事業者における交通サービス商品の生産が結合生産だけで説明できるわけではない。例えば，鉄道事業者が既存の線路上で旅客列車と貨物列車の輸送を行なう場合，技術的理由によって両者の交通サービス商品が必ず一定の割合で生産されるとは限らない。それらの交通サービス商品の生産割合は鉄道事業者の経済的判断によって変更できるからである。

　そこで，こうしたタウシッグの考え方に異議を唱えたのはピグーであった。ピグーによると，鉄道事業者によって生産される交通サービス商品は同一の生産過程から必ず固定された割合で生産されるとは限らないと論じられる。生産された交通サービス商品が技術的理由から必ず一定の割合で相異なる複数の交通サービス商品になるとしても，生産される交通サービス商品の割合が経済的合理性に基づいて技術的に変更できるのであれば，それは結合生産ではなく複合生産と認識できるからである。

　つまり，タウシッグが考えた鉄道事業者における結合生産は，一般的には複合生産と認識される概念の一部に相当するということである。なお，技術的理由から必然的に固定された割合で相異なる複数のサービスが生産される場合に発生する費用を結合費，経済的合理性から相異なる複数のサービスの生産割合が任意に変更できる場合に発生する費用を共通費と区別して呼んでいる[21]。

第4節　限界費用運賃形成原理とラムゼイ運賃

　1940年代末から1950年代に入ると，交通サービス生産要素の経済的効率性，すなわち資源配分の適正化・経済的厚生の最大化[22]を達成するためには，完全競争市場において交通事業者によって供給される交通サービス商品の生産量水準が最適であること，その生産量に対して総費用が最小であることが必要で

　21）　前田，前掲『改訂版　交通経済要論』101-105頁。

あると新古典派経済学は唱えるようになった[23]。これは運賃をどのように決定すべきかに対する回答であり，運賃を限界費用に等しく設定することで達成される。限界費用とは，既存の交通サービス生産要素において新たに発生した交通需要を充足するために要する費用である。

経済的厚生の最大化を達成するために完全競争市場において運賃を限界費用に等しく設定する考え方は限界費用運賃形成原理 (the principle of marginal cost pricing)，もしくはファースト・ベスト (first best) の運賃体系と呼ばれる[24]。これは資源配分の効率性基準（パレート最適）として知られ，ファースト・ベスト（最善）の資源配分を達成する[25]。もちろん現実の交通市場は完全競争とはいえない。だが，新古典派経済理論として交通市場における運賃は完全競争市場を想定して設定すべきことを教えている[26]。

一般に限界費用曲線と平均費用曲線の関係をみると，平均費用が最小となる産出量で平均費用曲線と限界費用曲線が交差する。限界費用運賃形成原理を需要曲線が平均費用曲線の逓減部分で交差する状態，つまり費用逓減状態にある

---

22) 経済的厚生は消費者余剰と生産者余剰の合計である総余剰から固定費用を引いたものに等しい（長岡貞男・平尾由紀子『産業組織の経済学－基礎と応用－』日本評論社, 1998年, 9頁）。ただし，短期における固定費用は総余剰の変化には関わらないゆえに，経済的厚生と総余剰は同値である。なお，総余剰は社会的余剰 (social surplus) とも呼ばれる。

23) これは個人の福祉を主観的効用の水準で評価していく厚生主義の考え方である。一方，個人の資質や技能といった能力および個人的に利用可能な財や資源を用いて，各人がどれだけの機能を達成できるかということから福祉を評価していく考え方が機能主義（非厚生主義)，もしくは潜在能力アプローチである (Sen, A., *Commodities and Capabilities*, Amsterdam：Elservier Science Publishers, 1985, 鈴村興太郎邦訳『福祉の経済学－財と潜在能力－』岩波書店, 1988年)。

24) ファースト・ベストは無条件最適化とも呼ばれる。運賃体系とは，運賃水準に基づいて算出された総収入の範囲内において運賃を各交通需要者からどれだけ徴収すればよいのかを決定する，原価の配分に関する問題である。一方，運賃水準とは，事業全体として原価を償うに足る水準に運賃を設定することである。

25) 植草益『公的規制の経済学』筑摩書房, 1991年, 71－76頁。

26) 限界費用運賃形成原理は資源配分上の効率性の観点から最善とされるが，所得分配の公平性を考慮していない点に問題がある。

交通事業者−特に鉄道事業者−に適用すると，その収支は赤字になってしまう。限界費用運賃形成原理では新たに発生した費用だけを回収することに目的がおかれているからである。このため限界費用曲線が平均費用曲線の下に位置する費用逓減産業では固定費用を回収できない。さらに損失補償をいかにして行なうのかという問題も生じてくる。

ただし，限界費用をどのように算出するのかという点は簡単には処理できない。そこで限界費用の算出の仕方に関しては，実務上の処理を重視して近似値で代替されている[27]。具体的には単位当たりの運営費や単位当たりの増分費用を限界費用として認識することで解決が図られている。前者は交通サービス商品を生産・供給するための直接的な発生費用であり，後者は規模に対して一定であれば平均可変費用に相当する。さらに回避可能費用も一種の限界費用と考えられている。

限界費用の近似的な算出方法が決定しても，費用逓減状態で経営される鉄道事業者に限界費用運賃形成原理を適用したゆえに発生する収支の損失をいかにして補償するのかという問題が残る。これに対して，ホテリング（H.Hotelling）が提唱した所得税のような賦課金によってその損失の補填に充当するとしても，課税対象となる財やサービスの資源配分を乱さないにもかかわらず依然として2つの問題点が残されている[28]。

すなわち，第1に資源配分の最適化を考えていたホテリングは，課税された納税者が低運賃で鉄道を利用する人々に補助を行なうことを是認するゆえに，個人間の所得分配に及ぼす影響を考慮しなかったということ，第2に損失の補填を政府の補助金で実施する場合，厳密な補填額を算出しないと交通事業者が効率的経営に対するインセンティブを失う可能性があるということである。し

---

27) 前田，前掲『改訂版 交通経済要論』121−122頁。山内・竹内，前掲『交通経済学』231−232頁。

28) Hotelling, H., "The General Welfare in Relation to Problems of Taxation and of Railway and Utility Rates", *Econometrica*, Vol. 6, No. 3, July 1938, pp. 242−269.

かし，限界費用運賃形成原理で社会的要請が強いと判断された交通サービス商品を提供するための費用が回収できない場合，諸税でその補填を実施すること，また補助金を充当することの理論的根拠を明確にした点は評価すべきである。

費用逓減下にある交通事業者に限界費用運賃形成原理を現実的に適用した時に発生するそうした問題点を解決するための方法として，交通事業者に収支均衡を課した上で資源配分の効率性を追求させるという考え方がある。つまり，交通事業者の独立採算を前提にすることで補助金の投入問題を回避し，次に資源配分の効率性を達成しようというものである。ただし，この場合には最適な資源配分は行なわれない。したがって，限界費用運賃形成原理がファースト・ベストの運賃体系とすれば，収支制約条件の下で資源配分の効率性を追求することはセカンド・ベスト（second best），もしくは次善の運賃体系と呼べる。

セカンド・ベストの運賃体系の1つにラムゼイ運賃（Ramsey pricing）[29]がある。これは同一・異種交通機関を扱う交通事業者が複数の交通サービス商品を生産・供給している時，収支均衡という制約条件下で総余剰の最大化を図ろうとする概念に基づき運賃を設定しようとするものである[30]。ラムゼイ運賃を実現するには，需要の運賃弾力性が非弾力的な交通需要者には交通サービス商品の限界費用に対して相対的に高い運賃を，それが弾力的な交通需要者には限界費用に対して低い運賃を設定すればよいとされる。すなわち，ラムゼイ運賃は限界費用に対して需要の運賃弾力性に反比例するように運賃を設定することである。このためラムゼイ運賃は逆弾力性ルール（the inverse elasticity rule）あるいはラムゼイ・ルールと呼ばれる[31]。

---

29) Ramsey, F.P., "A Contribution to the Theory of Taxation", *The Economic Journal*, Vol. 37, No. 145, March 1927, pp. 47–61. 同論文でラムゼイは一定の税収を確保するために制約条件下で商品に課す最適課税論を展開した。この考え方を交通サービス商品に適用してラムゼイ運賃と呼ぶ。

30) ラムゼイ運賃成立の前提条件として，交通サービス商品の所得効果と交差弾力性がゼロであること，その生産要素価格が一定であること，その運賃と需要量とは線形関数であること，その消費から外部性は発生しないこと，が挙げられる。

31) 前田，前掲『改訂版 交通経済要論』155頁。

第5章 交通サービス商品の運賃

　ラムゼイ運賃の考え方をまとめてみると，経済的厚生の最大化のために運賃を限界費用に等しく設定することから始まる。だが，費用逓減産業では平均費用曲線の下に限界費用曲線が位置することから損失を生み出してしまう。そこで交通事業者が複数の交通サービス商品を生産・供給しているならば，それらを相互に独立した市場とみなしそれらの限界費用から公平に乖離した運賃を設定していく。なぜなら資源配分の効率性をできるだけ損なわないようにするためである。こうして確保できた収入をもって収支均衡という制約条件を満たし交通事業者における損失の回避を図ろうとする考え方がラムゼイ運賃である。つまり，ラムゼイ運賃は経済的厚生の増大と資源配分の効率性を同時に実現しようする運賃の設定法である。

　しかしながら，ラムゼイ運賃は交通市場における交通事業者の自然独占ないし法的独占を前提とした議論から出発した運送価値説の系譜に連なる差別運賃の一種であるから，これが適用される交通需要者には公平の担保が問題として残される。運賃の値上げによってその交通サービス商品の需要をあきらめる交通需要者には安い運賃を，逆に需要にあまり変化がない交通需要者には高い運賃を交通事業者が課すからである。このため対象となる交通サービス商品が生活必需財に近い性質をもつならば，高所得者と比べて代替交通手段を保有・利用する可能性の小さい低所得者にとっては厳しい運賃の設定である[32]。

　とはいえ，次節でみる，平均費用運賃形成原理や総括原価運賃形成原理とラムゼイ運賃を比べると，どちらも固定費用をいかにして交通需要者に配分するかに関しては共通点をもっている。だが，平均費用運賃形成原理や総括原価運賃形成原理が交通需要の運賃弾力性を考慮していない一方で，ラムゼイ運賃はそれを考慮している。また，固定費用の配賦に際して，平均費用運賃形成原理や総括原価運賃形成原理が複数の配賦基準を示してできるだけ交通需要者が受容しやすいようにと配慮している一方，ラムゼイ運賃は交通需要者への配慮なしに，限界費用に一定の比率で固定費を配布しているという相違点がある[33]。

---

32)　山内・竹内，前掲『交通経済学』240-241頁。竹内健蔵『交通経済学入門』有斐閣，2008年，116-117頁。

第1部　現代交通の基礎理論

第5節　平均費用運賃形成原理と総括原価運賃形成原理

　平均費用の視点から交通事業者の収支均衡を意図した運賃論が平均費用運賃形成原理（the principle of average cost pricing）である。これは社会経済学に基づく運賃の考え方と整合性をもつ。同時に平均費用を基準に運賃水準を設定するもので実務上のわかりやすさをもつ。平均費用を償えば交通事業者の収支は均衡するからである[34]。

　また平均費用は，「交通サービス商品の生産に要する総費用／交通サービス商品の予想総生産量」で直感的に容易に算出されると考えられるからである。だが，交通サービス商品には結合費や共通費，あるいは中間財としての生産費用などが存在するために，少なくともこうした要因を考慮した上での平均費用でないと現実的には意味がないことに留意すべきである[35]。

　平均費用運賃形成原理では異質で多数の交通サービス商品の生産に共通費が存在する場合，実務的には一定の基準で共通費がすべて需要種別に配賦された費用，すなわち完全配賦費用（fully distributed cost）で運賃を設定している。完全配賦費用は交通需要者（消費者）に共通費（固定費と公正報酬）を公平に配賦するために採用された方式である[36]。

　平均費用運賃形成原理よりも交通事業者の適正利潤（平均利潤）を一層確実に確保するために，総括原価を基礎にした運賃水準の決定方式が考え出されている。これは交通サービス商品の生産に要する総費用（原価）に適正利潤（平

---

33)　植草，前掲『公的規制の経済学』111-112頁。
34)　平均費用運賃形成原理では，利潤がゼロ，あるいは適正利潤（平均利潤）に基づく一定額の黒字が確保できる。
35)　大石泰彦編・監訳『限界費用価格形成原理の研究Ⅰ』勁草書房，2005年，238-239頁。
36)　共通費の配賦基準として，産出量比例方式，収入比例方式，固有費用比例方式という3つの方法がある（山内・竹内，前掲『交通経済学』150-151頁）。完全配賦費用の問題点については，植草，前掲『公的規制の経済学』229-230頁を参照されたい。

均利潤）を加算した総括原価と総収入とが等しくなるように運賃水準を決定する総括原価運賃形成原理（the principle of full cost pricing）である。

　交通事業者の収支均衡を図るだけでなく，事業報酬をも加味した総括原価で運賃が設定されている。要するに，運賃は適正原価に適正利潤（平均利潤）を加算して求められる総括原価を償うように決定されるべきだとされる。ここで適正原価とは交通サービス商品の生産に伴い直接に発生する費用すなわち営業費（人件費，各種の物件費）に，減価償却費と予想される諸税を合算したものを意味する。

　総括原価運賃形成原理で総括原価を算出するに際しては，費用積み上げ方式と公正報酬率方式の2つが使用される[37]。前者は交通サービス商品の生産に伴って発生した直接費に間接費を加算していく考え方である。これに対し，後者はレート・ベース方式とも呼ばれ，交通事業者が保有する正味資産価値に一定の報酬率を加算していく考え方である。

　まず費用積み上げ方式をみると，総括原価は「営業費＋減価償却費＋諸税＋支払利子＋ある一定の株式配当率のための予定利益」で導き出される。損益計算書における適正利潤は，他人資本と自己資本の双方に対する支払利子（営業外費用），および株主への配当金（自己資本報酬）として認識されている。理論的根拠は不明だが，適正利潤率は税引き後の自己資本収益率として多くの場合に10％が用いられる。わが国では，地方自治体により経営されている地下鉄やバスといった交通事業者すなわち地方公営企業，小・中規模の民間鉄道事業者，民間のバス事業者やタクシー事業者における総括原価の算出に費用積み上げ方式が採用されている[38]。

　費用積み上げ方式に依拠した場合，発生費用を合算するだけで総括原価が容

---

37)　以下の叙述は，前田，前掲『改訂版　交通経済要論』193-197頁，および山内・竹内，前掲『交通経済学』175-186頁に依拠している。
38)　厳密にいうと，地方公営企業には株式配当率に要する予定利益は不要である。だが，資産維持費といった項目で必要資金の確保を行なう場合がある。

易に算出できる一方，発生費用の削減に対する経営努力へのインセンティブが働きにくいという問題点を抱えている。このために費用積み上げ方式による総括原価の算出には交通事業者における効率的な経営が求められる。

続いて公正報酬率方式をみると，総括原価は「営業費＋減価償却費＋諸税＋正味資産価値（レート・ベース）×公正報酬率（fair rate of return）」で求められる[39]。適正利潤をみると，費用積み上げ方式では他人資本と自己資本の双方に対する支払利子（営業外費用），および株主への配当金（自己資本報酬）を区別していたのに対して，公正報酬率方式ではそれらを区別しない。代わりに正味資産価値に公正報酬率を乗じた値が適正利潤と認識されている。

公正報酬率は規制当局によって決定される数値であり，資本の機会費用に相当する。公正報酬率が公正報酬（適正利潤）を規定する。正味資産価値は取得原価から減価償却累積額を減じて算出される。わが国では，大手の民間鉄道事業者や航空事業者における総括原価の算出に公正報酬率方式が採用されている。

公正報酬率方式にも資産価値の評価や事業者による過剰投資，さらには公正報酬率の決定といった問題点がある。すなわち，第1に資産価値の評価をみると，それを経済学の取替費用ないし再取得原価として，あるいは会計学の歴史的費用ないし取得原価として捉えるのかによって相違が生じる。ゆえに，正味資産価値の額に資産価値の評価が影響を及ぼすことがある。第2に交通事業者による過剰投資をみると，固定化された公正報酬率を条件とした場合に事業者が正味資産価値を必要以上に大きくして適正利潤の増加を図る行動をとることがある。ゆえに，不適切な正味資産価値が最適な資源配分を歪めてしまう。こうした事業者の行動はアバーチ＝ジョンソン効果（Averch-Johnson effect）[40]と呼ばれている。第3に公正報酬率の決定をみると，その判断における絶対的な基準がないために，規制当局の経験的な判断に委ねられていることである。

---

39) 植草，前掲『公的規制の経済学』82-83頁。
40) Averch, H. and L.L.Johnson, "Behavior of the Firm under Regulatory Constraint", *American Economic Review*, Vol.52, No.5, December 1962, pp.1052-1069.

第6節　インセンティブ規制

　このように交通部門では実務上，運賃の決定に際して総括原価運賃形成原理が採用され，これに基づき政府は厳格な運賃規制を行なっている。しかし，総括原価運賃形成原理では，交通事業者に生産効率と経営効率の達成を可能にするインセンティブが有効に機能しない。
　ここで生産効率とは，交通事業者が新たに交通サービス商品の生産要素を購入するに際して生産要素市場から競争的な価格で購入すること，利用可能な技術的条件に基づき最適な生産要素の投入を図ること，最適な生産規模で交通サービス商品を生産することである。一方，経営効率とは，交通事業者が交通サービス商品の流通に関して適切な販売ルートや販売方法を採用していること，人事管理や資金調達などを適切に実施していることである。こうした生産効率と経営効率が最高水準で達成できる状態を内部効率と呼ぶ[41]。
　交通事業者が内部効率を達成できるように考え出された手法がインセンティブ規制である。インセンティブ規制によって間接的，自発的な競争が交通事業者に作用する。また交通事業者がインセンティブに基づく競争，すなわち経済的効率性を追求すると，自らの利潤増大に寄与するだけでなく，同時に交通需要者にも恩恵が波及する。このようにインセンティブ規制では，市場均衡と同じ様な市場成果を達成するための条件を競争に求めている。
　内部効率を実現するため，交通事業者にインセンティブを付与する手法は2つある。1つは交通事業者の外部から自発的競争を誘発する方法であり，もう1つは交通事業者の外部から間接的競争を誘発する方法である。前者がプライス・キャップ規制（price cap regulation）であり，後者がヤードスティック規制（yardstick regulation）である[42]。以下でプライス・キャップ規制とヤードスティック規制の特徴を順にみていこう。

---

41)　植草，前掲『公的規制の経済学』161頁。
42)　ヤードスティックとは，物差しのことである。

プライス・キャップ規制[43]とは，「ｔ年における上限運賃の水準＝ｔ－１年における運賃水準＋（ｔ－１年における運賃水準）×（年間の物価指数上昇率－Ｘ）」で運賃が算出されるように，「年間の物価指数上昇率－Ｘ」の範囲内であれば，交通事業者が自主的に運賃を決定できる方式である。Ｘは交通事業者が１年間に生産効率の改善（生産性の向上）により達成できるコスト削減率の割合（生産性向上率）を示している。

仮に一定期間を経て，Ｘよりも高い生産性の向上が実現されるならば，この差額分は交通事業者の報酬になる。一方，Ｘよりも低い生産性しか実現できないならば，この損失分は交通事業者によって負担されることになる。このため交通事業者には，高い生産性の向上による利潤の増大を狙おうとするインセンティブが働く。このようにプライス・キャップ規制には，物価上昇による生産要素費用増加の一部を交通事業者の生産性向上努力によって吸収させることに狙いがある。ただし，交通事業者が本来必要な安全に対する投資までも削減して，生産性の向上を目指す可能性を看過できない。

プライス・キャップ規制では，物価指数の上昇率が最高運賃を規制することになる。交通事業者が上限以下の運賃を自由に設定することは認められているゆえに，プライス・キャップ規制は上限運賃規制とも呼ばれる。ただし，運賃の上限そのものが規制されているのではなく，運賃の変化率の上限が規制されている点に留意すべきである。なお，Ｘは交通事業者と規制当局の間における交渉，合意を経て決定される値である。規制当局は初回の原価査定とＸの決定さえ行なえば，これ以後は通常３〜５年間隔で実施されるＸの見直し作業の際に，ただ運賃の上限算出のためのパラメータ数値を決定するだけでよい。このため規制にかかるコストが少なくて済む。わが国の鉄道事業者を対象とした上限運賃規制がプライス・キャップ規制に近似した制度である。

ヤードスティック規制[44]とは，規制下にある全国の独占的交通事業者を複

---

[43] 以下の文献に依拠している。植草，前掲『公的規制の経済学』168－174頁。山谷修作編『現代日本の公共料金』電力新報社，1992年，54－55頁。廣岡編，前掲『現代交通経済論』208頁。竹内，前掲『交通経済学入門』130－132頁。

数の地域別会社に分割して，ある地域の交通事業者が別の地域のそれから刺激を受けて自らの内部効率を向上させる方式である。ヤードスティック規制が登場した背景には，運賃を決定する規制当局と交通事業者の間におけるコスト・データに関する情報量の偏在が挙げられる。交通事業者から一方的に提出された数値が果たして内部効率を達成しているのか否かの判断材料が規制当局に不足していたからである。そこで，ほぼ同規模・同需給構造の同業他者から提供されるコスト・データと比較することで情報の非対称性を改善しようとしたのがヤードスティック規制であった。規制当局はコスト・データをみるだけなので，規制にかかるコストが少なくて済む利点もある。

こうした理由から，交通サービス商品の質や供給方法・供給規模，需要構造が近似する，直接に競合関係のない複数の交通事業者がヤードスティック規制の対象とされる。内部効率を相互に競わせることで最も効率的な運賃水準を探っていく。最終的に運賃の最も低い交通事業者の運賃を物差しとして基準に据え，運賃を決定する方式，すなわち評価尺度方式である。このため運賃の高い交通事業者は実績コストを認められず，コストの削減を強いられることになる。逆に運賃の低い交通事業者は実績コストを認められる。さらに基準値以上にコスト削減に努めれば，自らの利潤増加によってその努力が報われる。

ヤードスティック規制は，わが国における国鉄の分割民営化に際して使用された[45]。例えば，ＪＲ東日本（東日本旅客鉄道）株式会社とＪＲ東海（東海旅客鉄道）株式会社の地域分割にヤードスティック規制の考え方が典型的に現れている。ただし，この分割に際しては，組合の力が強かった旧国鉄の政治力を弱体化するための理論的根拠としてヤードスティック規制が採用されたとも考えられる。分割後における両社の交通サービス商品の生産費用が分割前よりも低下したことが実証されていないからである。

---

44) 以下の文献に依拠している。植草，前掲『公的規制の経済学』165－168頁。山谷編，前掲『現代日本の公共料金』51－52頁。廣岡編，前掲『現代交通経済論』208頁。竹内，前掲『交通経済学入門』128－130頁。

45) 乗合バスや大手民鉄にもヤードスティック規制が採用されている。

第2部

わが国の交通政策史

第6章　鉄道事業と小運送業の成立から展開

第1節　鉄道事業の創業前史

わが国に鉄道に関する知識がもたらされたのは江戸時代であった。それはオランダ語を通じた情報であった。すなわち，第1に，オランダ商館の商館長が江戸幕府に定期的に提出していた情報冊子が挙げられる。これは海外事情を知るために幕府の情報源として活用されていた。なお，オランダ語で書かれていたその冊子を幕府は『風説書』と題して翻訳していた。『風説書』の中で鉄道建設をめぐって1852（嘉永5）年にスエズ地峡でエジプトとトルコが対立した記事やオーストリア南部の鉄道開通の記事が登場していた。第2に，幕府がオランダから輸入した書物が挙げられる。特にファン・デル・ブルク（P.Van Der Burg）が執筆し1844年に出版された Eerste Grondbeginselen der Natuurkunde に蒸気機関車の解説があった。同書は薩摩藩の蘭学者であった川本幸民らによって1854（嘉永7）年に『遠西奇器述』として翻訳出版されたことから蒸気鉄道に関する知識が国内に伝わることに寄与した[1]。

　同年2月には，アメリカ合衆国の使節であるペリー総督が浦賀に寄航した際に蒸気機関車の模型を持参し，横浜でそれを実際に動かしてもいた。さらに船舶での漁業中に難破し漂流していたところを，アメリカ船に救助されてアメリカ本土に渡ったジョン万次郎こと中浜万次郎やジョセフ彦こと浜田彦蔵が，帰国後に幕府へ提出した『漂流始末書』にもアメリカにおける鉄道の記述があった。1860（万延元）年になると，日米修好通商条約の批准書を交換するためにアメリカ合衆国を訪問した使節団一行が実際に鉄道に試乗している。1862（万

---

[1]　田中時彦『明治維新の政局と鉄道建設』吉川弘文館，1963年，15-18頁。

延3）年には幕府の使節団が欧州に派遣され鉄道への乗車を行なっている[2]。

第2節　鉄道事業の開業

　鉄道の開通時期を世界的にみると，イギリスが1825年で最も早く，次いでアメリカ合衆国が1830年であった。わが国ではこれらに遅れること40年あまりの1872（明治5）年10月に明治新政府の手によって官設官営の鉄道が東京（新橋）・横浜間に開通するのであった。実は江戸時代末期に薩摩藩で京都・大阪間に鉄道建設の計画が持ち上がったこともある。しかし，幕府が鉄道建設の許可を認めず実現には至らなかった。

　一方，幕府側にも鉄道建設の計画があった。これはフランスが幕府との提携強化の一環として鉄道建設を進めたことに端を発していた。折しも内政に対する権威を失いかけていた幕府は，中央集権体制の強化手段として鉄道建設を重視したのである。だが，この幕府の鉄道建設計画も実現はしなかった。この他にも在日外国人による鉄道建設の計画がいくつかあったがいずれも具体的な進捗はなかった。こうした中で1868（慶応3）年1月に討幕派によって王政復古の大号令が発せられ明治新政府に政権が移行するのであった。

　明治新政府によって建設・運営された東京（新橋）・横浜間鉄道には，鉄道の経済的，文化的，政治的役割を一般に周知することに目的があった。しかし，鉄道の建設には莫大な初期投資が必要である[3]。国内の民間企業からも政府自力でも資金を調達できなかった明治政府は，最終的にイギリスのオリエンタル銀行から融資を受けて鉄道建設の資金に充当することとした。技術的にもイギリス人技師の協力を仰ぐところとなった。こうして政府が資金繰りに奔走している最中にも政府内部を中心に鉄道建設に対する賛否両論が拮抗していた。だが，最終的には鉄道建設を推進する方向で政府の意思は統一されていき，

　2）　原田勝正「開国と鉄道」野田正穂・原田勝正・青木栄一・老川慶喜編『日本の鉄道－成立と展開－』日本経済評論社，1986年，1－13頁。

　3）　田中，前掲『明治維新の政局と鉄道建設』第2章～第5章。

第2部　わが国の交通政策史

1870（明治3）年4月下旬には鉄道建設工事が工部省の主導で開始されることになった[4]。

　正式に東京（新橋）・横浜間鉄道が開通したのは1872（明治5）年10月であり，旅客列車の運行をもって始まった[5]。東京側は新橋駅を起点とし，一般の人々が同鉄道を利用できたのは翌日からであった。駅間距離は29km，所要時間は53分であった。運賃は区間制を採用しており，下等運賃は当時の卸売米価約15kgに相当する37銭5厘であった。これは人力車の運賃より安く，蒸気船のそれより若干高い金額であり，中等運賃は下等運賃の2倍に，上等運賃はその3倍に設定されていた。

　1874（明治7）年5月になると，大阪・神戸間鉄道が官設官営鉄道として旅客列車の営業運転を開始した。旅客列車の運行から半年後には，貨物列車の運行も行なわれるようになった。大阪・神戸間鉄道は東京（新橋）・横浜間鉄道と同時に建設が決められていた路線であった。駅間距離は32.7kmで所要時間は1時間10分，運賃は距離比例制を採用し，1.6kmにつき賃率は下等運賃で2銭，中等で3銭5厘，上等で5銭に設定されていた。

　1877（明治10）年2月には京都・大阪間鉄道が営業を開始した。同鉄道は一時期民間資本による建設が計画されたが，資金調達に困難をきたし政府資金に依存することになった。駅間距離は43.1kmで所要時間は約2時間35分，下等運賃は40銭，中等で81銭，上等では1円35銭であった。こうして東京・京都間は東京（新橋）・横浜間鉄道，横浜から神戸まで蒸気船を利用し，神戸・京都間鉄道に乗り換えることによって2～3日で移動することが可能になった。

　ここまでみてきた鉄道はいずれも官設官営鉄道であり，民間の鉄道投資需要に対する刺激策として官設官営主義を唱えていた工部省の影響があった。工部

---

[4] わが国における最初の鉄道建設が政府によって実行された鉄道官設という事実と鉄道国有主義とが直結するわけでない。詳しくは，星野誉夫「明治初年の私鉄政策－『鉄道国有主義説』・『幹線官設主義説』の再検討－」『武蔵大学論集』第27巻第3・4・5号，1979年12月，117-143頁を参照されたい。

[5] 以下の叙述は，星野誉夫「創業期の鉄道」野田・原田・青木・老川編，前掲『日本の鉄道－成立と展開－』15-35頁に依拠する。

省のこうした思想の背景には欧州で鉄道事業者が政府の手によって建設，運営されていたことが関係していた。一方，大蔵省は民間資本による鉄道事業の設立を主張していた。京都・大阪間鉄道が営業を開始した時点で，東京（新橋）・横浜間鉄道と大阪・神戸間鉄道の営業収支は開業後一貫して黒字を出していたからである。

官設官営鉄道の営業成績が順調である一方，その後の鉄道延伸計画は進捗しなかった。この理由として，第1に鉄道事業は政府ではなく商人や華族に委ねるべきだという意見が政府部内にあったこと，第2に政府の交通政策は海運事業に重点をおいていたことが挙げられる。後者の例として，1875（明治8）年6月に政府は郵便汽船三菱会社を独占的保護会社にしたことが指摘できる。

西南戦争後の1880（明治13）年7月になると，京都・大津間鉄道が官設官営鉄道として完成している。北海道に視点を移すと，1880年11月に手宮・札幌間が手宮・幌内間鉄道の一部として開通し，1882（明治15）年11月には全線が開業するに至った。同鉄道も官設官営鉄道であり，当初から貨物列車と旅客列車の運行を行なっていた。手宮・幌内間鉄道で特筆すべき点は，同鉄道がアメリカ人技師の指導，アメリカ製の建設資材で建設されていたということである[6]。

第3節　日本鉄道会社の設立と性格[7]

西南戦争後のインフレーションにより物価が上昇したが，政府の財政状況は地租収入が増加しなかったゆえに困窮していた。税制がこの理由として指摘されている。この一方で，民衆の間で自由民権運動も活発化していた。このため政府は財政規模の縮小を検討し始めた。1881（明治14）年10月からは松方財政と呼ばれる緊縮政策が実施されていく。こうした中，鉄道政策をみると，1880

---

[6]　帝国鉄道発達史編纂部編『帝国鉄道発達史』帝国鉄道発達史編纂部，1922年，1-25頁。

[7]　本節の記述は，星野誉夫「日本鉄道会社の設立と幹線官設主義」野田・原田・青木・老川編，前掲『日本の鉄道－成立と展開－』37-46頁に依拠する。

(明治13)年2月に東京・高崎間鉄道を官設官営主義で実施することが決定されていた。しかし，予算がつかず工事の着工に至らない状況であった。このため同年11月には同鉄道の起工命令は取り消されることになった。

官設官営主義では鉄道ネットワークの構築が遅れるとして，右大臣であった岩倉具視を中心に，第十五国立銀行，三菱会社関係者，天皇関係者，華族個人関係者，平民関係者や沿線の資産家たちが発起人となり，1881（明治14）年4月に発起人総会が開催された。発起人の趣旨は日本各地に鉄道を民間会社で設立，運営しようということであった。

それゆえ，この会社は日本鉄道会社と命名されていた。総会では資金の調達方法について一時意見の分裂をみたが最終的には一致し，1881年5月に第十五国立銀行頭取であった池田章政以下462名の連名にて日本鉄道会社の創立願書と特許に関する請願書が政府に提出された[8]。これらの提出書類の内容は基本的に認められ，同年11月には日本鉄道会社の定款が許可され特許条約書も下付された。

日本鉄道会社は資本金2,000万円で，これを1株50円の株式発行にて調達しようとしていた。株主は1株50円を12回の分割払い6年間で完了するという方法であった。ここから一見すると，純粋に民間の資金によって日本鉄道会社は創設されるようにみえるが，実際には政府から様々な特権を付与された会社であった。例えば，官有の土地・建物を無償で使用できること，民有の土地・建物の買収を政府が代行すること，鉄道建設資金に対して開業まで8分の利子を補給することや開業後の配当を保証することなどである。一方，こうした特権の見返りとして同社には政府から義務が課せられていた。例えば，政府による命令・監督権，軍や警察への協力義務，免許期間は満99年間とするが，満50年経過後はいつでも政府が買収できることなどである。

---

8) 発起人出資額の内訳をみると，第十五国立銀行が130万円，三菱会社関係が約45万円，天皇関係が約35万円，華族個人関係が約70万円，平民関係が約200万円，沿線の資産家たちが約572万円であった。

1881（明治14）年12月には臨時株主総会を開催し、社長には工部大輔であった吉井友実が選任された。これをもって株主の募集が本格的に開始された。しかし、政府の同社に対する特権にもかかわらず、1株50円という金額が当時としてはあまりにも高額であったためであろうか、1年経過しても資本金2,000万円のうち、600万円弱しか調達できなかった。この間にも工事を早急に開始するために、1881年度の段階で政府は建設資材をイギリスへ発注していた。この資金は政府の立替えであった。さらに同社は資本金の調達前に工事を着工するために要する資金も政府から借り入れていた。

工事は順調に行なわれ、1883（明治16）年7月には上野・熊谷間が開業、翌年5月には高崎、8月には前橋へと開業区間が延伸していった。日本鉄道会社の設立過程からみて、同社は政府による手厚い保護や助成を受けた特権会社的性格であるといえよう。この背景に、政府内には井上勝鉄道局長を中心に鉄道官設論、つまり幹線官設主義が主張されていたことも関係したと考えられる。

1884（明治17）年1月になると、日本鉄道会社の良好な営業成績が公表され、同年4月には東京株式取引所に同社株が上場されている[9]。このため同社の株式に対する需要が高まりをみせ、日本鉄道会社は民間から資金を容易に調達できるようになった。その後、同社は建設工事を鉄道局へ委ねて路線の拡張を果たしていく。営業成績の好調な日本鉄道会社が広告塔となり、1885年以降には各地で私設鉄道会社の設立請願が積極的に行なわれるようになった。こうした状況の変化を受けて、井上鉄道局長の幹線官設主義にもかかわらず幹線は私設鉄道で担ってもらうという当初の政府方針は維持された[10]。

9） 配当金をみると1884年前期が10.0％、同年後期が9.0％であった。
10） 野田正穂『日本証券市場成立史－明治期の鉄道と株式会社金融－』有斐閣、1980年、50－58頁。

第4節　産業資本の確立と鉄道法制の整備

　明治新政府に移行して資本主義経済ないし資本制商品経済になったわが国では，商品輸送の増大に伴い次第に貨物輸送が本格化していった。このため1885（明治18）年には産業資本の時代に入ったとされる。そこでは，消費財市場，生産財市場，労働市場が形成され，発達を遂げてきていた。

　各市場の成長は，人や物の移動に対する大量・同時・定型性，迅速性，安全性，快適性や低廉性といった社会的要求として顕在化しつつあった。すなわち巨大な交通需要の発生となって交通事業の成立基盤を整えたのであった。交通手段が整備されることで，人や物の移動がより促進されるからである。そこで，まずは交通ネットワークの形成が当時のわが国では急務となった。

　特に陸上交通機関である鉄道事業がこうした社会的要求を充足するのに適していた。だが，その建設には巨額の資金が必要とされるゆえに短期間での資金調達には困難が予想された。このため鉄道事業の創業に際しては政府資金の投入によって必要経費の補助がなされたのである。その後，株式市場の成長とともに交通事業は次第に商業部門から自立した産業部門を形成し，独自の資本投下分野を形成していった。こうした変容は官設官営鉄道と私設鉄道会社の発展において確認できる。

　1885（明治18）年になると，日本鉄道会社の好成績を起爆剤として各地で私設鉄道会社設立の請願が活発化してきた。特に1886年以降の好況は企業の勃興と同時に第1次鉄道熱と呼ばれる私設鉄道の絶頂期を引き起こした。具体的には，1889（明治22）年度を境にして私設鉄道の営業キロが官設官営鉄道のそれを上回ったことに象徴される[11]。これは鉄道株に投資すれば，配当金が受け取れるという認識が一般に広まったことにも関係しているであろう。つまり，投

11）　年度末営業キロで比較してみると，1888（明治21）年度末に官設官営鉄道は813.8営業キロ，私設鉄道は654.0営業キロであったものが，1889（明治22）年度末にはそれぞれ885.9営業キロと942.6営業キロとなり両者の逆転が起きた。

機目的として私設鉄道会社を設立しようという意図の下で生じた現象であるともいえる[12]。

　もちろん産業資本にしてみれば，交通ネットワークが形成されることで中間財や完成財の輸送時間（リードタイム）短縮や輸送コストの低下という利点もある。これは資本の回転を早めること，最終的な商品価格を安くすることにつながるため，個別資本における資本の集積に貢献していく。すなわち自らの利益につながるという理由から，私設鉄道に投資しようとする新興の産業資本家も出てきたのである[13]。

　1885（明治18）年から1892（明治25）年までの間に50社程度から私設鉄道会社設立の請願が提出された。1886年以降にわが国では金利の低下，輸出の急増などにより一気に好況へと転じたことも背景にあるのであろう。だが，多くは請願条件の不備や資金調達に頓挫し，実際に開業まで至ったのは12社であった。

　こうした私設鉄道の乱立に対して政府は一定の法的規制を加えていく。それが1887（明治20）年5月に公布された私設鉄道条例である。私設鉄道条例は蒸気鉄道だけを使用している民間の鉄道事業を対象としていた。その狙いは急成長してきた私設鉄道に対する政府の権限強化にあった。1890（明治23）年8月には馬車鉄道とこれに準じる軌道を対象とした軌道条例が公布され，蒸気鉄道に比して小規模の資本金でも開業できる交通事業者，すなわち弱小資本だが，一定の利潤率を確保可能な事業にも政府の規制が行なわれた。

　遡ること同年1月には，それまでの好況から一転して株式恐慌にわが国は襲われていた。いわゆる1890年恐慌であり，急速に鉄道熱が冷めていく契機でもあった。このため各地の商業会議所や市会の構成員から私設鉄道の政府による買収要求，すなわち国有化論が台頭し始めていた。だが，私設鉄道の国有化論は実現せずに1892（明治25）年6月に公布された鉄道敷設法で一段落した。同

12）　野田，前掲『日本証券市場成立史－明治期の鉄道と株式会社金融－』59－78頁。
13）　詳細は各私設鉄道会社の発起人名簿ないし株主名簿の構成員を確認することで明らかとなる。なお，第1次鉄道熱より前に実施された日本鉄道会社の株主募集は経済外的強制に拠る所が大きい（野田正穂「私鉄の発展とその資本調達」野田・原田・青木・老川編，前掲『日本の鉄道－成立と展開－』71頁）。

法の目的は2つあり，第1に鉄道線路の建設を帝国議会による法定手続きとしたこと，第2に政府の鉄道ネットワーク構想を明示したことである[14]。つまり，わが国の鉄道政策における政府の主導的役割を明確にした点で鉄道敷設法は意義をもつ[15]。

第5節　小運送業の成立から乱立へ

明治新政府の下，宿駅伝馬制度や飛脚制度といった陸運業の再編成が実施された。この再編に携わったのが駅逓頭の前島密であった。その構想をみると，2段階に分かれる。第1段階は飛脚問屋が担当していた信書逓送と貨物輸送を分離しようとするものであった。すなわち，信書逓送の業務を官営事業に移管すること，および貨物運送の業務を民営の陸運元会社に独占させることであった。前島は1870（明治3）年7月に郵便事業の官営化に関する声明を発表し，翌年3月には東京・大阪・京都間で官営の郵便事業を開始した。第2段階は各駅の伝馬所と助郷を廃止し，民営企業としての陸運会社を設立することであった[16]。この実現に向けて，1872（明治5）年1月に東海道各駅の伝馬所と助郷を廃止し，同年7月には全国の街道にある伝馬所と助郷を翌月末で廃止するとした。

こうして廃止された伝馬所の後には次々に旧飛脚問屋を中心とする民営の陸運会社が設立され，それらを統括する運送取扱業者として，全国的な組織体制

---

14) 鉄道敷設法は1922（大正11）年4月の改正鉄道敷設法の公布とともに廃止される。改正鉄道敷設法は交通需要のより低い地域における鉄道建設を明記している。
15) 原田勝正「鉄道敷設法制定の前提」『日本歴史』第208号，1965年9月，22-41頁。老川慶喜「鉄道敷設法の成立とその意義」野田・原田・青木・老川編，前掲『日本の鉄道－成立と展開－』59-66頁。
16) 伝馬所とは，公書の往復，諸侯官吏の旅行や公用物の運送のために，諸街道の宿場において，公用人馬の継立て，助郷賦課といった業務を実施する場所のことである。不足の場合，助郷の人馬を使用できた。助郷とは，幕府が宿場の保護，人足や馬を補完するために，宿場周辺の村落に課した賦役のことである。

をもつ，陸運元会社が1872（明治5）年6月に設置された。これをもってわが国の小運送業と郵便事業が開始され，陸運元会社は一般の貨物輸送営業を独占的に実施できることになった[17]。

ここで小運送と表記したが，わが国で初めて鉄道省運輸局の配車課長となった中山隆吉によると，「小運送というが，沿革的に見ると小運送こそは運送の本体で，海運は別として陸上に於ては大運送で，鉄道は後の発達である。鉄道の発達せる結果主客転倒して，従来の本運送が小運送となり，鉄道が大運送としてその両端に附随的な小運送が作業する様になり，戸口より戸口に至る陸上運送は鉄道を中心として両端の小運送と協力して運送の目的を達成する必要に迫られた」と小運送こそが大運送だという理解もある[18]。

その後，貨物運送事業者はすべて陸運元会社に吸収・合併する旨の通達が出された。こうして陸運元会社の権限は強化され，形式としては民営の陸運会社になったが，その実態はお役所体質のままであった。この事態に対して政府は様々な手段を講じたが，当初考えていた民営企業に陸運会社は転換できなかったゆえに，1875（明治8）年4月に政府は各陸運会社を解散させた。陸運会社に代わって，同年5月に発足したのが資本金約10万円の内国通運会社であった。同社は政府の手厚い保護下におかれ，戸口から戸口に至る全国的な輸送ネットワークを形成していった[19]。

しかし，内国通運会社の全盛時代も長くは続かなかった。その理由として，第1に，明治20年代における幹線鉄道ネットワークの著しい延伸に伴い，特に長距離輸送において鉄道貨物輸送との競争が激しくなり，次第に内国通運会社は荷主を失っていったことが，第2に，貨物輸送の営業が自由化された結果，内国通運会社は政府の請負業務から外れ，独占的な陸運業の地位から崩落して

---

17) 大島藤太郎『現代日本の交通政策』新評論，1975年，14頁。
18) 中山隆吉『近代小運送史』陸運社，1899年，3頁。
19) 陸運業だけでなく，水運業や鉄道貨物取扱業にも進出した。また，貨物輸送に加えて，旅客輸送にまで業務を拡大していった。なお，業績不振により1919（大正8）年12月に内国通運会社は水運業から撤退する。

いったことが挙げられる。このため，貨物運送事業者は鉄道駅での貨物の集配などを行なう小運送業者へと転換し，1893（明治26）年5月に内国通運会社は鉄道貨物取扱業者となり，翌年7月に内国通運株式会社と改称した[20]。

　明治20年代から30年代にかけて，全国の鉄道ネットワークが官設・私設ともにおおよそ完成したため，鉄道貨物輸送が徐々に大運送を担うようになり，このため長距離道路運送業者は鉄道取扱業者（小運送業者）へと転換せざるを得なくなった。内国通運株式会社をみると，鉄道貨物の取扱数を増加させ，全国でも屈指の鉄道貨物取扱業者へとなっていった。だが，鉄道貨物取扱業は主な業務が荷主から駅の間までの輸送と貨車の積み下ろしであったことから，小資本すなわち手車1両と天秤棒，下請けの人夫に要する経費だけで参入できるために業者の乱立を招いた[21]。

20）　資本金は約112万円であった。
21）　西澤善七編『内国通運株式会社発達史』内国通運株式会社，1918年，13-44頁，83頁。

第7章　近代海運事業の成立と発展

第1節　江戸時代末期の海運

　米使いの経済といわれた江戸時代においては，米の輸送は陸運よりも舟運にて効率的な輸送を行なえた[1]。自動車は当然として鉄道もなかった時代では重い米俵を大量，同時，定型に輸送するには浮力が働く舟運のほうが適していたからである。こうした米の輸送は日本海から津軽海峡を経由して江戸に至る経路を往復する東廻り海運，同じく日本海から下関海峡を経由して大阪に至る経路を往復する西廻り海運にて17世紀後半の年貢米輸送にみられる輸送形態であった。西廻り海運は年貢米輸送を行なうと同時に自らが買いつけた商品をも輸送した。こうした輸送形態は1830年代に発達してきた北前船[2]という自己運送の買積船（merchant carrier）[3]にみられる。

　17世紀前半には菱垣廻船と呼ばれる海運事業が大阪で誕生した。廻船問屋が荷主から積荷を集めて江戸へ輸送する，いわゆる他人運送として行なわれる形態であった。だが，時代が下るにつれて荷主の自己運送となっていく。その後，18世紀前半になると，樽廻船と呼ばれる海運事業者が生まれる。樽廻船は17世紀中葉にその起源をもち，伊丹，池田，灘などの酒造家が自らの酒樽を主に江戸へ輸送する酒荷専用船であった。つまり自己運送の形態である。

　樽廻船は菱垣廻船と比べると小型の船舶を使用していた。その特徴として迅

---

1)　以下の叙述は，黒田英雄『世界海運史』成山堂書店，1972年，192 - 200頁に依拠する。
2)　北前船は日本郵船や大阪商船の定期航路の拡充，さらに日本海側と太平洋側を結ぶ長距離鉄道の開通の影響により明治中期までに全面撤退している。
3)　買積船とは，船主商人とも呼ばれ，商人が自ら買いつけた商品を輸送する目的で船舶を所有し，かつ自己運送を行なう輸送形態のことである。

速性に優れること，荷役時間が短いこと，低廉性に勝ることから酒樽以外の荷物の輸送も依頼されるようになり，次第に競合する菱垣廻船から積荷を奪っていった。このため菱垣廻船は1830年代に衰退していくことになる。一方，樽廻船は鉄道ネットワークが形成される明治中葉頃まで使用された。樽廻船の発達にもかかわらず，鎖国下にあった江戸時代においては，日本近海に船舶の輸送範囲が限定されていた。このために明治以降の海運事業に造船技術の未発達，および航海技術の未熟さといった課題を残したのである[4]。

第2節　明治政府の海運政策と三菱海運資本

江戸時代末期の1853（嘉永6）年には大型船の所有と造船が幕府によって許可された。その後，王政復古の大号令が実施される前年の1867年になると，幕府や諸藩の公金を用いて幕府は外国から軍艦を購入した。ただし民間人による船の購入は許されていなかった。こうした動きは沿岸にまで迫った先進諸外国の艦隊から自国を守る国防の充実が目的であった[5]。特に米英を典型とする，先進諸外国の船舶がわが国の沿岸にまで迫ってくる事態は明治以降も発生した。

一方，明治政府に代わってからの海運事業における問題点は，造船技術の衰退や船舶の輸入方法が不明ゆえに旧幕府や諸藩の老朽化した船舶を使用せざるを得なかったこと，また近代的な港湾，倉庫，税関のシステムが整備されていなかったことであった。したがって，わが国が先進諸外国の海運事業と互角に競争できるためにはこうした問題点の解決が急務とされ，先進諸外国の模倣にて対応していった。このように明治政府が海運事業に力を注いだ理由には，商業的・経済的要因だけでなく国防的・軍事的要因があった。

このため明治政府は1869（明治2）年10月に西洋型汽船の所有と造船を奨励した[6]。1870（明治3）年1月になると，政府は近代的な海運事業者の育成に

---

4) 飯田嘉郎『日本航海術史－古代から幕末まで－』原書房，1980年，第10章・第11章。
5) 黒田，前掲『世界海運史』204－207頁。

対する特別保護・助成政策を半官半民の回漕会社を設立することで開始した。回漕会社は三井組が政府の推奨を受けて設立した，わが国で最初の他人運送を目的とする海運会社であり，東京・大阪間の貨客定期船を運航した[7]。こうした背景にはアメリカのパシフィック・メール社（Pacific Mail Steamship）が維新後，政府に対して日本沿岸海運を統括しようと目論んでいたことが挙げられる[8]。

回漕会社の設立に対して1870（明治3）年にパシフィック・メール社は急遽，サンフランシスコ・上海航路（1867年8月運航開始）の支線として横浜・神戸・長崎・上海航路を開設している。なお，同社はサンフランシスコ・ハワイ・横浜・香港間に定期客船航路を1867（慶応3）年1月に開設していた。

つまり，開国とほぼ同時期に，国外の海運事業者によって日本の国際海運はほぼ占拠されており，沿岸海運事業も侵食の危機に瀕していた。したがって，急いで自国の近代的な海運事業者を自力で育成し，諸外国の海運事業者と対等に競争できるようにすることが政府の課題であった。だが，こうした政府の意図にもかかわらず回漕会社はわずか1年で経営困難に陥り，最初の海運保護育成政策は失敗に終わった。回漕会社と政府との緊密な関係が，逆に官僚的で非効率な経営を惹起してしまったからである。

回漕会社の倒産後に政府はその後継として1971（明治4）年5月に回漕取扱所を設立した。同年8月にそれは半官半民による日本国郵便蒸汽船会社と組織替えをしている。同社は回漕取扱所の所有していた船舶と政府からの払い下げの船舶を使用していた。

日本国郵便蒸汽船会社は東京・大阪間の定期航路などを運航したが，1870（明治3）年10月に創業された九十九商会の東京・大阪・高知間の定期航路と

6） わが国では1本マストの大和型帆船から複数マストの西洋型帆船へ，さらに蒸気力の西洋型汽船へと短期間で移行する必要があったからである。明治20年頃に西洋型汽船への転換が軌道に乗ったとされる。
7） 実際は半他人運送であった。
8） 佐々木誠治『日本海運競争史序説』海事研究会，1954年，97頁。

第2部　わが国の交通政策史

の競争に敗れて4年後に解散した。というのも，回漕取扱所や日本国郵便蒸汽船会社は政府の手厚い保護を受ける一方で，半官半民組織に制約されて，官僚的で拙劣な経営を行なっていたからである。これに対して，九十九商会は商人主義的経営に優れていた。他人運送に徹していたのである。こうした経緯を踏まえて，政府は海運政策の転換を実施していく。民間の競争力がある海運事業者に対する補助政策の実施である。これは内務卿大久保利通が民間有力海運事業者の保護育成を政府に申し入れたことが契機とされる。

政府の海運政策の転換を受けて，岩崎弥太郎の経営する九十九商会[9]は1875（明治8）年6月に日本国郵便蒸汽船会社を引き継ぐ形で郵便汽船三菱会社となった。つまり，郵便汽船三菱会社は政府による補助を受けた民間の海運事業者であり，独占的保護会社なのである。具体的には，第1に航路補助金25万円の交付，第2に輸入汽船13隻および日本国郵便蒸汽船会社の所有であった17隻の無償払い下げ，第3に三菱会社が設立した商船学校への助成金交付という国家補助が同社に行なわれていた。

これに先立ち，政府は三菱商会（郵便汽船三菱会社）に対して1875（明治8）年1月に横浜・上海航路の開設を命じていた。上海が東洋における諸外国海運事業者の拠点港であったからである。この結果，1875（明治8）年10月に横浜・上海航路の覇者であったパシフィック・メール社との競争に主として運賃・料金の値下げを通じて打ち勝つことに，また翌年10月には香港・上海・横浜航路を運航していたP＆O汽船会社（Penninsula & Oriental Steam Navigation）を同様にわずか半年で撤退させることに郵便汽船三菱会社は成功した[10]。

さらに1877（明治10）年2月に勃発した西南戦争に際して郵便汽船三菱会社は全面的に協力をし，400万円〜600万円の収益を上げている[11]。こうして郵便

9）　九十九商会は後に，三川商会（1872（明治5）年1月），三菱商会（1973（明治6）年3月），三菱蒸気船会社（1875（明治8）年5月）と社名を変更していく。

10）　詳しくは，佐々木，前掲『日本海運競争序説』135－182頁を参照されたい。イギリスのP＆O汽船会社は1876（明治9）年2月からロンドン・喜望峰・ボンベイ・シンガポール・香港・上海航路を横浜まで延ばしていた。

第7章　近代海運事業の成立と発展

汽船三菱会社はわが国の海運事業における地位を不動のものにしながら資本の蓄積を行なっていく[12]。1880（明治13）年には，郵便汽船三菱会社が，わが国全体の汽船210隻（6万6,000総トン）のうち，37隻（4万1,000総トン）を占めるまでになった。

これに対して，以上のような郵便汽船三菱会社の独占的な地位に基づく横暴を規制するために，反三菱勢力が政府からの出資を得て1882（明治15）年7月に官設民営の事業として三井系の共同運輸会社を設立したのであった。その後，郵便汽船三菱会社と共同運輸会社との間で速度，運賃や粗品などを通じて熾烈な競争が繰り広げられた[13]。

だが，共倒れを恐れた政府が調停に入り，1885（明治18）年9月に両者は対等合併し，資本金1,100万円で内閣の命名による日本郵船会社が創設された。政府は以後15年間，同社株に対して8％の利益補給を補償した。設立時の船舶をみると，汽船58隻（68,197総トン），帆船11隻（4,725総トン），合計69隻72,922総トンであった。このうち，汽船は当時の日本全体の汽船228隻（88,765総トン）の約4分の3の総トン数を占める大勢力であった。日本郵船会社は横浜・上海航路，長崎・仁川航路，長崎・ウラジオストク航路に加え，沿岸11線を政府の命令航路として開設した[14]。1893（明治26）年11月になると，わが国で最初の遠洋航路としてボンベイまで定期航路を運航した[15]。

---

11) 三菱会社は1874年～1877年の間に，佐賀の乱，征台戦役，西南戦争に関係をもった。特に征台戦役と西南戦争において軍事輸送の任を遂行したことが三菱会社の発展を決定づけた。なお，これらの戦争に際して，西洋型蒸汽船20隻と西洋型帆船1隻，傭船2隻の政府輸入船を郵便汽船三菱会社は譲り受けていた。

12) 富永祐治『交通における資本主義の発展－日本交通業の近代化過程－』岩波書店，1953年，116－119頁（富永祐治『交通における資本主義の発展－日本交通業の近代化過程－（富永祐治著作集第2巻）』やしま書房，116－119頁）。

13) 運賃競争の末，郵便汽船三菱会社は会社存亡の危機に陥り，運航路線の縮小や人員削減で乗り切ろうとした。

14) 日本郵船会社は政府命令航路14線，自由航路4線を担当していた。これ以降における同社の歩みを簡単にまとめると，1893（明治26）年12月に日本郵船株式会社となり，1949（昭和24）年5月に東京証券取引所に上場，1964（昭和39）年4月には三菱海運株式会社と合併していく。

一方，郵便汽船三菱会社の海運事業における専横に対する自衛を目的として，関西の群小船会社約70社が合併して1884（明治17）年5月に住友家総理事の広瀬宰平を含む7名が創立委員となり，資本金120万円で大阪商船会社を設立している[16]。大阪商船会社が誕生する背景には征台の役や西南戦争で発生した大量の需要に応じて導入された多数の小型船舶が戦後に過剰船腹となり乱立状態であったことも関係する[17]。なお，大阪商船会社で使用された船舶はほとんどが老朽化した木造船であった。

大阪商船会社は当初は内航海運に従事していたが，1890（明治23）年7月に大阪・釜山航路を開設して以降，近海の外航海運も開拓していった。ちなみに，日本郵船会社と大阪商船会社とに政府の保護・助成が集中したことから両社を総称して社船，これ以外のわが国の不定期船会社は社外船とそれぞれ呼ばれている[18]。

わが国における海運事業近代化の特徴は，第1に諸外国に侵食される恐れのあった海運事業を政府が自国の近代的海運事業者を保護育成することでその危機から救ったこと，第2に郵便汽船三菱会社にみるように政商，すなわち民間海運事業者と国家との癒着があったこと，および第3に近代的海運事業の技術や制度は諸外国からの輸入ないし模倣であったことに集約できる。

第3節　海運政策の転換と海運事業の発展

特定の民間海運事業者に補助金を投入し保護することで近代的海運事業者を早急に育成する政府の政策は，一先ずその目的を達成したと評してよいであろ

---

15) 日本郵船株式会社編『日本郵船株式会社50年史』日本郵船株式会社，1935年，22－82頁。佐々木，前掲『日本海運競争史序説』183－272頁。
16) 以後の同社略史をみると，1893（明治26）年12月に大阪商船株式会社と社名変更，1964（昭和39）年4月に三井船舶と合併し大阪商船三井船舶となる。
17) 大阪商船株式会社編『大阪商船株式会社50年史』大阪商船，1934年，1－36頁。
18) 社外船の個人船主（社外船主）は，日本海運業同盟会（後の（社）日本船主協会の母体）を結成し，社船に対抗しようとした。

第7章　近代海運事業の成立と発展

う。しかしながら，政府は1894（明治27）年8月の日清戦争を契機にして海運事業者の育成が急務だと再認識し，一層の造船政策を目標に掲げるのであった。日清戦争前後で比較すると，わが国の船舶の総トン数は約2倍に増えている。軍用船を多数必要としたからである。1896（明治29）年3月には，造船奨励法，航海奨励法，および特定航路助成法を公布し政府は海事法令を整備した。すなわち社船だけでなく社外船にも保護助成を行なうという海運事業者の一般的保護政策が展開されることになった[19]。

海事法令が整備されてすぐに，日本郵船の欧州航路が1896（明治29）年3月から，また北米シアトル航路が同年8月からそれぞれ開設されている。海運事業の好況を背景に1896年7月に誕生した東洋汽船は1898（明治31）年12月から香港発，ハワイ経由で北米サンフランシスコ航路を開設している[20]。同年には，日本郵船が欧州航路で使用する，本格的な大型船が国産第1号として三菱長崎造船所で竣工している。なお，航海奨励法は外国で建造された船舶を使用しても助成金が交付されていた。それゆえ1899（明治32）年3月に改正航海奨励法が公布され，外国建造船を使用する海運事業者の航海奨励金は減額されることになった。以後，内地造船が活性化していった。

ちなみに改正航海奨励法の支出金総額は2,064万円，航海奨励金で航海を実施した船舶の延べ数は307隻（1,202,500総トン）であった。航海奨励金の内訳をみると，日本郵船が145隻（737,000総トン），三井物産船舶部63隻（188,000総トン），東洋汽船17隻（111,000総トン），大阪商船49隻（82,000総トン），および三菱合資会社29隻（7,500総トン）であった。このように巨額の航海奨励金が数社に配分されていたのである。つまり，国家の手厚い海運保護政策が財閥の資本蓄積，および日本郵船と大阪商船という2大海運トラストの育成を助長したといえる。

政府の打ち出した海運政策が効を奏したのであろうか，日露戦争後の明治40年代にはわが国の造船技術が世界的水準にまで達している。海運事業が充実し

19）麻生平八郎編『海運及び海運政策研究』泉文堂，1955年，35-60頁。
20）中野秀雄編『東洋汽船64年の歩み』明善印刷，1964年，37頁。

た結果，改正航海奨励法は1909（明治42）年12月に廃止され，代わりに遠洋航路補助法が1910（明治43）年1月に施行された。わが国の海運政策は会社保護主義から次第に航路別補助主義へと転換していくことになった。すなわち航海奨励法，改正航海奨励法，特定航路助成法と遠洋航路補助法によって，わが国の主要海外航路が確保され，日本の海運事業者は欧米諸国と互角に競争できるまでになったのである[21]。

---

21) 篠原陽一「戦前の外航海運の発達」篠原陽一・雨宮洋司・土居靖範『海運概説』海文堂，1979年，26－29頁。

第8章　鉄道国有化政策の意義と諸効果

第1節　私鉄17社の国有化過程

　1890年恐慌を背景とした私設鉄道の国有化論は実現せず，鉄道敷設法の公布という形に終わった。これを第1回目とすれば，第2回目の国有化論の台頭は1893（明治26）年に再燃し日清戦争後に本格化した第2次鉄道熱が1897〜1901年にかけて発生した恐慌を背景に急速に冷めることで開始する[1]。具体的には東京や京都の商業会議所が政府に私設鉄道の国による買収を請願することから始まった。だが，不況下における健全な財政政策を希求する政府は，私設鉄道買収の際に発行する公債が金融市場へ与える影響などを考慮した結果，国有化論は実現に至らなかった[2]。

　その後も恐慌の影響は収まらず1902〜06年までに新設された私設鉄道は皆無であった。第3回目の鉄道国有化論は1904（明治37）年末から翌年の初めに閣議で議論されたことに由来する。だが，さらなる財政調査が求められて閣議決定となっていない。このため第21議会終了後に調査委員会が設置され，同委員会によって「鉄道国有ノ趣旨概要」と「私設鉄道買収調査概要」が次期議会に「鉄道国有法案」として提出できるように作成された。

　今回の国有化論は特に財閥ブルジョアジーに支持されたことが重要であった。なぜなら，財閥ブルジョアジーは産業資本家であると同時に銀行資本家でもあ

---

1) 1900（明治33）年3月には蒸気鉄道を使用する民間の鉄道会社に適用されていた私設鉄道条例が私設鉄道法となった。政府による鉄道の法整備は着実に進行していた。
2) 財界，鉄道官僚や軍部の各視点から国有化論が頓挫する理由を分析した，中西健一『増補版　日本私有鉄道史研究－都市交通の発展とその構造－』ミネルヴァ書房，1979年，104-111頁を参照されたい。

り，戦費調達を介して国政に影響力を有していたからである。低廉な鉄道運賃を求めて統一的な鉄道経営および大陸間とのネットワーク形成を考えていたからである。さらに大手私設鉄道の主な株主でもあったからである。こうしたことから鉄道国有法の目的は，債券や公債の発行による景気の回復と鉄道輸送の効率化に集約できるであろう。

鉄道国有法が成立するまでの過程は以下の通りである[3]。「鉄道国有法案」，「鉄道国有ノ趣旨概要」とその他の付属文書が1905（明治38）年12月22日に閣議提出され，同年12月25日にそれらが閣議決定される。桂内閣が総辞職したため，改めて1906（明治39）年2月17日に西園寺内閣で「鉄道国有法案」と「鉄道国有ノ趣旨概要」が閣議提出され，同年2月27日にそれらが閣議決定された。同年3月6日に開催された第22回帝国議会衆議院に鉄道国有法案が上程，同年3月16日に原案が可決された。同年3月27日に貴族院で大幅に修正，可決。同日に衆議院に修正案が回付され即日可決という流れであった。

鉄道国有法の特徴は，国庫収入や鉄道財政への寄与よりも産業振興を優先していること，当時38社あった私設鉄道のうち17社を買収対象路線としたこと[4]，買収期間を1906（明治39）年から2年間としたこと，および財閥が主要株主である鉄道事業の買収価額が高かったことであった[5]。特に買収価額は私設鉄道17社における払込資本金額の2.1倍となっていた。

3） 帝国鉄道発達史編纂部編『帝国鉄道発達史』帝国鉄道発達史編纂部，1922年，103-132頁。日本国有鉄道編『日本国有鉄道百年史（第3巻）』日本国有鉄道，1971年，145-212頁。

4） 北海道炭鉱鉄道会社，甲武鉄道会社，日本鉄道会社，岩越鉄道会社，山陽鉄道会社，西成鉄道会社，九州鉄道会社，北海道鉄道会社，京都鉄道会社，阪鶴鉄道会社，北越鉄道会社，総武鉄道会社，房総鉄道会社，七尾鉄道会社，徳島鉄道会社，関西鉄道会社，および参宮鉄道会社の17社である。

5） 例えば，日本鉄道会社，北海道炭鉱鉄道会社，山陽鉄道会社，九州鉄道会社，甲武鉄道会社が挙げられる。詳しくは，桜井徹「鉄道国有化の実現とその意義」野田正穂・原田勝正・青木栄一・老川慶喜編『日本の鉄道－成立と展開－』日本経済評論社，1986年，114-125頁を参照されたい。

第8章　鉄道国有化政策の意義と諸効果

第2節　国鉄の誕生と効果[6]

　1906（明治39）年3月に鉄道国有法が公布、同年4月に施行された。国有化前（1905年度末）と国有化後（1907年末）の全鉄道に占める国鉄の割合をみると、営業キロは32.0%から90.9%へ、輸送人キロでは37.7%から83.8%へ、輸送トンキロは29.4%から91.4%へ、従業員数は37.2%から88.4%へと変化した。

　経営管理機構も変貌し、1907（明治40）年4月には帝国鉄道庁が、翌年には内閣直属の鉄道院がそれぞれ国鉄の監督を行なう国の機関となっている。特に鉄道院は全国を5つに区分し、北海道鉄道管理局、東部鉄道管理局、中部鉄道管理局、西部鉄道管理局、および九州鉄道管理局を設置した。鉄道院の初代総裁は医師出身の後藤新平であった。

　後藤は福利厚生施設の一環として国鉄従業員とその家族が利用できる国鉄病院を設立している。経営面においては国鉄大家族主義、すなわち総裁を家長にみたて従業員は家族であるとするイデオロギーを主張した。国鉄大家族主義のイデオロギーが従業員に浸透すれば、労使間の対立を回避できるからである。後藤はその他に、課長中心主義、現場第一主義、および適材適所主義を適用し、多数いる国鉄従業員の監督を実施した[7]。

　財務会計制度も確立している。国鉄の成立以前までは、官設官営鉄道は1890（明治23）年3月に公布された官設鉄道会計法に依拠していた。しかし、国鉄は1906（明治39）年4月に公布された帝国鉄道会計法に基づいて財務管理を行なうことになった。同法の趣旨は国鉄会計を一般会計の中におくと政治に利用される恐れがあるので、独立会計とすることでその可能性を未然に防ぐことで

---

[6]　本節の叙述は、帝国鉄道発達史編纂部編、前掲『帝国鉄道発達史』131-133頁、182-183頁、石井常雄「植民地経営と鉄道」野田・原田・青木・老川編、前掲『日本の鉄道-成立と展開-』125-132頁、同「国際連絡網の形成」『同前書』158-165頁、および日本国有鉄道編、前掲『日本国有鉄道百年史（第3巻）』213-477頁に依拠する。

[7]　北岡伸一『後藤新平』中央公論社、1988年、124-128頁。

あった。しかし，建設改良費は一般会計から受け入れており，益金も一般会計に納付していた。このため，1909（明治42）年3月に帝国鉄道会計法を改正し，鉄道益金を建設改良費に充当すること，これが不足の場合，鉄道会計の範囲内で公債を発行することになった。こうして鉄道会計が一般会計から独立したのである。

新たな運賃体系が策定され，そこでは鉄道が統一された恩恵を受けて，運賃の低廉化が図られていた。まず旅客運賃をみると，国有化前の小規模な鉄道会社の多くは比例運賃制を，大規模な鉄道会社は遠距離逓減運賃制を主に採用していた。これに対して，国有化後の1907（明治40）年11月には遠距離逓減運賃制へと移行されたのである。次に貨物運賃をみると，国有化前は会社ごとの変則運賃制で複数の運賃体系が併存していたが，国有化後は基本的に遠距離逓減運賃制へと一本化されている。なお，特定品目に対しては特定運賃ないし割引運賃が適用された。

このように国鉄が誕生した結果，制度面では3つの大きな変化があった。すなわち，第1に国内の幹線鉄道が国鉄という一つの経営体で統一的に運営されることになり，交通対象（人と物）がより遠方へと移動できる基礎が形成されたことである。これは一面で国内文化の均一化を，他面では国内市場の拡大を促す効果をもたらした。第2に満州や韓国の鉄道と国鉄との一元的ネットワークないし国際連絡運輸ネットワークを形成する基盤を築いたことである。航空事業が未発達なことから，朝鮮半島や大陸進出への足がかりとして国鉄のネットワークは経済的，政治的，軍事的役割を果たすことになった。第3に国内陸上交通手段において国鉄が独占的地位を確立したことである。近代的な交通機関，特に自動車が未発達であったゆえに，国鉄は陸路において競争優位性を早期に確立できたのである。

第3節　国有化以後の法整備[8]

　幹線鉄道ネットワークの骨格が国鉄によって形作られた一方，培養路線となるはずの私設鉄道の新たな建設は国有化後にさして進捗しなかった。この理由として1907～08年の恐慌発生や私設鉄道法の規定事項が挙げられる。私設鉄道法は私設鉄道条例を前身とし，1900（明治33）年10月に施行されていた。同法では大規模な私設鉄道会社を対象に規定事項が作成されているため，小規模な私設鉄道会社には基準が厳格すぎたのである。

　そこで政府は私設鉄道法をより簡素にした軽便鉄道法を1910（明治43）年4月に公布した。軽便鉄道法は全文8ヵ条で私設鉄道法の98ヵ条から大幅に規定事項や手続事項を簡略化したものとなった。例えば免許資格をみると，私設鉄道法では株式会社に限定していたが，軽便鉄道法では個人，合名会社や合資会社も認められている。また私設鉄道法では仮免許，本免許という2段階の手続きを要したが，軽便鉄道法では1回の手続きで本免許が許可されている。

　だが，人々の間では軽便鉄道が必ずしも収益の上がる事業とは認識されず，軽便鉄道法だけでは軽便鉄道の普及は困難であった。このため政府は1911（明治44）年3月に軽便鉄道補助法を公布し軽便鉄道ネットワークの拡大を図ろうとした。軽便鉄道補助法は事業の設立から5年間という期限つきで，建設費に対する5％の利益を保証するものであった[9]。

　軽便鉄道法と軽便鉄道補助法との相乗効果であろうか，以後において軽便鉄道の建設が実施され，鉄道ネットワークの形成に寄与した[10]。なお，軽便鉄道法をより実態に即した形にするため，同法は1919（大正8）年4月に公布，同

---

8)　本節は，帝国鉄道発達史編纂部編，前掲『帝国鉄道発達史』165－182頁に依拠する。

9)　軽便鉄道補助法は一定程度以上の軌間をもつ軽便鉄道を対象とした。なお，1914（大正3）年9月には補助期間が10年間に延長されている。

10)　日本国有鉄道編『日本国有鉄道百年史（第6巻）』日本国有鉄道，1972年，455－465頁。

年8月に施行された地方鉄道法へと発展的に解消された。同時に私設鉄道法も廃止されている。また軽便鉄道補助法も同時に公布された地方鉄道補助法に取って代わられた[11]。

---

11) 地方鉄道法は1987（昭和62）年4月の鉄道事業法施行により廃止されている。また地方鉄道補助法は1953（昭和28）年8月の地方鉄道軌道整備法施行により廃止されている。

第9章　戦間期の交通事業

第1節　都市化の進展と郊外鉄道

　第1次世界大戦（1914〜18年）がわが国へ与えた影響をみると、まず海運事業の好況が挙げられる。日本も参戦していたが戦地が遠く欧州大陸であったことが幸いしたからである。このため欧米の船舶がアジアから移動し、アジア地区における海運輸送力に不足が生じた。特に1917（大正6）年4月のアメリカ参戦に伴って大西洋方面に莫大な数の軍用船を必要とするため、太平洋方面にあった英米の船舶が本国へ引き揚げている。

　日本船はこの隙間をぬって海運市場へ参入し、連合国軍の援助のために対欧輸出貿易に従事した。日本船は太平洋をほぼ独占し、わが国の海運事業は飛躍的な成長を遂げていく。なぜなら、増大する貿易商品の輸送は日本船に依存せざるを得なかったからである。運賃や船価、傭船料の高騰により多数の船成金が誕生した。第1次世界大戦の海運ブームから新興の社外船主が登場し、大戦終了後の社外船主が保有する総トン数は社船の保有する総トン数の約2倍までになった[1]。

　続いて国内に視点を移すと、第1次世界大戦を契機とする重化学工業部門の伸びによって牽引された国内生産力の拡大が指摘できる。1915（大正4）年からは、連合国の軍需品や食料品需要、アジア諸国での日本製品需要、およびア

---

[1]　日本海運業の躍進は長く続かなかった。第1次世界大戦後に発生した世界恐慌により、過剰船腹を抱えることになったからである。だが、金輸出再禁止を契機に、日本経済は急速に回復し、海運事業も不況からの脱出に成功した（詳しくは、中川敬一郎『両大戦間の日本海運業－不況下の苦闘と躍進－』日本経済新聞社、1980年を参照されたい）。

メリカでの生糸需要という3つの需要が増大し，大戦ブームが発生した。大戦ブームは海運事業から始まり，次いで造船業，化学品工業，鉄鋼業や機械工業が，やや遅れて繊維業が活況に入り，産業構造に大きな変化が生じた[2]。

これに関連して原材料，中間財や完成財の輸送，あるいは労働力の移動の必要性が高まり，主に国鉄を中心とする鉄道がこれらの輸送手段としての役割を果たすことになった。というのは国有化によって統一的な交通ネットワークを形成していた国鉄は，大量，同時，定型，廉価，迅速といった交通需要者ないし荷主の交通サービスへの要求を充足できるようになり，また市場の拡大にも寄与できることになったからである。

こうした生産力の拡大は第1次世界大戦中に起きた動力革命とも関連していた。動力として中心的な位置にあった蒸気力が次第に電力へと転換していったからである[3]。だが，第1次世界大戦を契機とする好況は，大戦終了後の1920（大正9）年に生じた恐慌を境に不況へと転じていく。なお，1920年頃から自動車が交通市場へ参入し，交通政策も鉄道事業だけではなく自動車運送事業をも考慮しなければならない時代へと変わりつつあった。

一方，全国的な交通ネットワークの形成および資本主義経済の発達につれて東京や大阪を初めとする大都市に集積の経済を求めて企業が集中し，同時に農村から都市への人口集中も発生した。都市への人口集中，すなわち都市化[4]はこれ以降も継続してみられる現象である。鉄道事業の経営という視点では，

---

2) 三和良一『第2版 概説日本経済史−近現代−』東京大学出版会，2002年，91頁。第1次世界大戦から日中戦争までの時期におけるわが国の海運政策は，それ以前の会社保護主義や航路別補助主義といった政府の関与の割合が大きかった時代と比較して，船舶維持や高性能船舶の建造促進という船舶だけに限定されたものとなり，海運政策自体の規模の縮小に特徴をもつ（詳しくは，三和良一『日本近代の経済政策史的研究』日本経済評論社，2002年，299−352頁を参照されたい）。
3) 1919（大正8）年の時点で国内工場の電化率は62％であった。
4) 都市化とは，社会・生活面からみると，都市的・都会的なライフスタイルが人々の間に広く浸透し，ライフスタイルの多様化が生じることである。経済面からみると，第1に従来は都市域でなかった地域が都市に移行していくこと，第2に既存の都市域が土地利用形態や人口の密度においてさらに高度化していくことである。

第9章　戦間期の交通事業

人口が特定地域に集中することは沿線交通需要の増大に等しいので経営環境にとっては好都合となる。都市化は都市近郊鉄道の発達をもたらしていった。

東京や大阪などの大都市では，1895（明治28）年前後から路面電車が営業を開始し小量で短距離の交通需要に対応していた。だが，1920年頃からは乗合バスやタクシーといった旅客自動車運送事業が本格的に交通市場へ参入し，次第に都市交通における路面電車の市場占有率は低下していった[5]。

自動車運送事業が発達した要因として，1923（大正12）年9月に発生した関東大震災が指摘できる。すなわち，関東大震災によって鉄道が被害を受け使用できなくなったゆえに東京市電気局が復興期に乗合バスを路面電車の代替輸送として利用したこと，また道路の建設は鉄路のそれと比較して工費が少なく工事期間が短く済んだことが挙げられる。こうしたことが自動車の普及に拍車をかけたのである[6]。

東京市で使用されたバスをみると，アメリカのフォード社製で，1924（大正13）年には約1,000台が使用されていた[7]。これ以外に民間業者や商社が同社へ発注したバスもありその台数は急増した。例えば，1912（大正元）年にわずか3事業者であったわが国のバス事業者は1927（昭和2）年には313事業者にまで増加している。

翻って国産車をみると，1925（大正14）年に横浜工場で操業開始した日本フォード社と1927年に大阪工場で操業開始した日本ゼネラルモータース社によるノックダウン生産[8]のために輸入車には価格と性能において対抗できてい

---

5)　井上篤太郎『交通統制概論』春秋社，1936年，112頁。なお，タクシー事業は明治末期から大正初期にかけて大都市から営業を開始し，その後，日本各地へ普及していった（岡村松郎編『日本自動車交通事業史（上巻）』自友会，1953年，48-51頁）。

6)　笠松愼太郎編『自動車事業の経営－交通研究資料（第30輯）－』日本交通協会，1934年，82頁，196-197頁。

7)　第1次世界大戦以後，自動車工業の主流は欧州からアメリカに移っていた。アメリカでは大量生産によるコスト削減を反映した販売価格の低廉化および車両性能の向上が実現されていた（柳田諒三『自動車30年史』山水社，1944年，93-96頁）。

8)　輸入した部品を日本国内で完成車にまで組み立てる生産方法のこと。

161

なかった。だが，軍需用トラックやバスの生産は，1918（大正7）年5月に公布された軍用自動車補助法により一定の業績を達成しつつあった[9]。

一方，過密化する都市と郊外を連絡する民間の都市近郊鉄道が1920年代には電車運転を開始した。特に民間の都市近郊電車が都市交通において重要な役割を果たした。すなわち，電車化による速度の向上といった本業での交通サービス商品の質向上，あるいはターミナル駅での百貨店事業[10]，沿線における不動産事業，遊戯施設の経営，学校の運営や誘致といった兼業を梃子とした鉄道需要の喚起政策を民間交通事業者が実施したのである。この結果，都市部はオフィス機能を郊外は住宅機能をもつようになり，朝晩の通勤・通学輸送が顕著になってくる。一方，こうした私鉄の政策は沿線地域の都市化を助長することにもなった[11]。

第2節　小運送業の合同とトラック事業の萌芽

明治20年代から30年代にかけて鉄道貨物輸送が全国的に発展していくに伴い，内国通運株式会社を始めとする小運送業者が全国の鉄道駅に乱立していった。結果として，過当競争，採算の悪化，不法行為，事故の発生，弁済能力なし，素質の低下といった問題が噴出し，小運送業者への信頼性は凋落の一途を辿った。

このような状態の中，第1次世界大戦後の好景気により，1916（大正5）年末には1,671カ所の駅数に対して小運送業者の数は8,000店にも達した。しかし，1918（大正7）年秋の休戦とともに一転して不況になり，小運送業界にも経営破綻が相次いで起こった。こうした問題の原因には，第1次世界大戦と鉄道貨

---

[9] 三和，前掲『第2版　概説日本経済史－近現代－』103頁。
[10] 例えば，1929（昭和4）年4月には大阪に阪神急行電鉄が直営する阪急百貨店が，1934（昭和9）年11月には東京横浜電鉄が直営する東横百貨店がそれぞれ開店している。
[11] 国鉄も1922（大正11）年4月に改正鉄道敷設法を公布し，新規路線の開業，既存路線の電化や複線化を計画した。

物輸送の発展、および小運送業に対する政府の自由放任政策があった。小運送業界の自助努力にもかかわらず混乱は解消せず、この問題に対する矛先はやがて鉄道院にも向けられていった。そこで、鉄道院[12]は、1919（大正8）年6月に運送取扱人公認制度を発表し、混乱する小運送業界の安定を図ろうとしたのである[13]。

運送取扱人公認制度は、各駅の小運送業者の中で、信用、資産、設備が一定の水準にあり、同時に十分に経験を積んだ業者を選抜して、これらに鉄道院が鉄道公認運送取扱人というお墨つきを与える制度であった。公認された小運送業者には、鉄道院からの信用の裏書が得られること、運賃の後払いができることなどの特権が付与された。一方で、最高運賃額について鉄道院からの許可が必要なこと[14]、および鉄道院の監督に服する義務が課せられた。

公認運送取扱人の数をみると、1919（大正8）年7月の3,446店（第1次公認業者）から1925（大正14）年12月末の5,371店と増加していた。しかし、運送取扱人公認制度には法的な根拠がなく、非公認でも営業できるため、小運送業界の競争は依然として激化したままであった[15]。

こうした状況を打開しようと、1924（大正13）年3月に鉄道大臣の下に小運送制度調査委員会が設置され、小運送の料金、能力、設備などに関する調査研究が実施された。10回以上の会議を経て、同委員会は運送取扱事業者の合同案を採択するに至った。1926（大正15）年6月になると、鉄道省は小運送業の合同に関する声明を発表した。これは鉄道省の種田運輸局長が発表したことから、種田声明と呼ばれた。種田声明は混乱する小運送業界の秩序回復を通じて、鉄道輸送の効率化と荷主サービスの向上を図ることを目的として、小運送業者を合同させ1駅1店制とする案と、鉄道も一部の業務を直営とする案の2つを提出し、選択を業者に委ねた。その結果、小運送業界は合同の方向で合致した。

12) 鉄道省の前身であり、1920（大正9）年5月に鉄道省になる。
13) 日本通運株式会社編『社史』日本通運株式会社、1962年、214-222頁。
14) わが国で最初の小運送業に対する認可運賃制であった。
15) 運送取扱人公認制度の問題点については、中山隆吉『近代小運送史』陸運社、1899年、33-42頁に詳しい。

しかし，多様な利害が絡み，現実の合同は困難に直面していた。このため鉄道省が種田声明と同じ趣旨の裁定案を1926（大正15）年10月に発表した。直後に内国通運，国際運送，明治運送の共同出資による過渡的措置の企業体として合同運送株式会社が発足したのである。合同運送株式会社は，小口扱貨物の集配作業などをまとめて元請けした。その際，全国各駅の指定運送人は下請人となった。これを契機に，各駅の小運送業者が合同に向けて協議を進め，小運送業界全体に大合同の機運が生まれたのである[16]。1928（昭和3）年3月になると，合同運送株式会社は内国通運，国際通運，明治運送と合併し，資本金2,200万円の国際通運株式会社として発足した[17]。

以上の経緯により，運送取扱人公認制度は1927（昭和2）年9月末で廃止され，代わりに運送取扱人指定請負制度が設けられた。同制度は1駅1店制の原則に基づき合同した指定業者に，特別小口扱制度の集配と積卸しを委託するといった特典を付与した[18]。すなわち，1駅1店とされた各駅の指定請負人は鉄道事業者と共同して荷主への運送提供義務を負うことになった[19]。この裏には非指定業者の自然淘汰が意図されていた。

1928（昭和3）年3月末をみると，4,995店あった総事業者のうち，指定事業者は2,342店である一方で，非指定業者は2,653店とほぼ同数であった。これが6年後の1934（昭和9）年3月末には，総事業者6,619店のうち，指定事業者が2,923店，非指定事業者が3,696店と，非指定事業者の増加率が指定事業者のそれを上回ってしまった[20]。このように非指定事業者が増加した原因としては，主に指定事業者内部における利害対立に端を発する非指定事業者への転換，新規参入者の増加などが挙げられる。ゆえに指定事業者と非指定事業者との間の対立が徐々に先鋭化していくのであった。

---

16) 貨物事務研究会編『鉄道と通運』日本国有鉄道営業局貨物課，1953年，14-17頁。
17) 中山，前掲『近代小運送史』166-167頁。
18) 日本通運株式会社編，前掲『社史』223-248頁。
19) 1928（昭和3）年9月には国際通運株式会社と全国各駅の指定運送取扱人との代理店制度が確立されている。
20) 鉄道省運輸局編『国有鉄道の小運送問題』鉄道省，1935年，530-531頁。

鉄道省は運送取扱人指定請負制度の改善促進のため，1936（昭和11）年6月に小運送制度改善調査委員会を設置し，小運送制度の全面的な再検討を行なった。同委員会から鉄道省に提出された答申書には，半官半民の統括会社を設立すること，および運送取扱業を許可営業とすること，さらに両社の不可分性と立法化の必要性が唱えられていた。

この小運送制度改善調査委員会答申に基づいて，鉄道省は1937（昭和12）年4月に小運送業法と日本通運株式会社法を公布した。小運送業法では小運送業の免許制が，日本通運株式会社法では半官半民の統括会社の設立が定められたのである。こうして日本通運株式会社は1937（昭和12）年10月に国際通運ほかを吸収し，国策会社として発足した[21]。なお，日本通運株式会社の誕生の背景には，同年7月に勃発した日中戦争と4月に公布された国家総動員法といった戦時体制への移行があったことも看過できない。

ここからは自動車を使用した貨物運送事業に視点を転じてみたい。わが国にトラックが登場したのは1897（明治30）年頃といわれている。1900（明治33）年には早くも明治屋洋酒店が自社商品の運搬に輸入トラックを使用していた。1902（明治35）年に亀屋食料品店が，翌年には三越呉服店が，それぞれ商品輸送に輸入トラックを用いていた。これらは自己運送の形態であった[22]。

1907（明治40）年12月になると，警視庁から認可を受けた貸切運送事業として資本金50万円で帝国運輸株式会社が営業を開始した[23]。帝国運輸株式会社は独立した他人運送の形態であり，トラックを使用した貨物運送事業者の第1号であった。だが，トラックの走行に適した道路が未整備であったこと，トラックの整備が十分になされていなかったこと，特殊技能をもつ運転手は高賃金であったこと，高価なトラックよりも従来通りの馬車・牛車を使用したほうが低

---

21) 日本通運株式会社編，前掲『社史』273-334頁。
22) 岡村編，前掲『日本自動車交通事業史（上巻）』146-147頁。
23) 自動車運送事業に対する営業上の規制は1933（昭和8）年10月に施行される自動車交通事業法をもって始まる。それまで，交通安全の点から警察庁の認可がトラック事業者には必要であった。

コストであったこと，運賃負担力が高く，迅速性を要する貨物需要が少なかったことから，1911（明治44）年10月で帝国運輸株式会社は解散している。

その一方で，1911（明治44）年7月に内国通運株式会社がトラックを数台購入し，トラック事業を開始している。ここから貨物需要を独占的に占拠していた通運事業者の未開拓領域として迅速性を要する貨物市場の存在を推察できる。こうして，トラック事業者はコストを償う収益を確保できる，大都市の一部地域で活用されるようになった。だが，本格的な輸送手段としての地位を確立するには至っていなかった[24]。

第1次世界大戦（1914（大正3）年7月開始）による好況は工業製品の輸出を促進し，重化学工業の成長が貨物需要量を増大させた。さらに工業製品は運賃負担力が高いため，トラック事業者の活躍の場が次第に広がっていった。こうした傾向は第1次世界大戦の終了後も継続し，トラック事業者の発展に大きな基盤を形成した。しかし，道路運送におけるトラックの割合をみると，関東大震災（1923（大正12）年9月）が発生した時点でも牛馬車数の1％未満であった。そうした中，1919（大正8）年11月になると，民間のトラック事業者である大和運輸株式会社が設立され，トラック4台で運送事業を開始していた[25]。

第3節　交通調整の目的と効果

第1次世界大戦が終結した後の1920（大正9）年3月中旬頃から，わが国は反動恐慌に陥った。だが，政府や産業界は根本的な構造改革には着手しなかったことから，国内経済の不況は慢性化していった。こうした状況下に偶然にも関東大震災が1923（大正12）年9月に発生し，巨額の復興資金が日銀から融通されたことを契機に銀行恐慌となり国内経済は次第に本格的な不況となっていった。1927（昭和2）年3月には遂に金融恐慌にまで発展し，全国にある多

---

[24] 岡村編，前掲『日本自動車交通事業史（上巻）』32-38頁。
[25] 大和運輸株式会社社史編纂委員会編『大和運輸50年史』大和運輸株式会社，1971年，15-16頁。当時，トラックの台数は全国で444台であった。

くの中小銀行が休業状態になった。

　政府がこうした事態の終結に積極的に対応した結果，一時は恐慌状態を脱した。しかし，折しもウォール街の株価暴落から1929（昭和4）年10月に始まった世界恐慌が全世界に波及し，わが国もその余波から免れ得なかった。わが国は1930（昭和5）年3月に株式市場と証券市場が暴落し中小企業の倒産や銀行の休業という事態を招いた。いわゆる昭和恐慌の発生である[26]。

　関東大震災後に復興の一手段として導入された自動車は，その後も台数が増加し続けていった。特に乗合バス，タクシーに加えてトラックの増加が顕著であった。例えば，乗合バスの台数は1917（大正6）年度末に全国で2,647台であったのが，1926（昭和元）年度末には26,856台にまで達している[27]。トラックは1917（大正6）年度末の42台から1926（昭和元）年度末の10,832台に増えている[28]。国内経済の不況にもかかわらず乗合バスやトラックが普及した背景には，国内道路の近代化，自動車の利便性や相対的な低廉性が寄与した[29]。

　自動車運送事業の普及につれて関連する行政上の手続きが増加してきたことから，1928（昭和3）年11月に鉄道省の監督権が強化された。すなわち鉄道大臣が地方鉄道や軌道といった鉄道事業だけでなく自動車運送事業などの陸運をも監督することになった[30]。1931（昭和6）年4月になると，わが国で初の自動車政策として自動車交通事業法が公布されている[31]。同法が1933（昭和8）年10月に施行されてから定期自動車路線の営業には鉄道大臣の免許が必要になった。

26）　例えば長幸男『昭和恐慌－日本ファシズム前夜－』岩波書店，2001年，25-154頁，および岩田規久男編『昭和恐慌の研究』東洋経済新報社，2004年，1-15頁を参照されたい。
27）　中村豊『土木行政叢書（自動車編）』好文館書店，1941年，9頁。
28）　内閣統計局編『日本帝国第37回統計年鑑』1918年，255頁。内閣統計局編『第43回日本帝国統計年鑑』1924年，213頁。
29）　宇多正「新たな交通政策の成立」野田正穂・原田勝正・青木栄一・老川慶喜編『日本の鉄道－成立と展開－』日本経済評論社，1986年，223頁。
30）　志鎌一之『自動車交通政策の変遷』運輸故資更生協会，1955年，36-38頁。

第2部　わが国の交通政策史

　自動車交通事業法は定期路線乗合自動車運輸事業（定期乗合バス事業）と定期貨物自動車運輸事業（定期積合トラック事業）に対して鉄道省が特別に監督を実施する調整政策であり，同時に同種交通機関が相互に乱立や競合をしている事業者間の鉄道事業を中心とした統合政策であった[32]。ただし，自動車交通事業法は，定期乗合バス事業と定期積合トラック事業を対象とし，大都市のタクシー事業・ハイヤー事業と零細な地場トラック事業に対しては自動車運輸事業以外の自動車による運送事業とされ，地方長官の手に委ねられたままで適切な施策を示していなかった[33]。

　自動車交通事業法は1941（昭和16）年2月に第1次改正が施行され，従来のトラック事業を貨物自動車運送事業として1業態にまとめた。また，自動車運送事業組合を制度化した[34]。1943（昭和18）年3月になると第2次改正が行なわれ，自動車運送事業組合に統制団体としての性格を付与し，企業合同を円滑化しようとした。輸送統制の徹底化を図り，重要物資の輸送を完遂することにその目的があった[35]。

31) 自動車交通事業とは，自動車運輸事業（乗合自動車・定期貨物自動車），自動車道事業（専用通路による自動車），および運輸事業以外の自動車（ハイヤー・タクシー・一般の地場トラック，団体貸切，不定期遊覧）による定期運送事業の3事業の総称である。鉄道省は自動車運輸事業に一定の運賃基準を定めたがあくまでも参考として取り扱われた（志鎌，前掲『自動車交通政策の変遷』38-44頁）。

32) 鉄道省監督局陸運課長の説明によると，自動車交通事業法は鉄道大臣の指揮の下，①自動車交通事業における無統制状態の激化を回避すること，②既設営業者の営業路線を保護するため1路線1営業者に誘導すること，および③運輸事業の成立に向けた運賃水準で認可を行なうこと，を目的としたとされる。なお，鉄道省の見解として陸運統制の問題に言及し，自動車交通事業相互間の調整だけでなく，大都市内交通機関の調整，および自動車運輸事業と鉄道事業や軌道事業との調整も課題だとしている（笠松編，前掲『自動車事業の経営-交通研究資料（第30輯）-』387-388頁）。

33) 志鎌，前掲『自動車交通政策の変遷』45頁。村松一郎・天澤不二郎編『現代日本産業発達史（第22巻）　陸運・通信』交詢社出版局，1965年，150-153頁。

34) 志鎌，前掲『自動車交通政策の変遷』106-107頁。

35) 同上，136-139頁。

第9章　戦間期の交通事業

　なお，同法の施行後の経過をみると，例えば1933（昭和8）年度末に全国で4,311社あった路線乗合自動車事業者は1936（昭和11）年度末に2,747社に調整・整理され，同様に路線キロは12万9,866kmから9万8,836kmに短縮されている。一方，1業者当たり平均路線kmは30.1kmから36.0kmに延伸している[36]。

　続いて自動車運送事業者の増加に対する国鉄の対応をみると，幹線鉄道機能の強化やバス事業への進出が挙げられる[37]。後者は鉄道敷設予定線の先行ないし代行や既設鉄道路線の短絡を目的としたもので，1930（昭和5）年12月には岡崎・多治見間に省営自動車路線が開設された。省営自動車で使用される自動車はすべて国産自動車に限定されていた。この政策は国内自動車製造業者に国産自動車の製造を促す一環として実施されたのである[38]。さらに，国鉄は運賃を多様化することで競合する道路運送事業者から再び交通需要を取り戻そうとしていた。

　自動車交通事業法を契機に鉄道事業と自動車運送事業との調整が可能となった。だが，東京や大阪でみられる市営交通事業と民営バスとの競争に対しては効力を発揮しなかった。このためベルリンやロンドンでは都市交通が一元的に経営されている事実もあることから，わが国もこれに見習うべきだとする研究や提言が1935（昭和10）年頃から出始めていた。こうした世論を背景に鉄道省は1938（昭和13）年4月に民間鉄道事業者と民間バス事業者を対象とした陸上交通事業調整法を公布している。ただし，同法で国鉄は直接の対象とはなっていなかった。

　陸上交通事業調整法によると，主務大臣は交通事業者の合併ないし設立について単にその実施を勧告し得るに留まり，法規の運用は交通事業調整委員会の

---

36)　運輸省自動車局『陸運要覧（昭和24年度版）』運輸省自動車局，1949年，121頁。
37)　東洋経済新報社編『日本経済と国有鉄道』東洋経済新報社，1962年，31-33頁。
38)　政府は自動車製造業をわが国の工業発展の梃子として重要産業と位置づけ，同産業の発展に国策として取り組んでいた。例えば国産自動車の製造は1918（大正7）年5月に公布された軍用自動車補助法や1936（昭和11）年7月に公布された自動車製造事業法によって政策的に促進された。なお，後者で豊田自動織機製作所と日産自動車株式会社が政府の許可を得ている。

審議に委ねられていた。このため，民間鉄道事業者と民間バス事業者との統合や合併を実施する法的強制力が弱く，運輸協定という性格が陸上交通事業調整法にはあった。また同法の対象となった地域は，東京近郊，大阪付近，富山県，香川県，および福岡県であった[39]。なお，同法は戦時統制立法ではない[40]。

例えば東京市をみると，陸上交通事業調整法の性格が典型的に示されている。すなわち，陸上交通事業調整法に基づいて調整が行なわれた後，山手線の内側においては鉄道省の山手線と中央線，東京市の路面電車と乗合バス，帝都高速度交通営団[41]，民営の乗合バスが各々事業を行なうこととされた。山手線の外側である東京市の周辺地域においては，東海道線と中央線との間では東京横浜電鉄，京浜電気鉄道および小田急電鉄[42]が，中央線と東北線の間では東武鉄道，武蔵野鉄道および西武鉄道が，東北線と常磐線の間では東武鉄道が，常磐線と総武線との間では京成電気軌道がそれぞれ事業を行なうといったように都市交通の一元化は果たされなかった。

つまり陸上交通事業調整法により，東京圏は4大私鉄と帝都高速度交通営団に再編成されただけに終わった。一方，交通調整の議論と平行して1937（昭和12）年7月に勃発した日中戦争を契機にわが国は軍事体制への本格的転換を図ることになり，戦時交通統制が進められていった。

1940（昭和15）年2月になると，国家総動員法[43]に基づいて陸運統制令が公

---

39) 詳しくは，「交通事業調整委員会議事速記録」（野田正穂・老川慶喜監修『復刻版・戦間期都市交通史資料集（第1巻）』丸善，2003年）を参照されたい。
40) 鈴木清秀『交通調整の実際』交通経済社，1954年，3頁。
41) 東京地下鉄道株式会社は1940（昭和15）年8月に東京高速鉄道株式会社に経営権を掌握される。1941（昭和16）年7月には東京地下鉄道株式会社，東京高速鉄道株式会社，および京浜地下鉄道を統合し，同年3月に公布された帝都高速度交通営団法により特殊会社の帝都高速度交通営団が誕生した。なお，帝都高速度交通営団は東京地下鉄株式会社法により2004（平成16）年4月に特殊会社の東京地下鉄株式会社となって現在に至っている。
42) この3社は1942（昭和17）年5月に合併して東京急行電鉄となった。
43) 1938（昭和13年）4月に公布される。同法は戦時に際しての国防を目的として人や物といった資源に統制を強いるものであった。

第9章 戦間期の交通事業

布されている[44]）。同令によって，トラック事業者，通運事業者，さらに，バス事業者やタクシー事業者の統廃合が実施された[45]）。なお，1940（昭和15）年4月に改正自動車交通事業法が公布，翌年2月には施行されていた。

この理由として，自動車交通事業法の施行当時と比べて社会経済状況が変わり，日中戦争の勃発以降，生産力の拡大政策に伴って貨物輸送が急増した結果，地場トラック事業者が国策上・軍事上において重要な位置を占めるに至ったことが挙げられる。しかし，そもそも自動車交通事業法は当時徐々に発展しつつあったバス事業者を主に対象として立案されていた。また鉄道事業と競合する定期貨物自動車路線事業にだけ事業免許制が導入されていた。このため地場トラック事業者の統制を強化する必要性が，またバス事業者，トラック事業者に共通して，車両の生産，燃料の確保に関する問題が発生したことから自動車交通事業法の改正が実施されたのである[46]）。

通運事業者をみると，乱立過当競争からの脱出，経営組織の問題点克服および能力の充実を図り，通運事業に生産力拡大の一翼を担わせようと1937（昭和12）年4月には小運送業法が公布されている。同法は同時に公布された日本通運株式会社法とともに同年10月の日本通運株式会社の創設をもたらした。これゆえ日本通運株式会社は半官半民の国策会社すなわち特殊会社という性格をもつ。

小運送業法の公布・施行によって，通運事業は免許制・認可運賃制となった。ただし，当初は鉄道局ごとに認可運賃が決められており，全国統一の認可運賃になったのは1940（昭和15）年10月からであった。1941（昭和16）年以降になると，日本通運株式会社は小運送業の統廃合を進め，小運送業における独占権を

---

44) 同時に海運統制令も公布され，海運事業者に対する統制が実施された。
45) 太平洋戦争が開始された1941（昭和16）年11月にはすべての陸運事業を国鉄へ全権委任する改正陸運統制令が公布されている（志鎌，前掲『自動車交通政策の変遷』113頁）。
46) 詳しくは，鉄道省監督局交通法規研究会編『改正　自動車交通事業法解説』交通研究所，1941年，1－5頁，および志鎌，前掲『自動車交通政策の変遷』112－113頁を参照されたい。

徐々に獲得していく。だが，実質的な通運事業の遂行能力を欠いていたために日本通運株式会社は完全な責任輸送体制を確立できなかった[47]。

第4節　航空事業の創成期

　わが国の民間航空事業は1920（大正9）年8月に陸軍省内に民間航空を規制するために設置された航空局によって管轄されていた[48]。続いて，民間航空事業は1921（大正10）年4月に施行された航空取締規則によって許可を得ることになった。同法はわが国の民間航空事業の基礎となる法律であり，1927（昭和2）年6月に施行された航空法と共に第2次世界大戦の終結まで効力を発揮していた。

　わが国における民間の航空事業は郵便物の輸送から開始したといえる。先駆的な民間航空事業者は1922（大正11）年6月に大阪府堺市の大浜海岸に設立された日本航空輸送研究所であった。同研究所は朝日新聞社と関係をもっており，1922～38（大正11～昭和13）年まで大阪・高松間および大阪・松山間の定期国内路線を運航していた。

　1923（大正12）年1月になると，朝日新聞の販売促進を目的として朝日新聞社が東西定期航空会を設立した。郵便貨物輸送から航空事業を開始した東西定期航空会であったが，1928（昭和3）年8月からは東京・大阪間と東京・仙台間において旅客輸送を実施している。東西定期航空会は1929（昭和4）年4月に日本航空輸送株式会社に統合されるまで事業を継続していくのであった。

　同じく1923（大正12）年7月には，川西機械製作所（現在の新明和工業）が輸送部門を日本航空株式会社として独立させ，大阪・別府間に定期国内路線を就航させている。同年中には福岡まで延伸し，続いて大阪・京城・大連間，大阪・福岡・上海間に路線を開設した。同社は朝日新聞社の東西定期航空会（東

---

47)　日本通運株式会社編，前掲『社史』335-383頁。1945（昭和20）年6月になると，自動車交通政策は陸軍の監督下に移管されるのであった。

48)　1923（大正12）年4月に航空局は通信省に移管された。

京・大阪間）に対抗する毎日新聞社と提携し，大阪以西にて新聞報道の一翼を担う役割を果たしたが，1929（昭和4）年3月に日本航空輸送株式会社に統合され解散した。

1928（昭和3）年10月には資本金1,000万円で国策として日本航空輸送株式会社が誕生している。同社には東西定期航空会の資産が無償で譲渡され，さらに政府からの補助金が1928（昭和3）年から1938（昭和13）年までの11年間に1,997万円投入された。同社は東京・大阪間と大阪・福岡間に定期国内路線を，また東京・大連間を2日間で連絡する定期国際路線を運航していた[49]。こうした航空事業の発達に追随する様に空港や航空保安施設の建設が政府によって着手され，1938（昭和13）年までに東京や大阪など全国25ヵ所に空港が整備されていた。

1939（昭和14）年8月になると，日本航空輸送株式会社は政府出資の国策会社として大日本航空株式会社に改組されていく。資本金は約1億円であった。この結果，同社は国内および国際民間定期航空事業を担当する独占会社となった。国内幹線，南洋群諸島方面やインドシナ半島方面などに同社は路線ネットワークを有していたが，1941（昭和16）年11月の太平洋戦争開始に伴う民間航空事業の中止措置により事業を停止するに至った[50]。なお，1943（昭和18）年11月には陸海輸送体制の強化を図るために鉄道省と逓信省が廃止され，代わりに運輸通信省が設置されている。海運行政は運輸通信省海運総局が，航空行政は運輸通信省航空局の管轄となった。その後，1945（昭和20）年5月に運輸通信省は改組され運輸省となった。同年8月になると運輸省航空局が発足し航空行政を担当することになった[51]。

---

49) 日本航空協会編『日本航空史（昭和前期編）』日本航空協会，1975年，650-688頁。
50) 大日本航空社史刊行会編『航空輸送の歩み－昭和20年迄－』日本航空協会，1975年，86-226頁。
51) 日本航空協会編，前掲『日本航空史（昭和前期編）』551頁。

第10章　交通市場の変容と交通政策

第1節　国鉄の公共企業体化と陸運事業の法整備

　敗戦後-1945（昭和20）年8月15日以降-，わが国は連合国軍最高司令官総司令部（GHQ／SCAP，以下GHQ）の間接統治下におかれた。わが国はGHQが指示や命令を下す統治法に従うことになったのである[1]。交通部門をみると，航空事業と航空機の製造は禁止された。鉄道事業はGHQ第8軍の軍事輸送部の指揮下で第3鉄道輸送司令部（3rd MRS）によって，海運事業は日本商船管理局（SCAJAP）によって管理された。自動車交通事業は，1945（昭和20）年10月に陸運統制令が廃止され，民主化に向かって歩み出した。さらに戦時統制立法の撤廃や運輸省機構の民主的改革など交通行政にもGHQの手が加えられた[2]。

　さて敗戦後の国鉄をみると，戦災による被害で輸送能力が低下していたところに貨物輸送や旅客輸送といった交通需要が集中したため，輸送の混乱が生じていた。なぜなら，鉄道以外の自動車や船舶は交通機関として当初その任に耐えるだけの能力をもち合わせていなかったからである。国鉄貨物輸送は，スクラップ，生活必需物資，および輸入食糧や輸入綿花などの輸送に，国鉄旅客輸送は，復員者，疎開者の復帰，在外邦人の引揚げ，食料品の買出し，およびGHQの進駐などの輸送にあたっていた[3]。

1）　GHQの使命は，ポツダム宣言（1945年9月2日に調印）と降伏後における初期対日方針（1945年9月22日，1947年6月7日）に基づく軍国主義の排除と民主主義の確立であった（竹前栄治『GHQ』岩波書店，1983年，150-204頁）。

2）　日本国有鉄道編『鉄道終戦処理史』桜井広済堂，1957年，40-48頁。竹前栄治・中村隆英監修『GHQ日本占領史（第54巻）海上輸送』日本図書センター，1997年，15-17頁。

国鉄の貨物輸送の変化をみると，第2次世界大戦以前の1936（昭和11）年度を100とした場合，輸送トン数では1948（昭和23）年度に131へ，貨車数では149へと増加している。同様に旅客輸送では輸送人員が288へ，客車数が119へ，電車数が160へと増加している。こうした交通需要の増大の背景には上記の理由のほかに，戦時中に海運から鉄道への貨物輸送の転移が行なわれていたことも関与している。この貨物を再び船舶に戻そうとしたが，船舶の消耗度が激しく機能を果たさなかった。

一方，上記の超過需要に加えて物件費や人件費が高騰したことから国鉄は戦後間もなく運賃の値上げを行なった。その結果，1945（昭和20）年夏に襲った台風による水害のために鉄道ネットワークが分断されたことや12月以降にエネルギーである石炭や電力の不足を理由に輸送列車の大幅な削減が実施されたことも影響して，国鉄の輸送量は減少に転じたのである。それゆえ収入が減少してしまった。そこで減収分を補うため運賃の値上げを1946（昭和21）年3月にも行なったが，1946年度に国鉄は創業以来初の赤字を計上してしまう[4]。これは一般会計の負担増を惹起してしまった。

輸送の混乱に加えて，国鉄は幹線での事故を多数起こしていた。1940（昭和15）年度には運転事故が8,052件あったが，1946（昭和21）年度には46,578件へと約5.8倍に増えている。事故の背景として，安全な運行に必要な車両の資材が不足していたこと，交通需要が国鉄に集中していたこと，および比較的状態のよい車両がGHQの管理下にあったことが挙げられる[5]。このため八高線事故（1947（昭和22）年2月）や桜木町事故（1951（昭和26）年4月）に代表されるような多くの人命が失われる大事故を国鉄は引き起こしてしまった。

---

3) 村松一郎・天澤不二郎編『現代日本産業発達史（第22巻）－陸運・通信－』交詢社出版局，1965年，223頁。
4) 特に貨物輸送の赤字が大きく，1945年度における旅客運賃に対する原価の比率は0.33，貨物運賃に対する原価のそれは2.7であった。
5) 客車約900両，貨車約1万両がGHQに接収されていた。このうち，客車は国鉄保有の約10％に相当する。当初，GHQが占領部隊を各地に配属するために，これが完了した後にはGHQの旅行や物資補給にこれらの車両が使用された。

第2部　わが国の交通政策史

　こうした中，国鉄の経営形態に関しての議論が，敗戦直後から国営事業の改革論の一環として取り上げられていた[6]。すなわち，国営事業からの民営転換論，独立採算制論の台頭，および国家行政組織の策案が政府で検討されていた。特に国鉄の独立採算制は不徹底ないし不完全であることから，1947（昭和22）年4月に企業会計への一歩といえる国有鉄道事業特別会計法が施行されている点を看過できない。一方，アメリカ国内で反共主義が1947年頃を境に顕在化してきたことから，GHQは国家公務員の争議権を否認する旨のマッカーサー書簡を日本政府に提出した。

　同書簡はGHQによるわが国の民主主義確立への政策に転機をもたらしたといえる。理由の1つに，マッカーサー書簡を受けて1948（昭和23）年7月に政令201号が公布され公務員の団体交渉権と争議権が禁止されたからである。同年9月になると，GHQは国鉄職員に対する団体交渉権を認めた以外，争議権の禁止，調停・仲裁機関の設置を命じている。さらに第2の理由として，マッカーサー書簡によって国鉄を公共企業体に移行することが命令されたからである。こうしたGHQの動向に影響を与えた端緒として国鉄職員が1946（昭和21）年3月に50万人の組合員を擁する国鉄労組総連合を結成していたことが挙げられる。

　国鉄の公共企業体への移行は1948（昭和23）年8月から開始され，12月には日本国有鉄道法と公共企業体等労働関係法が公布，翌年6月に施行に至っている。同法の施行は運輸省の設置と同一になるように調整されていた。マッカーサー書簡による公共企業体としての国鉄設立の意図をみると，官庁組織から国鉄を分離すること，および国鉄の労働問題を解決することに狙いがあった。

　しかし，実際に誕生した国鉄は財政面において政府の強力な監督下におかれ，鉄道事業やバス事業といった現業部門は運輸大臣の監督下にあるという官庁的色彩が濃い性格をもち，公共企業体としては出発時から欠陥を孕んでいた。こ

6）　東洋経済新報社編『日本経済と国有鉄道』東洋経済新報社，1962年，53-55頁。
　　今城光英「政策と経営に関する論議」運輸経済研究センター編『鉄道政策論の展開－創業からJRまで120年－』白桃書房，1988年，201-211頁。

第10章　交通市場の変容と交通政策

うした欠点を有しながらも，公共企業体としての国鉄は，国が経営していたそれまでの鉄道事業を継承し，全額政府出資の公法人として形式的には発足したといえる。

　1948（昭和23）年7月に公布された国家行政組織法の規定に基づく運輸省設置法が日本国有鉄道法とともに1949（昭和24）年6月に施行され，現在の国土交通省の前身である運輸省が設置された。こうして経済民主化の思想がわが国に導入され，交通行政の民主化が進められることになった。その一環として，日本通運株式会社は1948（昭和23）年2月に過度経済力集中排除法（1947（昭和22）年12月施行）の指定を受け，再編成を命じられた。この結果，1949（昭和24）年3月から小運送業の1駅1店制が廃止され，代わりに複数制が実現している。さらに，新規参入者に免許が付与されるようになった。こうして日本通運株式会社の独占性はなくなったのである。

　1949（昭和24）年12月に公正競争を通じた業界の発展を目的に通運事業法が公布され翌年に施行されると，小運送業法と日本通運株式会社法は廃止されるのであった。すなわち，半官半民であった日本通運株式会社は通運事業法の下で民間企業になったのである[7]。なお，通運事業法の施行に伴い，認可運賃は最高運賃額制から定額運賃制へと移行した[8]。

　交通行政の民主化は道路運送事業でも実施された。1947（昭和22）年12月に自動車交通事業法が廃止され，代わって道路運送事業者を対象とする道路運送法が公布され，翌年1月から施行されたのである。道路運送法の特徴は，省庁の自由裁量権をできるだけ抑制するために，中央・地方道路運送会議と公聴会

---

7) 志鎌一之『自動車交通政策の変遷』運輸故資更生協会，1955年，266－274頁。1990（平成2）年12月になると，通運事業法は貨物運送取扱事業法に取って代わられる。貨物運送取扱事業法は1989（平成元）年12月に貨物自動車運送事業法とともに公布され，1990年12月から施行された。これらは物流2法と呼ばれ，規制緩和の促進，トラック事業の一本化による事業者の営業自由度の拡大，輸送機関別に規定されていた取扱事業の一本化による複合一貫輸送体制への貢献などに特徴をもつ。

8) 1971（昭和46）年6月に公布された許可・認可等の整理に関する法律により，認可運賃は従来の定額運賃制から幅運賃制へ移行する。

の意見尊重を義務づけたこと,および運輸大臣が免許を許可すること,つまり,行政権の民主的行使に関する規定にあった。だが,法律運用上の問題点,例えば,車両の登録・検査制度に関する十分な整備体制が確立していないこと,車両の構造・装置に関する保安上必要な最低限の基準が未設定なことなどの問題点が生じてきた。このため事業管理法規と車両保安法規を分けるに至った[9]。

また,終戦直後から急激に増大した自家用トラックが営業類似行為を行なっていたことから,トラック事業者は自家用トラックの進出困難な一般積合事業に参入できるように新規免許を数多く申請してきていた。こうした状況の変化を踏まえて,従来の道路運送法は廃止され,1951(昭和26)年6月に新しい道路運送法と道路運送車両法が公布されている[10]。

新しい道路運送法の下でトラック運賃は路線・区域トラック事業者ともに定額運賃制となった。しかし,これを遵守しない事業者が数多く存在した[11]。さらに新道路運送法の施行後も,自家用トラックを使用した営業類似行為は減少しなかった。加えて新規の免許申請が増大し,これに付随して免許申請手続きの簡素化に対する要求も出てきた。そこで,政府は新道路運送法を再び改正し,1953(昭和28)年8月に施行した[12]。しかしながら,改正後の新道路運送法は自家用トラックへの具体的な規制手段を明記しなかったため,自家用トラックによる類似営業行為は増加し続けた。

---

9) 志鎌,前掲『自動車交通政策の変遷』241-254頁。
10) 現在の道路運送法は,旅客自動車運送事業(タクシー事業やバス事業など),あるいは自動車道路事業などを対象としており,貨物自動車運送事業を対象としない。貨物自動車運送事業は1990(平成2)年12月施行の貨物自動車運送事業法の監督下にある。
11) 路線・区域トラック事業者に幅運賃制が導入されたのは1957(昭和32)年9月からであった。
12) 日本トラック協会編『日本トラック協会20年史-成長するトラック事業の歩みの中で-』日本トラック協会,1967年,76頁。

第10章　交通市場の変容と交通政策

第2節　航空事業の再編

　第2次世界大戦後の航空事業をみると，GHQから1945（昭和20）年11月に航空禁止令が公布され，日本企業は航空事業を行なえなくなっていた[13]。同年12月にはGHQの指令で運輸省航空局は廃止されている。

　ここで第2次世界大戦後の国際航空体制をみておこう。それは1944（昭和19）年11月にシカゴで開催された国際民間航空会議にまで遡れる。国際民間航空会議においては戦後の国際民間航空のあり方が議論され，シカゴ条約（Chicago Convention）と呼ばれる，国際民間航空条約（Convention on International Civil Aviation）が策定された。シカゴ条約は，輸送権，領空主権，空港使用，関税，国籍条項，事故調査に関する規定を採択し，1947（昭和22）年4月に発効している[14]。

　シカゴ条約では，国際民間航空事業を営むに際して領空主権を前提にした事前許可制度，換言すれば国家介入という保護主義的要因が強い制度が認められていた。だが，こうした制限的な多国間条約では，継続した民間航空事業に支障が出ると考えられ，国際航空業務通過協定（International Air Services Transit Agreement）と，国際航空運送協定（International Air Transport Agreement）が採択された。国際航空業務通過協定は領空通過と給油目的の着陸を認めたものであり，国際航空運送協定は民間航空の運送形態を5つに分類し，領空主権を制限する運輸権（空の5つの自由）を規定したものであった（図表10-1）。

　その後，国際航空運送協定は締約国の減少により実効性に乏しくなったゆえに，運輸権が2国間の航空協定へと移譲された。航空協定は1946（昭和21）年

---

13)　1947（昭和22）年7月になると，ニューヨーク・アンカレッジ・東京・マニラ線をアメリカのノースウエスト・オリエント航空が開設した。同社は日本に初めて乗り入れた航空会社であった。

14)　2013（平成25）年10月現在の締約国は191カ国である。サンフランシスコ講和条約によって主権が回復した1953（昭和23）年10月に，わが国はシカゴ条約の61番目の批准国となった。

第2部　わが国の交通政策史

図表10－1　空の5つの自由

第1の自由（領空通過の自由）：他国の領域を無着陸で横断飛行する自由

自国　　　（他国）　　　第3国

第2の自由（技術着陸の自由）：他国の領域に給油などの目的で離着陸する自由

自国　　　→　他国　　　→　第3国

第3の自由（自国より他国への輸送の自由）：自国領域での貨客を他国の領域で取り降ろす自由

自国　　　→　他国

第4の自由（他国より自国への輸送の自由）：自国の領域に向かう貨客を他国の領域内で積み込む自由

自国　　　←　他国

第5の自由（第3国間輸送の自由＝以遠権）：他国の領域で第3国の領域に向かう貨客を積み込み，または第3国の領域で積み込んだ貨客を取り降ろす自由

自国　　　→　他国A　　　→　他国B　　　→　他国C

（出所）ＡＮＡ総合研究所編『航空産業入門－オープンスカイ政策からマイレージの仕組みまで－』東洋経済新報社，2008年，24頁。一部修正。

2月の英米間における国際民間航空事業の取り決めがその原型となっており，バミューダ協定とも呼ばれている。バミューダ協定は，輸送力，指定航空会社の航空業務，運賃と路線について取り決めたものであった。以上のような国際民間航空の枠組みはシカゴ＝バミューダ体制と呼ばれている[15]。

　第2次世界大戦後のわが国における航空輸送をみると，1950（昭和25）年11月に国内航空運送事業令が公布され，国内航空事業の再開が可能となったことで開始された。この間にもＧＨＱはわが国に乗り入れていた外国航空会社7社の共同による，国内航空会社（Japan Domestic Airline Company）の設立を許可する方向でいた。だが，同社は最終的に設立されず，代わりに大日本航空株式

15）ＡＮＡ総合研究所編『航空産業入門－オープンスカイ政策からマイレージの仕組みまで－』東洋経済新報社，2008年，22－23頁。

会社にかつて所属していた関係者によって1951（昭和26）年8月に設立された日本航空株式会社が運輸省航空庁の行政指導の下で国内定期航空運送事業の営業免許を取得した。同年10月に同社はノースウエスト航空との提携によって羽田・福岡間に第一便を就航させている[16]。

航空行政をみると，1950（昭和25）年12月に運輸省航空庁が発足している。1951（昭和26）年9月に調印されたサンフランシスコ講和条約が1952（昭和27）年4月に発効したことに伴い日本の主権が回復した。これを受けて，同年7月に公布された新航空法のもとで，翌月には運輸省航空庁が運輸省航空局に改組され航空行政の整備が進められていった[17]。さらに同月に日米航空協定が調印されている。日米航空協定は翌年に発効するが，わが国にとっては不平等な内容，すなわち運航する航空会社の数や以遠権[18]がアメリカに有利なこと，およびアメリカへ乗り入れ可能な都市数がわが国に限定されていたことを含んでいた。

1952（昭和27）年10月になると，日本人の交通事業者－日本航空株式会社－による自主運航が再開されるのであった。日本航空株式会社を急いでナショナルフラッグ・キャリアに育て上げたい政府は，1953（昭和28）年8月に日本航空株式会社法を公布・施行する。この時点で外国航空会社が既に数社わが国に乗り入れていたからである。同年10月になると，日本航空株式会社法に基づき特殊会社としての日本航空株式会社が設立されるに至った。国策会社としての日本航空株式会社は定期国際路線と国内幹線路線の独占運航権を認可され，会社発足から2年後には黒字決算を計上している[19]。

1952（昭和27）年4月から翌年末までに国内定期航空運送事業の免許を取得した会社は8社あった。ここでは後に全日本空輸株式会社となる日本ヘリコプ

---

16) ＧＨＱはわが国の航空事業者に営業部門だけしか認可しなかった。このため同社が運航部門をノースウエスト航空に委託したのである。
17) 伊藤良平編『改訂版　航空輸送概論』日本航空協会，1981年，340頁。
18) 第5の自由であり，ここではアメリカから先の第3国への運航権を指す。
19) 日本航空株式会社調査室編『日本航空20年史』日本航空，1974年，1－79頁。

ター輸送株式会社と極東航空株式会社とを取り上げていく。1952（昭和27）年12月に設立され，翌年からヘリコプターを使用した航空事業を皮切りに，不定期国内航空運送事業や定期国内航空運送事業にも業務の幅を拡張していったのが日本ヘリコプター輸送株式会社である。1954（昭和29）年2月になると，東京・大阪間に定期国内旅客輸送を開始した。同社は主に大阪以東に路線をもっていた。一方，1952（昭和27）年12月に大阪を拠点に設立され四国や九州に路線をもっていたのが極東航空である。

両社ともに国内ローカル路線の運航ゆえに過小な航空需要で高コスト経営となっており，経営効率性が低かった。このため1957（昭和32）年12月に政府の介入によって両社は統合されることになり，1958（昭和33）年3月に全日本空輸株式会社が誕生したのである。こうして国内定期ローカル路線の運航は全日本空輸株式会社の1社になった。同社は特殊会社である日本航空株式会社とは異なり民間企業として設立された点に特徴がある[20]。

第3節　外航海運事業の再編[21]

第2次世界大戦後，わが国の商船管理は船舶運営会によって実施されていた。船舶運営会は1942（昭和17）年3月の戦時海運管理令に基づき，同年4月に設置され，商船を一元的に管理・運航した組織である[22]。1945（昭和20）年10月にGHQの指示で日本商船管理局が設置されると，同局の指令で日本商船委員会が設置され，船舶運営会がその代行機関となっていたからである。海運事業者は商船の民営還元を早い時期から望んでいたがすぐの実現とはならず，段階

---

20) 全日空50年史編集委員会編『大空への挑戦－ＡＮＡ50年の航跡－』全日本空輸株式会社，2004年，12－33頁。
21) 本節は，以下の文献に依拠している。篠原陽一・雨宮洋司・土居靖範『海運概説』海文堂，1979年，183－192頁。篠原陽一編『現代の海運』税務経理協会，1985年，138－141頁。川上博夫・森隆行『6訂版　外航海運のＡＢＣ』成山堂書店，2000年，49－54頁。
22) 船舶運営会の最初の仕事は邦人の帰還輸送であった。

第10章　交通市場の変容と交通政策

的な移行となった[23]）。

　戦後のわが国における外交海運政策で特筆すべきは，計画造船，利子補給，海運集約・再建整備である。まずは計画造船をみてみよう。1946（昭和21）年10月に戦時補償特別措置法が公布・施行され，戦争で失った船舶の代償として政府から受け取るはずの戦時補償，総額約25億円を海運事業者80社は打ち切られてしまい，わが国の海運事業者は弱体化していた[24]）。GHQの指示により，企業に対する戦時補償には100％の課税が行なわれたからである。そこで1947（昭和22）年から第１次計画造船が主に復興金融公庫を通じた財政資金と市中銀行の協調融資の組み合わせによる建造資金をもって開始された[25]）。

　計画造船とは，各年度に船種別の建造費や資金計画を国が決定して，建造を希望する海運事業者すなわち船主の中から特定の船主を選び出し，必要な資金の大部分を財政資金の融資で賄う船舶の建造のことである。1950年代前半までの計画造船の目的は，日本商船隊を再建すること，日本商船隊の国際競争力を向上させること，日本船の積取比率を向上させること，および日本船の国際収支を改善することにあった。1960年代後半からは，海運事業者の基盤を強化すること，大量の原燃料資源を安全に輸送することが計画造船の目的に加えられた。

　1948（昭和23）年９月になると，帰還輸送船（100総トン以上），政府使用特殊船，および漁船などを除いた鋼船が裸傭船方式から定期傭船方式へとなった。翌年４月になると，船員の配乗，保船や修繕に関する業務が船主に返還され，

23）　森隆行編『７訂版　外航海運概論』成山堂書店，2010年，56頁。
24）　戦時補償打ち切り額をみると，大阪商船が４億5,100万円，日本郵船が３億4,600万円，山下汽船が１億1,900万円，三井船舶が１億1,500万円であった。
25）　政府は復興金融公庫法を1946（昭和21）年10月に制定した。同法によって復興金融公庫が1947（昭和22）年１月に設立され，財政資金は財政投融資の一環として実施されていた。1952（昭和27）年１月に復興金融公庫は日本開発銀行にすべての債券業務を引き継ぎ解散したため，これ以降，財政資金は日本開発銀行によって供給された。建造資金は第１次～第38次（1947～1982年度）までに総額３兆2,630億円であった。内訳をみると，財政資金が61％，市中金融が28％，自己資金が11％となっていた。

9月には800総トン未満の小型鋼船が民営還元された。さらに1950（昭和25）年3月に帰還輸送船とその他の特殊用途の船舶を除いた，すべての船舶が船主に返還された。こうして1950（昭和25）年3月末をもって，1942（昭和17）年4月に設立され，8年間にわたって日本船の管理・運航を担った船舶運営会は解散した。わが国の海運事業は完全な民営化を達成したのである。だが，わが国は講和条約や通商航海条約を締結しておらず，外航海運の運航はできなかった。

1949（昭和24）年8月になると，海上運送法が施行され，海上運送事業に関する規制が開始された[26]。また翌年5月にはGHQの指令で港湾法が制定され，それまでの国営，府県営，市町村営といったように多様な港湾の管理・運営主体が地方自治体に統一された。これはアメリカのポートオーソリティ制度を倣ったもので地方自治の理念が重視されたことの反映である。海運・港湾とようやくわが国の海運事業の基礎的生産条件が整いつつあった。しかし，1951（昭和26）年3月頃から朝鮮戦争が収束段階へと移行し，世界経済が後退し始め，海上輸送量が減ってきた。このため同年7月にサンフランシスコ講和条約を締結し，外航へとようやく進出した日本船は朝鮮戦争による恩恵をほとんど受けなかった。

逆に，国際水準以上の建造船価と金利負担の割高さから，わが国の海運事業者は国際競争力の弱さを露呈した。また，当時，輸出入を通じて国民生活を立て直すためには多数の船舶を要するにもかかわらず，わが国には外航海運に適した船舶が13万総トンしかなかった。海運事業者が船舶の建造資金を調達できなかったからである。このため計画造船が活用された[27]。船主の選定は，当初，運輸省の主管であったが，1953（昭和28）年度からは運輸省と日本開発銀行との協議で決定されるようになった[28]。

---

26) 海上運送法の目的は，海上運送事業の運営を適正・合理的なものにすること，輸送の安全を確保し利用者の利益を保護すること，海上運送事業の健全な発展を図ること，公共の福祉を増進することにある。
27) 計画造船の重点船種をみると，1950年代には定期船だったが，1960年代には海運集約と整合性をもちながらタンカーと専用船へと変容している。

第10章　交通市場の変容と交通政策

　こうした計画造船に加えて，外航海運事業者に対する建造資金融資が利子補給としても実施された。利子補給の開始は外航船舶建造融資利子補給法及び損失補償法が1953（昭和28）年8月に施行されたことに基づく[29]。利子補給とは，外航海運事業者が銀行から借り入れた資金の利子が一定水準以上になった場合，つまり超過した利子に相当する分を銀行に国が税金から返済する仕組みである[30]。利子補給には外航海運事業者の実質負担金利を軽減し，日本船の国際競争力を向上させる目的があった[31]。

　その後，1956（昭和31）年11月の第1次スエズ運河の封鎖による船舶不足で，わが国の外航海運事業者は一気に活性化した。また，スエズ運河封鎖の長期化を予想して船主の新造船発注が増大した[32]。しかし，1957（昭和32）年4月にスエズ運河が再開され，船腹需給バランスが崩れて，海運市況は不況となった。わが国の外航海運事業者も多大な影響を受け，経営内容は悪化していった。こうした折，所得倍増計画（1960年12月策定）によって今後10年間に建造すべき船腹量が約970万総トンと計画された。この実現のためには盤石な経営基盤の下で海運事業者が自主的に船舶を建造できる体制が求められた。

　そこで海運集約・再建整備が高度経済成長の最中に実施されたのである。1962（昭和37）年12月になると，国際競争力のある外航船腹を大量に建造するため，また海運事業者の基盤を強化するために海運造船合理化審議会が海運対策要綱を策定した。すなわち，海運事業者の集約と過当競争の排除，事業者の

---

28) 1960（昭和35）年以降は，日本開発銀行と市中銀行との協議を経て船主が決定された。
29) このほか，船価低減策のために造船コスト引下げに関する暫定措置，船舶の固定資産税や登録税の軽減措置が実施された。
30) 1953（昭和28）年1月の時点で，日本開発銀行に対しては年3.5％，市中銀行に対しては年5％までが海運事業者の負担で，これ以上の金利については国が補給するとされた。
31) 利子補給は1981（昭和56）年度で終了し，1953年〜1981年の間に2,013億円支出された。
32) 1959（昭和34）年になると，わが国の100総トン以上の鋼船が戦前の水準を回復した。

規模の拡大を通じた自立体制の確立，政府による助成措置の強化という内容の建議であった。

この建議に基づいて，1963（昭和38）年5月になると，政府は海運造船合理化審議会[33]や自民党の海運再建懇談会などの意見を反映した，海運事業の再建整備に関する臨時措置法，ならびに外航船舶建造融資利子補給及び損失補償法及び日本開発銀行に関する外航船舶建造融資利子補給臨時措置法の一部を改正する法律，いわゆる海運再建2法（外航2法）を国会に提出した。同年6月に同法案は成立し，7月から海運再建2法（外航2法）が施行され，外航海運事業者の再編が実行された。以下，海運再建2法（外航2法）の内容をみていきたい。

まず，海運集約（事業者の合併とグループ化）である。海運集約とは，これまでの大手運航会社（オペレーター）をいくつかの中核会社に集約し，この下に系列会社と専属会社を従属させ，外航船腹量100万重量トン以上を保有・運航する企業集約体（グループ）を形成するものである。中核会社は大手運航会社を合併して設立し，50万重量トン以上の船腹を保有する。系列会社は中核会社にその発行株式の30％以上を保有され，かつ中核会社に事業活動を支配される。専属会社は中核会社や系列会社に対して，自らが所有する全外航船舶を5年以上にわたって傭船に出すか，運航委託する。同時に中核会社からの役員派遣や債務保証を受ける。

次に，海運再建整備（自立体制の確立）である。これは海運集約の完了が予定される日から起算して約5年以内に減価償却の不足，すなわち借入金の返済遅滞を解消するための整備計画書を運輸大臣に提出すること，およびそのために減資・増資や資産の処分，つまり経営を合理化することを集約会社に求めたものである。

最後の海運助成措置は，計画造船の財政融資比率の引上げ，利子補給率の限度引上げ，船舶建造融資利子の支払猶予を実施するものである。ただし，この

33） 海運造船合理化審議会とは，運輸省の付属機関として設置された運輸大臣の諮問機関である。戦後の海運政策と一体化している。

適用は自立体制を確立する計画を運輸大臣に提出し，その承認を受けた海運事業者に限定されている。海運集約を実施した事業者にだけ助成が実施される点において，戦後一貫して継続されてきた機会均等主義的船舶建造政策が転換したことを確認できる。

以上のように，海運再建2法（外航2法）は，海運集約と自立体制の確立の実施を前提に，利子支払の猶予措置と利子補給制度の強化を通じて，国内海運事業における過当競争の防止および国際競争力の強化を目的としたものである[34]。

結局，外航海運事業者130社の中から95社が海運企業の集約に参加した。1964（昭和39）年4月には，銀行系列に従って中核会社6社とその企業集約体（グループ），すなわち日本郵船（三菱銀行），大阪商船三井船舶（三井銀行・住友銀行），川崎汽船（第一銀行），山下新日本汽船（三和銀行），ジャパンライン（日本興業銀行），昭和海運（富士銀行）という6つの海運企業集約体（グループ）が成立するに至った（図表10-2）。

その後，国家の手厚い助成措置を受ける6海運企業集約体の経営内容には大きな改善がみられた。背景として，1973（昭和48）年10月に発生した第1次石油危機までの間，わが国の貿易量が拡大するという経済環境のよさ，そうした物資を輸送するのに足る量の外航船舶の建造が挙げられる。結果として，海運再建整備計画の提出時にあった減価償却の不足額と長期借入金の約定償還遅滞額の合計約900億円が1969（昭和44）年3月末までには解消できていた[35]。

この間に進展したわが国の高度経済成長は，近代化に遅れをとっていた港湾問題を露呈した。そこで港湾を緊急かつ計画的に質・量ともに整備するため，1961（昭和36）年4月に港湾整備緊急措置法と港湾整備特別会計法が施行されたのである。港湾の整備が国民経済の再生産に不可欠だとの認識がこうした政策の背景にはあった。1961（昭和36）年から第1次港湾整備5カ年計画が開始され，その財源は港湾整備特別会計に求められた[36]。港湾整備特別会計は港湾

---

34) 織田政夫『海運業界』教育社，1985年，46頁。
35) 森編，前掲『7訂版 外航海運概論』59-61頁。

第2部　わが国の交通政策史

図表10－2　グループ別集約会社

会社名	隻数	重量トン	系列	専属
日本郵船 日本郵船 三菱海運	77.77	1,052,084	新和海運・大洋商船共栄タンカー・太平洋海運・太平洋汽船・東京船舶・反田産業汽船	八馬汽船・岡田商船・日の丸汽船・昭和郵船（東京郵船・山本汽船）・八千代汽船・万野汽船
大阪商船三井船舶 三井船舶 大阪商船	83.2	1,237,230	沢山汽船・第一中央汽船・日本海汽船・日本移住船・富士汽船	名村汽船・日下部汽船・東西汽船・小谷汽船・近海商船・大安汽船・大光汽船・阿波国共同汽船・神峯海運・明治海運・栃木汽船・乾汽船・松岡汽船・嶋谷汽船・馬場汽船・協立汽船・第2協立汽船・菅谷汽船・板谷商船・東洋海運・三井近海・隆昌海運・万珠海運・第一汽船・相互汽船・白水汽船
川崎汽船 川崎汽船 飯野汽船	54.5	933,130	日本汽船・五洋汽船・扶桑海運・神戸汽船・神戸桟橋平和汽船・飯野海運	原商船・太洋海運・神港商船・日豊海運・宮地汽船・白洋汽船・国光汽船・国際海運
山下新日本汽船 山下汽船 新日本汽船	44.7	570,031	玉井商船・日正汽船・森田汽船・中村汽船	山和汽船・山下近海汽船・山友汽船・樽本汽船・双葉汽船・甲南汽船・旭汽船・新日立汽船・鶴丸汽船
ジャパンライン 日東汽船 大同海運	52.3	967,408	日新興業	国際汽船・広海汽船
昭和海運 日本油槽船 日産汽船	31.3	609,727	照国海運・日之出汽船・日邦汽船	名古屋汽船・富洋商船・東亜汽船・広南汽船

（出所）　運輸省『日本海運の現状（1964年版）』大蔵省印刷局，1964年，35－40頁。

36）　以後，第2次〜第9次港湾整備5カ年計画，第9次港湾整備7カ年計画といったように継続して実施されてきている（詳しくは，入谷貴夫「港湾整備事業の変遷と財政政策」小林照夫・澤喜司郎・香川正俊・吉岡秀輝編『現代日本経済と港湾』成山堂書店，2001年，26－45頁を参照されたい）。

整備計画を円滑に遂行するために設けられた特別会計で，港湾整備を財源面から支援した制度である[37]。

1966（昭和41）年7月になると，港湾の管理・運営の問題が注目を浴び，前近代的な日雇労働形態[38]であった港湾労働力に対する法的調整を認めた港湾労働法が施行された。港湾労働法は港湾労働者への雇用調整を通じて国民経済の発展に寄与するように，港湾運送に必要な労働力の確保，および港湾労働者の雇用安定と福祉の増進を目的としていた。

しかし，1967（昭和42）年頃からコンテナ化による港湾荷役作業の機械化が開始され，同時に物流の国際化が進展してきた結果，港湾運送は総合港湾物流事業への転換を求められるようになった。同時に港湾労働者の作業環境と港湾運送の見直しを図るため，港湾労働者の雇用形態を改めることも課題となっていた[39]。

翻って外航海運政策に視点を戻すと，第1次石油危機後，世界経済の伸びは鈍化し，石油の海上貿易量が減少していた。また石油取引が小口化したために，規模の経済が発揮できなくなり大型タンカーが係船され始めた。その一方で，外航海運事業者は第1次石油危機までの間に資本の自己調達力を高めたこと，また規制の緩和によって国内外から様々な方法で資本を自己調達できるようになったことから，計画造船だけが船舶建造資金の調達源ではなくなった。このため1975（昭和50）年になると，これまで人件費高騰などのコスト増を吸収していた利子補給金の支給が政策の転換で一時的に停止された[40]。この結果，

---

37) 赤井伸郎『交通インフラとガバナンスの経済学』有斐閣，2010年，92頁。なお，港湾整備特別会計は2008（平成20）年度より社会資本整備事業特別会計の港湾勘定へ統合されている。だが，実質的な相違はほとんどない。
38) 大島藤太郎『封建的労働組織の研究』御茶の水書房，1961年，第2編。
39) これは1988（昭和63）年5月に施行された新港湾労働法で制度化された。その骨子は従来の日雇から新たに常用雇用へと港湾労働者の雇用形態を改善することであった。こうして港湾労働者の生活は安定化していった（小林照夫「戦後の日本の港と港湾労働者」小林・澤・香川・吉岡編，前掲『現代日本経済と港湾』87-105頁）。

急増してきた便宜置籍船[41]に対する日本船のコスト優位性が失われることになった。

1980年代に入っても，収益の悪化が改善せず，さらに外的環境の変化への対応も遅れた。このため1985（昭和60）年6月に海運造船合理化審議会による『今後の海運政策のあり方』という答申が出され，外航海運事業者の自主性と自己責任で事業者間の関係構築が可能となった。すなわち，海運再建2法（外航2法）は事実上の廃止となり，海運集約体制の見直しが進展することになった。これは外航海運事業における規制緩和を意味している。

その後，同年9月のプラザ合意後に生じた円高・ドル安によって，わが国外航海運事業者は経営不振から日本船を海外へ売船した。日本人船員が解雇される代わりに人件費の安い外国人船員が雇用されたりもした。1987（昭和62）年3月には日本人船員の削減が緊急雇用対策と称して実施された。さらに翌年5月には海員の労働時間を1日について一律8時間にするなどとする改正船員法が施行された。

規制緩和に対応するため，各外航海運事業者は利潤追求に向けて国際的に競争力のある運航体制の構築を図るようになった[42]。外航海運事業者は第2次再編に突入したのである。すなわち，1989（平成元）年4月になると，日本郵船がクリスタルクルーズジャパン（現・郵船クルーズ）を設立しクルーズ事業へ参入した。さらに1991（平成3）年10月に日本ライナーシステムと1998（平成10）年10月には昭和海運と合併をした[43]。1999（平成11）年4月になると，大阪商船三井船舶がナビックスラインと合併し商船三井と名称変更している。こうし

---

40) 地田知平『日本海運の高度成長-昭和39年から48年まで-』日本経済評論社，1993年，283頁。1979（昭和54）年度から3年間は利子補給が再び実施された。
41) 便宜置籍船とは，リベリアやパナマのように船舶の登録要件が緩やかで，外国人または外国法人が実質的に所有する船舶でも，その国に船舶として登録できる制度である。日本に比べて，税金が極めて安い。
42) 武城正長「日本の海運政策」篠原陽一・雨宮洋司編『現代海運論』税務経理協会，1991年，202-215頁。
43) 2005（平成17）年7月には日本貨物航空を連結子会社化している。

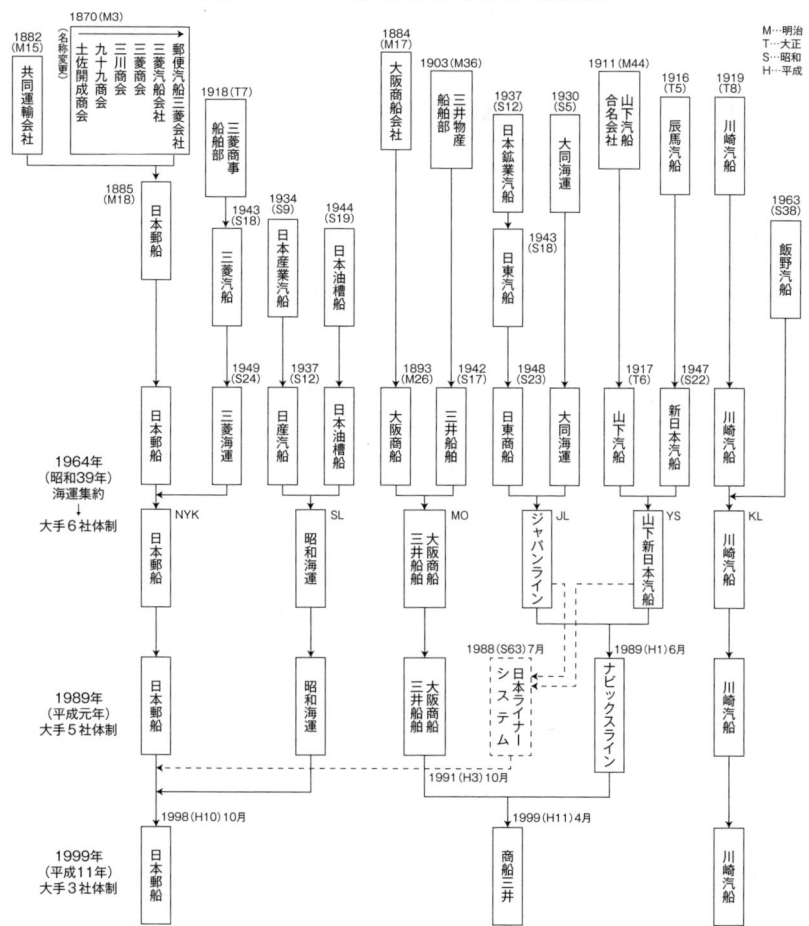

第10章　交通市場の変容と交通政策

図表10-3　主要外航海運事業者の変遷図

（出所）日本海事広報協会編『日本の海運 SHIPPING NOW 2011-2012〔データ編〕』
　　　日本海事広報協会，2011年，18頁。

た競争環境の激化を背景とする自主集約によって，わが国の外航海運事業者は日本郵船，商船三井，川崎汽船の3社体制へと移行した（図表10-3）。

第4節　内航2法と船腹調整事業[44]

　第2次世界大戦後，わが国の内航海運事業も船舶運営会によって管理・運航されていた。その後，1946（昭和21）年7月に機帆船が，1950（昭和25）年4月になると全船舶が民営還元された。内航海運の船腹は，重量トンで戦前最盛期の約4分の1に，輸送量では約10分の1にまで減少していた。そこで戦後の急激な内航海運輸送量の増加に対処するため，船舶公団を活用しながら第1次〜第4次にわたる計画造船が実施され，輸送力の強化が実施された[45]。背景として，鉄道の輸送力不足を前提に，傾斜生産によって発生した貨物輸送量の増加を内航海運が補完する意図があった。

　だが，ドッジ・ラインと呼ばれる一連の強力な経済安定政策が物価を安定化させた一方でデフレを惹起し，わが国は深刻な不況に陥った。このため船腹過剰となり，政府は係船補助金による対策を打ち出して解決しようとしたが実現しなかった。依然として内航海運事業者の経営状態が回復しないため，1950（昭和25）年9月になると，政府は戦時標準船と船齢30年以上の老朽船を買上げて解撤（スクラップ）する，低性能船舶買入法を施行した[46]。しかし，1950（昭和25）年6月に勃発した朝鮮戦争による特需で内航海運に活気が戻り，実際に買上げられた数は当初申込数の半分となった。

---

44)　本節は以下の文献に依拠している。山田福太郎『日本の内航海運』成山堂書店，1993年，45-137頁。鈴木暁・古賀昭弘『現代の内航海運』成山堂書店，2007年，34-142頁。

45)　船舶公団とは，1947（昭和22）年5月に設立された政府系海事金融機関である。公団と船主とが一緒になって船舶を所有・建造する方式で，船主への実質的な融資に相当する。

46)　低性能船舶買入法は，800総トン以上の鋼船を対象としていた。

第10章　交通市場の変容と交通政策

　これに先立つ同年5月には，GHQの指令で港湾法が制定され，港湾の管理・運営主体が地方自治体に統一され，内航海運事業の基盤が整備されていた。当時，主に瀬戸内海や九州における内航海運の小口貨物は機帆船で運搬されていて，その輸送力は内航海運の総輸送量のうち，70％を占めるほど大きかった。ところが，1951（昭和26）年10月のルース台風によって機帆船事業者は大きな物的損害を被った。このため政府は災害復旧策と併せて，内航海運で多くの割合を占めていた機帆船事業者の統制を目的に木船運送法を1952（昭和27）年5月に公布した[47]。

　朝鮮戦争の休戦後，1953（昭和28）年に入って不況が深刻化し，内航海運は船腹過剰となった。同年8月になると，政府は臨時船質等改善助成利子補給法を公布し，小型の鋼製貨物船を外航船の計画造船との引当として解撤を行なった。だが，1955（昭和30）年に入ると一転して，神武景気（1955～57年）によって船腹が不足するまでになった。このため中型船や小型鋼船の建造が行なわれ，岩戸景気（1958～61年）を挟んで内航海運の船腹は約5倍になった。同時に，木船から新たに小型鋼船へと転換した地方の船主が台頭してきた。この背景には，朝鮮戦争後，阪神や京浜の船主などが外航海運へと進出したこと，その隙間をぬって地方船主が内航海運市場に参入してきたことが挙げられる。

　内航海運事業者をみると，一杯船主が多く，過当競争に陥りがちであった。そこで内航海運事業者を組織化・組合化し，荷主に対する発言力を強化させようと，1957（昭和32）年6月に小型船海運組合法が公布されている。この結果，内航海運業者は自主的な船腹調整を行なうことができるようになった。だが，依然として船腹は過剰であった。その内訳をみると，戦時標準船や老朽船がかなりの割合を占めていた。

　こうした経済性の劣る過剰船腹を解撤（スクラップ）して経済性の優れた船舶を導入するため，1961（昭和36）年度から戦時標準船の代替建造が政策とし

---

[47] 木船運送法の施行は1952（昭和27）年7月であった。木船企業の約90％が零細な一杯船主であることから，荷主と拮抗するためには業界組織の強化が必要だとして制定された法律である。これは，後の内航2法の制定につながっていく。

て実行された。これらは特定船舶整備公団と内航海運事業者との共有方式によるスクラップ＆ビルド方式であった。この政策によって，小型鋼船が増え始めたので，木船運送法を1962（昭和37）年10月に廃止し，小型船海運業法が施行された[48]。

大量生産・大量消費の時代に突入したわが国に相応しい物流体制の整備と連動するかの如く，小型船海運業法と小型船海運組合法が改正されて，内航海運業法と内航海運組合法，すなわち内航2法が1964（昭和39）年8月から施行された。内航海運における過当競争の防止と過剰船腹の解消を通じて，内航海運業の事業規模を適正化すること，つまり内航海運業界の秩序を維持することが内航海運業法と内航海運組合法（内航2法）の目的であった（図表10－4）[49]。

図表10－4　内航2法の目的と骨子

目　的	内航海運業法	内航海運組合法
業界秩序の確立	内航海運事業の許可制（当初は登録制）	①海運組合の組織 ②海運組合による各種調整事業および団体協約
船腹量の適正化	①適正船腹量の策定 ②船腹量の最高限度の設定 ③自家用船舶に対する規制	海運組合による船腹調整事業 　a．建造調整 　b．共同解撤 　c．共同係船 　d．配船調整
取引条件の改善	①標準運賃・料金および傭船料などの設定 ②運送取扱業に対する営業保証金の供託制度	①調整運賃・料金および傭船料などの設定 ②適正な運賃，傭船料の算出と指導
その他		海運組合による共同事業

（出所）　ジェイアール貨物・リサーチセンター編『日本の物流とロジスティクス』成山堂書店，2004年，93頁。一部修正。

---

48)　従来の木船に，小型鋼船（500総トン未満）を加えたものである。小型船海運業法も木船運送法と同様に，内航海運における中小企業の統制政策としての意義をもっている。

この背景にはわが国における内航海運市場の特殊性があった。すなわち，第1に好況期には輸送需要の増加に対して船腹不足から新造船の建造が推進される一方で不況期には増加した船腹調整が容易に行なえないということ，第2に内航2法は高度経済成長期に施行されたが，この時期は石炭から石油へのエネルギー転換期に相当し新造船が必要とされたこと，第3に新たに大型専用船が登場したことが指摘できる。このため内航海運業界では老朽船が放置され，船腹過剰に陥っていたのであった。

内航2法の概要をみると，内航海運業法は内航海運事業の活動を規定したもので，参入規制を登録制，運賃規制を基本的に自由運賃制とした。参入を登録制とすることで適正な船腹量を維持しようとしたのである。また，内航海運事業は原則として海上運送法の適用を受けるとされた[50]。一方，内航海運組合法は内航海運業者の経済的地位を改善するために，内航海運組合の結成を内航海運事業者に認めたものである。

1966（昭和41）年5月になると，内航海運事業者は内航海運組合法に依拠して自主的なスクラップ＆ビルド方式による船腹調整事業を実施できるようになった。スクラップ＆ビルド方式とは，新たに船舶を建造（ビルド）する際に一定の割合で既存船の解撤（スクラップ）を要求する仕組みである。同方式により，老朽化した船舶の代替建造が促進され，結果として内航海運事業者の船舶近代化に寄与した[51]。

さらに同年12月になると，内航海運業界の近代化と適正規模化を目的に内航

---

49) 内航海運は定期船（ライナー）と不定期船（トランパー）の2つに運航形態から分類できる。一般貨物を輸送するのが定期船であり，コンテナ船やRORO（ロールオンロールオフ）船が輸送を担当する。RORO船とは，荷物を積載したトラックごと船内に入れる構造の船舶である。一方，石油やセメントなどの大量素材産業貨物を輸送するのが不定期船である。自動車専用船やタンカーなども不定期船である。

50) 海上運送法との整合を図るため，内航海運業法は内航海運事業の許可を受けるか，届出をした事業者に対して，貨物定期航路事業，不定期航路事業，船舶貸渡事業の届出に関する適用除外を認めている。

51) 森隆行『現代物流の基礎』同文舘出版，2007年，89-92頁。

2法が改正された。荷主が求める輸送合理化に内航2法では有効に対処できなかったためである。これにより参入規制は登録制から許可制へと変更された。その許可基準は内航海運事業者（オペレーター）に一定の支配船腹量の保有を課すものであった[52]。

この目的は内航海運事業者の集約化によるオペレーターとオーナーへの再編成にあった。同時に船舶整備公団法が1969（昭和44）年7月に改正され，内航海運業界の資本集中が促進された。船舶整備公団法は企業集約を目的に船舶の建造をする事業者に対して代替建造を認めたからである。改正された内航2法と船舶整備公団法は総称して内航3法と呼ばれ，この内航3法によって内航海運業界に対する規制政策の枠組みが整った。以後，業界再編や船腹調整といった内航海運業界における新たな展開が内航3法の下で実施されていく[53]。

第5節　国鉄の斜陽化とトラック事業の発展

第2次世界大戦後の経済復興期が1945～54年までとすれば，1955～71年は高度経済成長期と位置づけられる。高度経済成長期はGHQの民主的改革によって，その基盤が築かれたといえる。というのは，GHQの指揮下で実施された民主的改革によって競争的な独占・寡占体制，国内農村市場の確立，および労働者の地位向上と購買力の増大が整えられたからである。

その後，冷戦体制とともに，わが国の占領政策は変更され，またドッジ・ラインや特需ブームも相まって，零細企業の淘汰，独占的大企業の再強化，労働組合の体制内化が進行した。1950年代に入ると，アメリカは対日貿易自由化促進とアジア援助強化を目的とする経済力強化を要求してきた[54]。

---

52)　新規参入者には1967（昭和42）年4月から，既存の事業者には1969（昭和44）年10月から適用された。

53)　土居靖範「内航海運政策」篠原編，前掲『現代の海運』151-157頁。同「内航海運の構造と政策」篠原・雨宮編，前掲『現代海運論』92-95頁。

54)　井村喜代子『現代日本経済論』有斐閣，2000年，7頁。

こうした背景で1955（昭和30）年から始まった高度経済成長期は，自由企業と自由市場を前提にしながら，行政指導で間接的に目標へと誘導していくものであった。これは経済至上主義や輸出至上主義の観念の下で実行され，重化学工業の重視，すなわち産業構造の高度化を課題としていた。そして新設の重化学工業の配置場所として，太平洋ベルト地帯が形成され，同時に鉄道や道路の整備も行なわれた。

鉄道では，1957（昭和32）年に国鉄の第1次5カ年計画，すなわち老朽施設の交換を中心とする輸送力の増強と輸送の近代化が実施された。しかし，急激な経済成長と輸送量の増大が当初の計画との間に不整合を生み出したために，進捗率68％のまま4年間で打ち切られている。次に1961（昭和36）年から第2次5カ年計画が開始された。これは輸送量の増大に対応すべく，東海道新幹線の建設を含む，主要幹線の線路増設と電化，ディーゼル化，車両増備，通勤・通学輸送の緩和に向けた輸送の増強に主眼をおいていた。財源調達のため，運賃の値上げが1961年に実施されたが，第2次5カ年計画も進捗率70％，4年間で中止され，1965（昭和40）年からは第3次7カ年計画へと移行した。第2次5カ年計画の中止の背景には，1964（昭和39）年度の時点で国鉄が323億円の赤字を計上していた点を指摘できる[55]。

これ以後，1987（昭和62）年4月の分割民営化まで国鉄は累積赤字を発生し続けた。第3次7カ年計画は通勤輸送の改善，幹線輸送力の増強，保安設備の増強に目的をおいていたが，赤字が計上され続け，国鉄は財政危機に陥った。このため，第3次7カ年計画は4年後の1969（昭和44）年から財政再建10カ年計画に吸収された。政府は国鉄の窮状を救うため，1969（昭和44）年5月に国鉄財政再建促進特別措置法を成立させ，国鉄に対する利子補給と工事費の一部補助を実施することにした。

---

55) 戦後，赤字を出し続けていた国鉄は，1950（昭和25）年度と1953（昭和28）年度に黒字に回復している。その後，1954（昭和29）年度から1956（昭和31）年度に赤字に陥るが，1957（昭和32）年4月に運賃を値上げして黒字に転換していた（東洋経済新報社編，前掲『日本経済と国有鉄道』116－129頁）。

第2部　わが国の交通政策史

　道路をみると，1954（昭和29）年に運輸省が道路整備計画を発表し，一般道路の舗装と高速道路の整備が本格化した。1959（昭和34）年になると国道1号線が開通し，その後，トラックによる長距離定期便の貨物輸送が次第に量的な拡大をしつつあった。さらに，1963（昭和38）年に開通した，わが国で初の高速道路である名神高速道路の栗東〜尼崎間がトラックによる貨物輸送を促進する一助となった。なお，ＧＨＱによって管理統制を受けていた国産の自動車生産は徐々に自由化されていった。これは自動車保有台数に反映され，1950年の36万台から1960年の189万台への増加に寄与していると考えられる[56]。

　高度経済成長期には，神武景気（1955〜57年），岩戸景気（1958〜61年），いざなぎ景気（1965〜70年）といった好況期と，鍋底不況（1957〜58年），62年不況，65年不況といった不況期が交互に生じたが，1955〜70年の間におけるわが国の年平均名目経済成長率は15％であった[57]。また，企業の投資欲を刺激するために，経済自立5カ年計画（1955年12月策定），新長期経済計画（1957年12月策定），国民所得倍増計画（1960年12月策定），中期経済計画（1965年1月策定），および経済社会発展計画（1967年3月策定）といった経済計画が実施され，経済成長が促進されていった[58]。

　わが国は大量生産・大量消費の時代へ突入したのである。これを牽引した交通事業の1つにトラック事業者が挙げられる。車両の大型化やディーゼル車の導入によりトラックの性能は向上し，また生産過程の機械化・量産化によってトラックの車両価格は低廉化していった。

　道路整備も継続され，一般道路・高速道路の総距離は伸び続けた。特に1952（昭和27）年の有料道路制度，翌年の道路特定財源制度の創設が大きかった点を指摘できる。1954（昭和29）年からは，第1次道路整備5カ年計画（1954〜

---

56)　ただし，小型2輪車と軽自動車を除く。
57)　日本以外の先進諸国の年平均名目経済成長率は6〜10％であった。
58)　この間，独占的大企業は企業集団として再編成され，人的結合，融資，および株式の相互持合いを通じて結びつきを強化していった。政界では保革の対抗関係があらわになったが，自民党による安定的な長期支配体制が創られた。

第10章　交通市場の変容と交通政策

58年），第2次道路整備5カ年計画（1958〜62年），第3次道路整備5カ年計画（1961〜65年），第4次道路整備5カ年計画（1964〜68年）が相次いで実施された。第1次〜第4次の特徴はいずれも自動車通行量の増大による隘路を解消するための需要追随型投資であった。一方，第5次道路整備5カ年計画からは未来志向の開発投資の発想が計画に反映されている[59]。

このように高度経済成長による大量の貨物需要と，トラック事業者による交通サービス商品の供給とが一致する条件が整っていたのである。このため新規参入の路線トラック事業者[60]が増加していった。一方で，トラック事業者間の企業格差（大手と中小との2極化）が拡大していった。規模の経済が作用する路線トラック事業では，ターミナルや集配体制に対する多額の先行投資すなわち，資本力が競争を打ち勝つために必要とされたからである。当然，大手トラック事業者が中小のトラック事業者より有利であった。この萌芽は，日通や私鉄コンツェルンなどといった大手資本による中小資本の系列化として1958（昭和33）年頃から進展していた[61]。

1967（昭和42）年になると，わが国はGNP世界第2位にまで成長し，経済大国となった。まず，交通サービスの供給面をみると，1968（昭和43）年に東名高速道路の東京〜厚木間が完成し，翌年に東名高速道路は名神高速道路と接続された。これにより東京〜大阪間をトラックが約10時間で走行可能となった。トラックの車両も大型化されてきた。法制面では，1965（昭和40）年10月に日本自動車ターミナル株式会社法が，翌年7月に流通業務市街地整備法が施行されて，大規模トラックターミナルと流通業務団地の整備が実施された。

---

59)　武田文夫「道路整備政策」運輸経済研究センター編『戦後日本の交通政策－経済成長の歩みとともに－』白桃書房，1990年，178－179頁，185－186頁。
60)　現在の特別積合せ運送事業に相当する。
61)　石井常雄「自動車運送資本の再編成過程－トラック業系列化の現状と方向－」日本交通学会編『交通学研究－1958年研究年報－』日本交通学会，1958年，207－227頁（石井常雄『自動車の運送史（石井常雄交通論集第2集）』啓友社，1997年，111－131頁）。

第2部　わが国の交通政策史

　交通サービスの需要面をみると，経済計画の結果，太平洋ベルト地帯では高い頻度でトラック輸送需要が生じていた。つまり，高速道路ネットワークと結節機能点の整備が進んだこと，モータリゼーションが進展したこと，貨物輸送需要が増大したことによって，営業用トラックの台数が増えていったのである。また，このことが内陸へと機械工業部門を中心に産業立地の転換を促進した。1975（昭和50）年には営業用トラックの輸送トン数が自家用トラックの輸送トン数を初めて超え，トラック事業者が徐々に台頭しつつあった。

　このようにトラック事業者は成長期から安定期へと移行しつつあった。ところが，1971（昭和46）年8月にニクソン・ショックが，続いて1973（昭和48）年10月に第1次石油危機が発生し，これらを契機に日本経済は内需・公共投資・重化学工業部門が停滞し，低成長時代への対応を求められた。これを反映して，重厚長大から軽薄短小へと産業構造の転換が行なわれた。高度経済成長を背景にシェアを拡大していたトラック事業者にも従来型経営からの変更が不可避であった。そこでトラック事業者は多品種少量輸送へと転換を図ることで，交通サービス商品の生産・供給量と消費・需要量との一致を実現した。

　一方，産業構造の転換による貨物輸送需要の減少への対応に遅れをとった鉄道事業者，特に国鉄の貨物部門は衰退していくことになった。この要因として，トラックと鉄道における交通サービスの質の相違が指摘できる。戸口から戸口へと直接に貨物を輸送できるトラックと違い，鉄道は経路を変更できず，結節機能点である鉄道駅での積み降ろし作業が不可欠である。これが両者のリードタイムの相違となる要因である[62]。また，輸送頻度の点でもトラックのほうが鉄道よりも優れていた。国鉄貨物の運賃とトラックのそれに大きな差がないとすれば，交通需要者がトラックを選択することに異論はない[63]。

---

[62]　トラック輸送と比べて不利な点を補うために，国鉄は1959（昭和34）年11月にコンテナ輸送を開始し，1969（昭和44）年4月からは新しい輸送方式（フレイト・ライナー方式）の導入を行なっていた。

第6節　総合交通体系論の台頭

　神武景気や岩戸景気，いざなぎ景気といった高度経済成長の進展につれて，鉄道貨物輸送量とトラック貨物輸送量との差異が次第に明らかとなってきた。1955（昭和30）年度に51％あった鉄道貨物輸送における輸送分担率（トンキロ）は，1960（昭和35）年度に40％，1965（昭和40）年度には31％にまで減少した。一方，1955年度に11％しかなかったトラック輸送の輸送分担率（トンキロ）は，1960（昭和35）年度は15％，1965年度には26％へと増加している。1966（昭和41）年度には遂にトラック輸送の輸送分担率（トンキロ）が31％となり，鉄道貨物輸送の27％を逆転したのである（図表10－5）。

図表10－5　輸送機関別国内貨物輸送分担率の推移

(単位：％)

年度	トン数				トンキロ			
	自動車	鉄道	内航	航空	自動車	鉄道	内航	航空
1950（昭和25）	59	31	9	－	8	52	39	－
1955（昭和30）	69	24	7	－	11	51	38	－
1960（昭和35）	77	16	7	0	15	40	45	－
1965（昭和40）	83	10	7	0	26	31	43	0
1966（昭和41）	85	8	7	0	31	27	42	0
1970（昭和45）	88	5	7	0	39	18	43	0
1975（昭和50）	87	4	9	0	36	13	51	0

（出所）　運輸省大臣官房情報管理部統計課編『陸運統計要覧（1977年版）』運輸省大臣官房情報管理部，1977年，10頁。

63）　村尾質『貨物輸送の自動車化－戦後過程の経済分析－』白桃書房，1982年，95－107頁。実際には，国鉄の貨物輸送運賃には等級制すなわち差別運賃が1980（昭和55）年4月に廃止されるまで存在していた。一方，トラック輸送には等級制がなかった。このため運賃負担力のある高等級品貨物がトラックへ転移し，低等級品貨物が国鉄に残っていった。これは貨物輸送量が維持できても収益が増えないという，国鉄の差別運賃の破綻を意味している。

こうした背景には，トラック輸送の戸口性，迅速性，利便性，これらを支えた自動車道路整備の進捗と自動車車両技術の進歩などが挙げられる。1966（昭和41）年以後もニクソン・ショック（1971年）で多少の落ち込みがあったけれども高度経済成長は持続し，国内貨物輸送量は増大し続けた。ただし，1970（昭和45）年度になると，国内貨物輸送トン数で国鉄は減少に転じ，その後も1970（昭和45）年度の1億9,900万トンから1975（昭和50）年度の1億4,200万ト

図表10－6　国内貨物輸送トン数の推移

（単位：100万トン）

年度	自動車	鉄道		内航	航空
		国鉄	民鉄		
1950（昭和25）	309	136	28	49	－
1955（昭和30）	569	160	33	59	－
1960（昭和35）	1,156	195	43	108	0.009
1965（昭和40）	2,193	200	52	180	0.033
1970（昭和45）	4,626	199	57	377	0.116
1975（昭和50）	4,393	142	43	452	0.190

（出所）　運輸省大臣官房情報管理部統計課編『陸運統計要覧（1977年版）』運輸省大臣官房情報管理部，1977年，9頁。

図表10－7　国内貨物輸送トンキロの推移

（単位：億トンキロ）

年度	自動車	鉄道		内航	航空
		国鉄	民鉄		
1950（昭和25）	54	333	5	255	－
1955（昭和30）	95	426	7	324	－
1960（昭和35）	208	536	9	616	0.06
1965（昭和40）	484	564	9	806	0.21
1970（昭和45）	1,359	624	10	1,512	0.74
1975（昭和50）	1,297	466	8	1,836	1.52

（出所）　図表10－6に同じ。

ンへと，また国内貨物輸送トンキロをみても，国鉄は1970年度の624億トンキロから1975年度の466億トンキロへと輸送量，輸送トンキロを減らした（図表10－6・図表10－7）。

このように国鉄の経営危機は徐々に深刻さを増していった。こうした折，1964（昭和39）年から赤字に転落した国鉄の財政再建問題が各種交通機関の競争条件の均等化というイコール・フッティング論と関連して，総合交通体系ないし総合交通政策の確立へと結実し，その本格的な議論が1971（昭和46）年から開始された。

総合交通体系ないし総合交通政策の考え方には伏線があり，これを辿ると次のように整理できる。まずは1955（昭和30）年に策定された『経済自立5カ年計画』であった。そこでは総合的国内輸送政策の樹立と題して，「鉄道，内航船舶，自動車のそれぞれの分野における特質を勘案して，2重投資の弊害を避け，輸送機関相互の調和的発展を図るため，総合的見地に立った国内輸送政策を樹立する必要がある」とされる[64]。

続いて1957（昭和32）年に策定の『新長期経済計画』では「鉄道，自動車，船舶及び航空機の4者は，それぞれの特質に応じて独自の輸送分野を持つとともに，相互に補完的であり，またある程度代替的な関係にあるが，今後は，これら4者の合理的分業性を十分に発揮させるような総合的輸送体系の確立を目標として，輸送力の増強と近代化をはかり，とくに鉱工業地帯における輸送の円滑化と大都市における交通混雑の緩和をはかる必要がある」とした[65]。その後も国民所得倍増計画（1960年），全国総合開発計画（1962年），中期経済計画（1965年）といった経済計画にも，総合交通体系ないし総合交通政策の考え方は反映されている。

こうした系譜をもつ総合交通体系の考え方であるが，1971（昭和46）年に出された運輸政策審議会の答申である，『総合交通体系に関する答申』はこれまでの総合交通体系と異質であった[66]。なぜなら，国鉄財政の再建との関連で議

64）　経済企画庁編『経済自立5カ年計画』1955年，41頁。
65）　経済企画庁総合計画局編『新長期経済計画』1957年，59－60頁。

論が行なわれていたからである。同答申によると，国鉄経営悪化の要因は自動車と航空機の発達だとする。中でも通路や結節機能点の費用負担が重要だとする。

　すなわち，鉄道は通路の建設・維持も含めて鉄道事業者が全額負担している。一方で，自動車，航空機，船舶の各交通事業者は運搬具や動力といった可動施設の費用を中心に負担している。しかし，道路，空港・航空路，港湾・航路といった通路や結節機能点の建設・維持は公共事業として行なわれているため，それらの費用を各交通事業者は全額負担しなくてもよい。例えば道路整備をみると，第6次道路整備5カ年計画（1970～74年），第7次道路整備5カ年計画（1973～77年），第8次道路整備5カ年計画（1978～82年）が政府の道路整備政策の一環として実施されている。その特徴は，第6次が高速道路・高規格道路の整備，道路整備の財源確保として自動車重量税の創設，第7次・第8次が生活環境の改善であった[67]。この結果，一般国道の舗装率は1970（昭和45）年度には80％を超えた（図表10－8）。

　こうした通路費負担の不均衡が交通市場における鉄道の競争力を損ない，衰退を惹起したと考えられる。そこで各交通機関の通路費負担の適正化を図り，国鉄の財政再建につながるように，総合的な交通政策が必要とされたのである。

　総合交通体系の基本的な考え方は以下の通りである[68]。すなわち，交通市場は「一般の経済活動と同様に，交通市場における各交通機関間の競争と利用者の自由な選択を通じて形成されることが原則」だとする。しかし，一般の私的生産物の市場に比べて，交通サービス生産要素や交通サービスがもつ特異性（投資の不可分性，各交通機関によるサービスの異質性など）から，市場メカニズム

66）　答申は，Ⅰ．総合交通体系形成の意義と基本的な考え方，Ⅱ．総合交通施設整備計画，Ⅲ．総合交通体系形成のための行政措置の3部から構成されている。

67）　武田文夫「道路整備政策」運輸経済研究センター編，前掲『戦後日本の交通政策－経済成長の歩みとともに－』185－188頁。なお，道路特定財源制度すなわち道路整備特別会計は2008年（平成20）年度から社会資本整備事業特別会計の道路整備勘定へ統合されている。

68）　運輸省監修『わが国の総合交通体系』運輸経済研究センター，1972年，39－40頁。

第10章　交通市場の変容と交通政策

図表10－8　道路延長と舗装率の推移

(単位：km, (　) 内は％)

年度当初		一般国道	都道府県道	市町村道	計
1950（昭和25）	延長(舗装率)	9,322(20.3)	126,122(3.6)	－	－
1955（昭和30）	〃	24,130(17.2)	119,937(4.8)	－	－
1960（昭和35）	〃	24,938(32.6)	122,278(7.6)	825,733(1.5)	972,949(3.1)
1965（昭和40）	〃	28,030(59.0)	121,242(16.7)	839,502(4.4)	988,774(7.4)
1970（昭和45）	〃	32,650(83.6)	122,324(45.1)	867,962(12.0)	1,022,936(18.2)
1975（昭和50）	〃	38,540(78.8)	125,714(32.3)	901,775(7.3)	1,066,028(12.9)
1985（昭和60）	〃	46,435(83.3)	127,436(41.8)	950,078(12.4)	1,123,950(18.7)
1993（平成 5）	〃	53,304(85.7)	123,536(49.7)	948,642(15.5)	1,125,482(22.6)
1998（平成10）	〃	53,628(88.0)	127,911(54.5)	968,430(16.4)	1,149,969(24.0)
2002（平成15）	〃	54,004(89.7)	128,719(58.5)	992,674(17.4)	1,175,398(25.2)
2007（平成20）	〃	54,736(90.9)	129,393(61.4)	1,012,088(18.2)	1,196,217(26.2)

（注1）　1950年度～1970年度は『道路統計年報（1976年版）』に基づく。
（注2）　1975年度～2007年度は『道路統計年報（2009年版）』に基づく。簡易舗装は除いてある。
（注3）　四捨五入の関係で，各係数の和が合計と一致しないことがある。
（出所）　建設省道路局編『道路統計年報（1976年版）』建設省道路局，1976年，6－7頁。および国土交通省自動車局監修『数字でみる自動車（2011年版）』日本自動車会議所，2011年，99頁。

が適切に機能しない。このため市場メカニズムにおける各交通機関の自由な競争に委ねるのでは，社会的な観点から最適な交通体系の実現が図れないとする。

そこで，交通市場の外部経済効果を課税などによって吸収する開発利益の還元，また交通安全や交通公害のような社会的費用を課税などでその発生者に負担させる社会的費用負担の適正化が必要である。だが，こうした市場メカニズムによる適切な交通体系の形成には，「複数の交通手段の存在を可能にするかなりの程度の需要が存在すること，その需要が交通手段の選択に当たってかなり価格弾力性が大きいこと」が要となる。

幹線交通はこの条件を満たすが，大都市では交通空間上の制約によって，複

数の交通手段を提供し，利用者の自由な選択に委ねる交通市場の存在には限界がある。したがって「政策による需要の誘導・規制が必要」，つまり大都市における交通需要の誘導・規制政策を総合交通体系では唱える。一方，過疎地では複数の交通手段の存続を可能にする利用量はなく，交通市場は成立し難い。そこでシビル・ミニマムとして維持すべき交通サービスの水準を策定し，その維持を図る行政の責任を重視する。このように交通市場における市場メカニズムを基軸としながらも，交通市場が成立しない大都市や過疎地では，誘導的需要調整やシビル・ミニマムを考慮した政策措置が必要というのが総合交通体系の骨子である[69]。

以上を整理すると，わが国の交通調整論は，第1に国鉄の赤字解消を目指したイコール・フッティング論が通路費負担の適正化の議論へと収束したこと，第2にこの通路費負担調整に交通安全や交通公害，大都市の空間制約といった観点，さらに開発利益の還元や社会的費用負担の適正化のような論点を一体化したこと，第3に市場メカニズムを基調に交通需要の誘導・規制政策を加味していること，が指摘できる[70]。こうして交通調整政策としての総合交通体系論が国鉄財政再建と連動して展開されていった。

第7節　規制緩和と交通事業の再編成

①　国鉄からJRへ[71]

しかしながら，国鉄の財政状態に改善はみられず，1970年代前半においても旅客収入・貨物収入によって経費を回収できなかった。1973（昭和48）年10月には第1次石油危機が発生し，物価上昇と需要低迷を惹起した。だが，物価

---

69)　運輸省編『総合交通体系に関する答申』1971年，11-12頁。運輸省監修，前掲『わが国の総合交通体系』50-52頁。

70)　斎藤峻彦『交通市場政策の構造』中央経済社，1991年，203-209頁。

71)　本項の記述は，以下の文献に依拠している。中西健一「衰退期の国鉄」運輸経済研究センター編，前掲『鉄道政策論の展開－創業からJRまで120年－』247-411頁。清水義汎編『交通政策と公共性』日本評論社，1992年，第2部。

第10章　交通市場の変容と交通政策

対策として政府は国鉄運賃値上げを抑止したため，1975（昭和50）年度には単年度で9,000億円以上の欠損を生じてしまった。こうした事態にもかかわらず，政府は山陽新幹線の開業にみるように，新規投資の拡大路線を歩み続けていた。

1963（昭和38）年から1982（昭和57）年の間に貨物収入は1.3倍にしか伸びなかった。運賃を物価上昇よりも安くしたにもかかわらず，トラック運賃のほうが国鉄貨物運賃よりも依然として安かったこと，また個別の交通需要を国鉄貨物よりも短時間で充足するゆえに，荷主がトラックを選択したからである。これに対して，同時期の旅客収入は7.5倍であった。貨客収入を精査した結果，1981（昭和56）年度末には繰越欠損金が75,868億円にまで達し，この処理と新規投資を合算した長期負債は161,515億円となった。ただし，そのうち，53,221億円が特定債務整理特別勘定に移され，その利子に対して政府補給がなされた。こうした巨額の赤字の理由は，国鉄の独占状態が崩壊し黒字部門から赤字部門に国鉄内部で補填する内部補助が既に機能していなくなっていたことに起因する[72]。

1981（昭和56）年3月に発足した第2次臨時行政調査会（臨調）は，翌年7月に開催された第3次答申にて国鉄の分割・民営化を実施する方針をまとめた。鉄道事業における規制緩和である。背景には1980年代の欧米における新自由主義の台頭，すなわち需要重視の経済政策から供給重視の経済政策への転換があったことを挙げられる[73]。そこでは民間活力が発揮できるように規制緩和と競争原理の導入が政策目標とされた。これを受け，国鉄の分割・民営化を具体的に検討する機関として国鉄再建監理委員会が1983（昭和58）年6月に設置さ

---

72) 国鉄の内部補助は，かつて旅客部門と貨物部門，黒字線と赤字線，および地域相互の各部門間で実施されていたが，1982（昭和57）年度において内部補助はもはや成り立たなくなった。

73) 交通部門における規制緩和の根拠として，①経済発展により，規制を実施した当時の技術的・社会経済的環境に変化が生じ，規制の実効があがらなくなったこと，②経済理論の新たな展開があったこと，③欧米諸国で規制緩和が進展していたことが指摘されている（塩見英治『改訂版　交通産業論』白桃書房，1994年，7－8頁，および衛藤卓也『交通経済論の展開』千倉書房，2003年，139頁）。

れた。2年後の7月に同委員会は内閣総理大臣に対して、旅客輸送は6分割すること、新会社の発足を1987（昭和62）年4月とすることを盛り込んだ、『国鉄改革に関する意見－鉄道の未来を拓くために－』という答申を提出した。

1986（昭和61）年11月になると、同答申に従って、8つの国鉄改革関連法案などが成立し、国鉄の分割民営化が実行されるに至った。すなわち、1987（昭和62）年4月に、ＪＲ東日本（東日本旅客鉄道）株式会社、ＪＲ東海（東海旅客鉄道）株式会社、ＪＲ西日本（西日本旅客鉄道）株式会社、ＪＲ北海道（北海道旅客鉄道）株式会社、ＪＲ九州（九州旅客鉄道）株式会社、ＪＲ四国（四国旅客鉄道）株式会社、ＪＲ貨物（日本貨物鉄道）株式会社、新幹線鉄道保有機構、および日本国有鉄道清算事業団が発足したのである。

この時点で、旧国鉄時代の債務約37兆円のうち、12兆円はＪＲ、約25兆円は日本国有鉄道清算事業団の処理に委ねられた。日本国有鉄道清算事業団は解散までの11年間に自主財源などにより約14.4兆円の収入を上げた一方で、利払いなどの支出が約1.4兆円超過していた。結局、1998（平成10）年初頭に約27.7兆円にまで債務が膨れ上がったところで、日本国有鉄道清算事業団は解散され、そうした債務は国の一般会計に組み込まれ、国の借金となっている。

6つの旅客鉄道会社は各地域を母体に旅客輸送業務を実施しているのに対し、貨物鉄道会社は1社で日本全体の貨物輸送業務を担当している。発足当初は6旅客鉄道会社と1貨物鉄道会社はすべて特殊会社であったが、現在ではＪＲ東日本、ＪＲ西日本、ＪＲ東海とＪＲ九州の4社は完全に民営化している。一方、路線沿線の人口が少ない過疎地を多く抱える、ＪＲ九州を除く3島会社[74]は鉄道事業で赤字を累積し続けており、民営化が果たせていない。不採算路線を抱える旅客各社は第3セクター化やバス路線への転換を通じて経営効率の改善に取り組んでいる。

ＪＲの運賃をみると、鉄道事業法によって国土交通大臣の認可制となっている。鉄道事業法は日本国有鉄道法と地方鉄道法とを基礎にして1986（昭和61）

---

[74] ＪＲ北海道株式会社、ＪＲ九州株式会社、およびＪＲ四国株式会社は、3島会社とも呼ばれる。

年12月に公布された法律である。旅客の運賃は対キロ制,遠距離逓減制などが,貨物の運賃は扱別重量別対キロ制,遠距離逓減制が採用されている。2000（平成12）年3月以降,ＪＲ旅客6社は総括原価運賃形成原理に従う上限運賃規制に基づいて運賃が制定されている[75]。なお,地方鉄道法は1987（昭和62）年4月に鉄道事業法が施行されたことに伴って廃止された。

②　トラック事業の規制緩和[76]

　トラック事業者はＪＲ（旧国鉄）の物流領域における競争相手であった。規制緩和の潮流は1990（平成2）年12月に施行された物流2法によってトラック事業者にも押し寄せた。物流2法とは,貨物自動車運送事業法と貨物運送取扱事業法（現・貨物利用運送事業法）であり,その目的はトラック事業者の参入規制と運賃規制に関する大幅な自由化の導入,および事業区分の変更にあった。

　トラック事業者は1951（昭和26）年7月に道路運送法が施行された後,旅客自動車運送事業者（バス事業者やタクシー事業者）とともに同一の法律で規制されていた。しかし,旅客自動車運送事業者よりも早くにトラック事業者の規制緩和を実施するため,道路運送法からトラック事業者だけを独立させて制度化したものが貨物自動車運送事業法である。その際,運送取扱事業者（フォワーダー）に関しても貨物運送取扱事業法として制度化されていた。

　物流2法では,第1に需給調整要件が原則として廃止され,免許制から許可制へと新規参入要件が緩和された。このため最低保有車両台数5台,運行管理者と整備管理者の確保といった一定の資格要件を満たせば,トラック運送事業

---

75)　くらしのリサーチセンター編『規制緩和と公共料金制度－「自由化」は何をもたらすか－』くらしのリサーチセンター,2004年,136－183頁。大手民鉄15社および東京地下鉄株式会社を含む地下鉄事業者10社も総括原価運賃形成原理による上限運賃規制で運賃を決定している。

76)　本項の記述は,以下の文献に依拠している。柴田悦子・土居靖範・森田優己編『新版　交通論を学ぶ』法律文化社,2000年,174－176頁。森,前掲『現代物流の基礎』43－64頁。ジェイアール貨物・リサーチセンター『変貌する産業とロジスティクス』成山堂書店,2007年,98－114頁。

に誰でも参入できるようになった。第2に認可制から事前届出制へと運賃規制も緩やかになった。物流2法の目的は，参入規制・運賃規制に代表される経済的規制と安全規制に代表される社会的規制を分離すること，および社会的規制の基準を明示することであった。

新しい事業区分をみると，旧路線トラック事業が特別積合せ貨物運送事業へ，旧区域トラック事業・地場トラック事業が貸切輸送・一般積合せ輸送へと再編された。特に特別積合せ貨物運送事業と貸切輸送・一般積合せ輸送とが一般貨物自動車運送事業へと一本化された結果，旧区域トラック運送事業者も積合せ輸送が可能になっている。

トラック事業の運送形態を整理すると，①一般貨物自動車運送事業，②特別積合せ貨物自動車運送事業，③特定貨物自動車運送事業，④貨物軽自動車運送事業，⑤第1種貨物利用運送事業，⑥第2種貨物運送利用事業となった。なお，特別積合せ貨物自動車運送事業は法律で一般貨物自動車運送事業に分類される。また貨物利用運送事業とは，自身で車両を保有せずに実運送業者に荷物を運送させ，荷主から運賃を徴収する事業である。

2002（平成14）年10月になると，物流2法と鉄道事業法も改正された。改正された貨物自動車運送事業法では参入規制が許可制，運賃規制が事後届出制へと緩和された。貨物運送取扱事業法は貨物利用運送事業法へと変更され，参入規制が登録制，運賃規制が事後届出制へとそれぞれ緩和された。鉄道事業法では貨物鉄道事業者の需給調整要件が廃止，運賃が事後届出制へとなった。

これらの改正を受け，物流2法は2003（平成15）年4月から貨物自動車運送事業法，貨物利用運送事業法，鉄道事業法で構成される物流3法として施行された。物流3法の骨子は，事業者の柔軟な事業展開を可能にするもので，物流サービス全体の効率化・多様化，物流施策上の活性化を図ることにあった。

第1に貨物自動車運送事業法の改正点をみると，都道府県単位を基本としたこれまでの営業区域規制が撤廃されたこと，営業区域を越えての事業区域を規制しないで全国単位での自由な営業活動を認めたこと，事前届出制であった運賃制度を廃止したこと，代わりに各事業者の輸送に対応した運賃の設定が可能

になったこと，さらに過労運転と過積載を禁止したこと，運行管理者や整備管理者の選任を定めたことである。

第2に貨物運送取扱事業法の改正点をみると，第1種利用運送事業が登録制に緩和されたこと，運送取次事業が廃止されたこと，運賃の事前届出制が廃止されたことである。第3に鉄道事業法の改正点をみると，需給調整規制が廃止されたこと，運賃の上限認可制が廃止されたことである。このように参入規制・運賃規制といった経済的規制が緩和された一方で，社会的規制は強化されたことが確認できる。

トラック事業者数は1990（平成2）年に施行された物流2法以降，一貫して毎年増加していたが，2008（平成20）年度末から減少に転じている[77]。2010（平成22）年3月の時点で，約95％を中小事業者が占めるトラック事業への新規参入者の内訳をみると，一般貨物自動車運送事業への新規参入者が多い[78]。

一般貨物自動車運送事業（地場トラック）は不特定多数の荷主を相手にその荷物を積み合わせて輸送するが，直集・直配の輸送方式を採用しており，営業所の設置が不要である。このため小額の資本金で参入しやすい。2010年3月では99.9％が中小規模のトラック事業者で占められている。というのも，交通手段への投資に比して労働力に多くの投資を配分できる中小規模のトラック事業者は高い利潤率を生み出すことができるからである。

これに対して，一般貨物自動車運送事業とは区別した特別積合せ貨物運送事業（特積トラック）は不特定多数の荷主を対象にその荷物を積み合わせて定期的に一定の路線を輸送する方式である。この方式ではトラックターミナルや営業所を各地に設置するため，多額の資本金を要する。したがって，地場トラックでは大規模トラック事業者が0.1％であるのに対して，特積トラックのそれは10％と多くなる。資本金の多寡によって地場トラックと特積トラックそれぞれの事業者規模がほぼ規定される。

---

77) 国土交通省自動車局監修『数字でみる自動車（2011年版）』日本自動車会議所，2011年，69頁。
78) 同上，70頁。ただし，特別積合せ貨物自動車運送事業を除く。

③　日本航空の完全民営化から経営統合・経営再建[79]

　高度経済成長期において国鉄の競争相手は物流でトラック事業者，人流の一部で航空事業者となりつつあった。当時，わが国の国内航空政策は，1970（昭和45）年の閣議了解，1972（昭和47）年の運輸大臣通達の45・47体制（航空憲法）で規定されていた。45・47体制は国内航空産業を保護する内容，すなわち幼稚産業の保護であり，わが国航空事業者の方向を決定したものであった[80]。

　45・47体制下で，航空事業者は日本航空，全日本空輸，東亜国内航空（1971年5月に東亜航空と日本国内航空が合併）の主要3社に再編された。その骨子は，第1に日本航空は国際線と国内線，国際航空貨物を担当すること，第2に全日本空輸は国内幹線およびローカル線と近距離国際チャーター便の充実を図ること，第3に東亜国内航空は国内ローカル線と一部幹線の運航を担うこと，というように航空3社の事業分野の棲み分けにあった。

　45・47体制では国内航空事業者間における競争が抑制された結果，わが国航空事業者の安定的な成長が促された。45・47体制の目的は，内部補助体制を確立すること，および航空ネットワークの地理的偏在の抑止にあったからである。こうした制度的要因に加えて高度経済成長が航空需要を押し上げ，その後，約15年間で国際旅客数が4.6倍，国内旅客数が2.8倍に伸びた。

　脆弱であったわが国航空事業者の経営基盤が強化され，航空輸送が国民の身近な交通機関になった点で，45・47体制にはその意義が確かに認められる。一方，非弾力的な運賃制度や新規航空事業者の参入規制によって，航空事業者間

---

79) 本項の記述は，以下の文献に依拠している。ＡＮＡ総合研究所編，前掲『航空産業入門－オープンスカイ政策からマイレージの仕組みまで－』14－19頁。野村宗訓・切通堅太郎『航空グローバル化と空港ビジネス－ＬＣＣ時代の政策と戦略－』同文舘出版，2010年，59－86頁。高橋望・横見宗樹『エアライン／エアポート・ビジネス入門』法律文化社，2011年，18－49頁，90－96頁。

80) 1952（昭和27）年に航空法が施行され，ＧＨＱが日本資本の国内航空事業を許可した。これを受け，国策会社の日本航空以外に日東航空，東亜航空，日本ヘリコプター輸送，極東航空などが設立された。だが，日本航空以外は脆弱な資本であり，経営危機に瀕しやすかった。そこで政府は航空事業者の統合（交通資本の集中）を推進していったのである。

の競争が鈍化してしまった。この結果，日本航空のように政府に過度に依存した経営体質の問題が露呈し始めた。市場ではなく政府の動向を過度に注視する顧客軽視の経営姿勢が，高額な運賃や航空便の選択肢の少なさといった航空需要者の不便を助長し，利用客の偏在を惹起したのである。

空港の整備状況をみると，1956（昭和31）年4月に空港整備法[81]が公布され，先進諸国に遅れをとっていた空港の整備事業が開始された。折しも1955（昭和30）年から始まった高度経済成長期に対応する政策といえる。当初は単年度予算で整備を進めていたが，計画的に空港容量の不足を解消するため，安全対策を強化するため，および空港の体系的整備を推進するために国際空港と地方空港を対象に第1次空港整備5カ年計画（1967〜70年）が開始された。1970（昭和45）年には，空港整備の財源を確保するため，空港整備特別会計が導入され，空港利用者の負担によって財源が賄われることになった[82]。

継続して，成田空港と関西空港の改良のために第2次空港整備5カ年計画（1971〜75年）が実施された。その一方で第1次〜第3次空港整備5カ年計画（1967〜80年）までは地方空港の新設による国内航空ネットワークの整備が重視されていた点を確認しておきたい。第4次空港整備5カ年計画（1981〜85年）になると，地方空港のジェット化への対応が遂行された。そしてバブル景気を背景とする国内・国際航空輸送需要の増大に対応するため，羽田空港，成田空港，伊丹空港の容量拡張を目標に掲げ，第5次空港整備5カ年計画（1986〜90年）が1県1空港を掲げて実施された[83]。

再び航空事業に視点を転じると，1984（昭和59）年に日本とアメリカの両政

81） 空港整備法の規定内容と現状の間に不整合が生じてきたため，国土交通省は2008（平成20）年6月に空港整備法を改正し，空港の設置・管理，工事費用の負担割合，外資規制，空港種別に関する規定内容を改正し，同時に名称を空港法と変更した。

82） 空港整備特別会計の財源確保を目的として，1970（昭和45）年には空港使用料が，1971（昭和46）年には航行援助施設利用料が，1972（昭和47）年には航空機燃料税が，1975（昭和50）年には特別着陸料が制度化された。なお，空港整備特別会計は2008（平成20）年度から社会資本整備事業特別会計の空港整備勘定へ統合されている。だが，実質的な相違はほとんどない。

府が日本貨物航空[84]をはじめとする新規航空会社の新規参入について航空交渉を実施していた。この結果，1985（昭和60）年4月にフェデックスの日本乗り入れと交換条件で，日本貨物航空のアメリカ本国乗り入れが暫定的に合意された。同時に日米の航空路線に日米双方の旅客便の新たな就航が認められ，1986（昭和61）年3月には全日本空輸が成田・グアム線を運航した。これは国際線の運航を日本航空だけに限定していた45・47体制の崩壊を意味しており，政府は45・47体制の再検討を余儀なくされたのである。

そこで同年，政府は運輸政策審議会に航空部会を設置し，「我が国の航空企業の運営体制のあり方に関する基本方針」を諮問，1986（昭和61）年6月に最終答申を得た。政府はこの答申に基づき，45・47体制からの脱却，すなわち日本航空の完全民営化，国際線の複数社体制，国内線の競争促進といった日本の航空事業者における競争の促進・規制の緩和を図ったのである。

具体的には，第1に日本航空株式会社法の廃止と政府所有株式の売却によって1987（昭和62）年11月に日本航空が完全民営化されたこと，第2に日本航空と全日本空輸に加えて，1988（昭和63）年7月に日本エアシステム[85]が成田・ソウル線の運航を開始したこと，第3に国内線においては1996（平成8）年12月に標準原価を基準に25％以内の幅で普通運賃が自由化されたこと，第4に1997（平成9）年4月には新規航空会社の参入が国内線で自由化されたこと，第5に1998（平成10）年9月にスカイマークエアラインズが羽田・福岡線に，同年12月にエアドゥが羽田・新千歳線に就航したことである。

空港整備計画に視点を戻すと，第6次空港整備5カ年計画（1991～95年）で主に地方空港を対象に滑走路延長工事が行なわれていた。国際化に不可欠な

---

83) 空港の整備・運営を公的な主体が担当してきた理由として，外部性，情報の非対称性，所得再分配が挙げられている（中条潮「航空インフラ」杉山武彦監修『交通市場と社会資本の経済学』有斐閣，2010年，178－182頁）。

84) 日本貨物航空は1978（昭和53）年9月に海運4社（川崎汽船，日本郵船，大阪商船三井船舶，山下新日本汽船）と全日本空輸が資本金200万円で設立した。

85) 日本エアシステムは，1988（昭和63）年4月に東亜国内航空から社名変更された航空会社である。

ジェット機の離発着を可能にするためである。この計画終了時点で，国内航空ネットワークに要する地方空港の整備は一段落した[86]。バブル景気が終焉してから実施された第7次空港整備7カ年計画（1996～2002年）では，地方空港から大都市圏に立地する空港（成田空港，羽田空港，関西国際空港，中部空港）の整備に重点が移された。この結果，現在では全国に97ヵ所の空港が整備されるに至った（図表10-9）。

　伝統的な航空政策からの転換を意図した背景には，わが国より約20年早い1978（昭和53）年10月に航空規制緩和法（Airline Deregulation Act）が成立し，同法の下で民間航空委員会（Civil Aeronautics Board）を廃止した，アメリカに端を発する世界的な航空自由化・規制緩和の潮流があった[87]。規制緩和では小さな政府の実現と民間部門の効率化，すなわち民営化と自由化が希求された。

　というのは，第1に成長の下方屈折によって供給者側の重要性が顕在化したこと，第2に規制導入時と比較して技術進歩や情報化の進展といった社会環境の変化が顕著なこと，第3に支配層が規制緩和を支持したこと，第4にコンテスタビリティ理論が従来の規制手法に対して異なる見解を提示したことがあったからである[88]。

　このように世界的な航空産業における規制緩和の潮流と，わが国の45・47体制との間には大きな溝があった。そこで制度疲労による問題点を解決するために，現状の変化と規制政策との整合性をもたせるべく，2000（平成12）年2月に改正航空法が施行されたのである。主な改正事項は，第1に航空事業の適正かつ合理的な運営を確保して利用者の利便性と公共の福利を増進すること，第2に路線ごとの免許制から事業者ごとの許可制へと参入基準を変更すること，

86）　赤井，前掲『交通インフラとガバナンスの経済学』19頁。
87）　民間航空委員会は，1938年民間航空法（Civil Aeronautics Act of 1938）の下で国内航空の経済的規制を行なう機関として設立された。同委員会は新規参入する航空事業者の抑制や運賃競争の制限を担当していた。同委員会の廃止後，その権限は主に運輸省（Department of Transportation）へ移譲されている。
88）　経済企画庁総合計画局編『規制緩和の経済理論』大蔵省印刷局，1989年，23-25頁。

第2部　わが国の交通政策史

図表10－9　わが国の主要空港

種別		設置・管理者	名称	数
拠点空港	会社管理空港	成田国際空港株式会社	成田国際	1
		関西国際空港株式会社	関西国際，大阪国際	2
		中部国際空港株式会社	中部国際	1
	国管理空港	国土交通大臣	東京国際，新千歳，稚内，釧路，函館，仙台，新潟，広島，高松，松山，高知，福岡，北九州，長崎，熊本，大分，宮崎，鹿児島，那覇	19
	特定地方管理空港	国土交通大臣地方公共団体	旭川，帯広，秋田，山形，山口宇部	5
地方管理空港		地方公共団体	利尻，礼文，奥尻，中標津，紋別，女満別，青森，花巻，大館能代，庄内，福島，大島，新島，神津島，三宅島，八丈島，佐渡，富山，能登，福井，松本，静岡，神戸，南紀白浜，鳥取，隠岐，出雲，石見，岡山，佐賀，対馬，小値賀，福江，上五島，壱岐，種子島，屋久島，奄美，喜界，徳之島，沖永良部，与論，粟国，久米島，慶良間，南大東，北大東，伊江島，宮古，下地島，多良間，石垣，波照間，与那国	54
共用空港		防衛大臣	札幌，千歳，百里，小松，美保，徳島	6
		米軍	三沢，岩国	2
その他の空港		地方公共団体	調布，名古屋，但馬，岡南，天草，大分県央	6
		国土交通大臣	八尾	1

（出所）　国土交通省航空局監修『数字でみる航空（2016年版）』航空振興財団，2016年，129－130頁。

第3に市場メカニズムに基づいて路線への参入を決定すること[89]，第4に認可制から届出制へと運賃を変更すること，第5に認可制から届出制へと運航計画を変更することであった。

その結果，2000（平成12）年度に天草エアラインズ（天草・熊本線）とアイベックスエアラインズ（仙台・関西国際空港線），2001（平成13）年度に壱岐国際航空（福岡・壱岐線），2002（平成14）年度にソラシドエア（東京・宮崎線），2005（平成17）年度にエアトランセ（函館・新千歳・帯広線），2006（平成18）年度にスターフライヤー（羽田・北九州線），2009（平成21）年度にはフジドリームエアラインズ（静岡・小松線，静岡・熊本線，静岡・鹿児島線）がそれぞれ新規航空事業者として国内航空路線に参入している[90]。

航空法の規制緩和の意図に従って新規参入者が数者でも登場した理由として次の点を挙げられる。すなわち，航空事業者は空港やターミナル施設への建設・投資が不要であること，航空機をレンタルやリースなどで安く調達できること，同じ機材に統一することで整備費が低廉にできること，大手航空事業者を定年退職したパイロットや外国人パイロットを大手よりも安い人件費で雇用できたこと，機材の回転率やパイロットの飛行時間を法的範囲内で増やすことを通じて低コストが実現できたことなどである。こうした供給面の好条件があったにもかかわらず，新規参入した航空事業者の経営は需要面で課題を抱えており，あまり芳しくない。というのは，第1に既存大手航空事業者との運賃競争に十分な優位性をもっていないこと，すなわちLCC（Low Cost Carrier）に徹しきれていないこと，第2にブランド力が弱いことが指摘できるからである。

完全民営化された日本航空は売上額の多くを国際線に依存していたが，国内線における新規参入者への対応により次第に経営が悪化していった。さらに，国際線においても外国の航空事業者との運賃競争，すなわち世界的な航空規制緩和による運賃競争の激化に日本航空は対峙せざるを得なかった。このため国際線に比重をおいた売上構造からの転換先を国内線のネットワーク強化で補完

89） 需給調整規制の撤廃を意味する。
90） 主に各社ホームページを参照した。

することが模索された。経営幹部が下した解決策は日本エアシステムとの統合であった。資本規模を拡大し経営安定化を図りたい日本エアシステムと国内路線の拡充を実現したい日本航空の意図が合致したためである。

2002（平成14）年10月になると，日本航空と日本エアシステムは持株会社（株式会社日本航空システム）を立ち上げた。2004（平成16）年6月には株式会社日本航空に商号変更をした後，日本航空ジャパンと日本航空インターナショナルを設立した。日本航空ジャパンは国内線旅客事業部門，日本航空インターナショナルは国際線旅客事業部門と貨物事業部門（国際・国内の貨物・郵便）をそれぞれ取り扱った。その後，2006（平成18）年10月に日本航空ジャパンが日本航空インターナショナルへ吸収・合併されることで，両社の経営統合は完了するに至ったのである（図表10-10）。

新たに誕生した日本航空には確かに国際線と国内線の売上高に占める比重の改善がみられた。しかし，国際線においては統合前と同様に激しい運賃競争が継続していたゆえに，コストの削減を引き続き図る必要があった。だが，硬直化した高額な人件費の支出や燃費効率が悪く大量の燃料を必要とする大型機の大量保有といった内的要因，さらに燃料費の高騰，イラク戦争の勃発や疫病の流行による利用客の大幅な減少といった外的要因などが複合的に関係して高コスト体質からの脱却が容易に果たせなかった。

資金繰りがうまくいかなくなり，2009（平成21）年には第1四半期に900億円の赤字を計上し同年11月には自力での経営維持が困難となった。国民への影響を考え，日本航空の経営に関して政府が全面的に関与する方針となった。2010（平成22）年1月になると，日本航空は会社更生法の適用対象となるが，翌年3月には更正手続きを完了した。その間，企業再生支援機構の下で，人員削減，国際線の路線縮小，燃費効率の悪い旧型機の引退，貨物専用機事業からの撤退で経営再建がなされた。同社は2012（平成24）年9月に再上場している。

一方，2011（平成23）年度には，わが国の本格的なＬＣＣとして，ピーチ・アビエーション，エアアジア・ジャパン（現在のバニラ・エア），およびジェットスター・ジャパンが，2012（平成24）年度には春秋航空日本が誕生している。

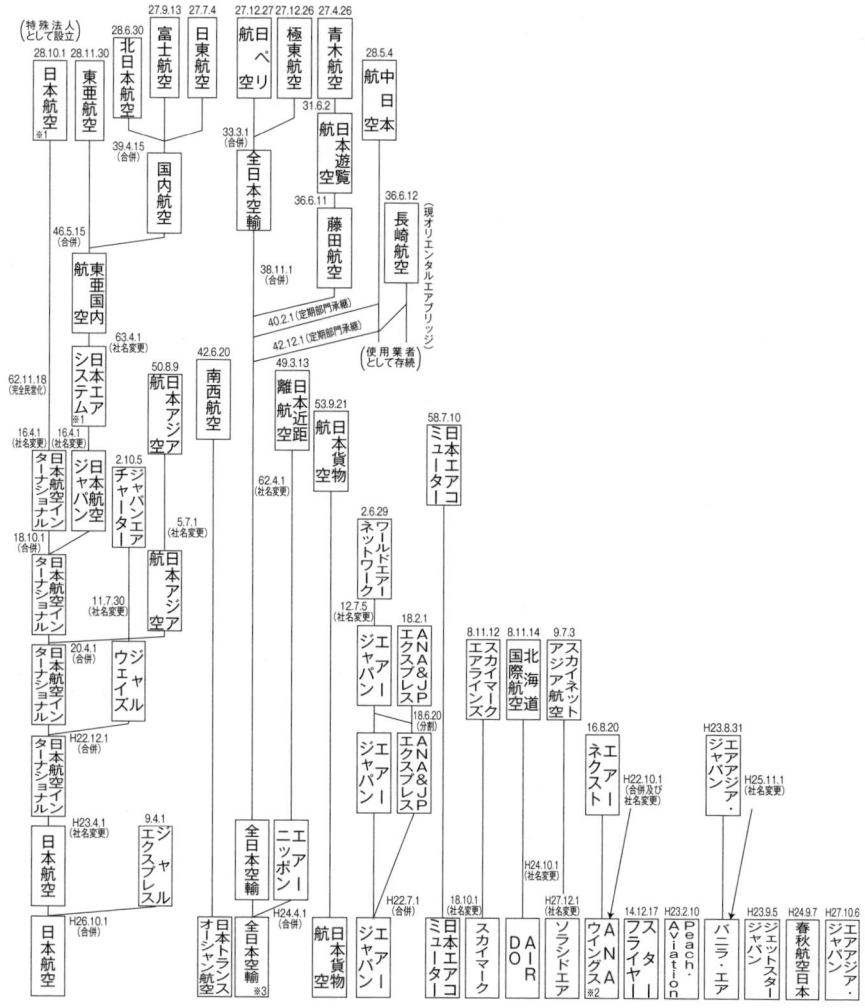

第10章　交通市場の変容と交通政策

図表10−10　主要航空事業者の変遷図

※1　日本航空と日本エアシステムは，平成14年10月2日に共同持株会社「日本航空システム」を設立し，経営統合した。平成16年6月26日「日本航空システム」から「日本航空」へ社名変更。
※2　平成22年10月1日，「エアーニッポンネットワーク」を存続会社として「エアーネクスト」，「エアーセントラル」と合併するとともに「ANAウイングス」に社名変更。
※3　平成25年4月1日付けで全日本空輸㈱を吸収分割し，承継会社ANAホールディングス㈱（平成24年4月2日設立）に航法上の地位を承継することで持株会社側へ移行するとともに，同日付で「ANAホールディングス㈱」は「全日本空輸㈱」に，「全日本空輸㈱」は「ANAホールディングス㈱」に社名変更。
※4　日付けについては，特に記載がない場合，事業許可の日を表す。

（出所）国土交通省航空局監修『数字でみる航空（2016年版）』航空振興財団，2016年，361頁。

④ 内航海運の規制緩和

　規制緩和の流れの中で，1998（平成10）年5月に競争制限的な機能をもっていた船腹調整事業は廃止され，代わりに内航海運暫定措置事業が導入された。内航海運暫定措置事業とは，自己所有の既存船を解撤（スクラップ）して新造船を建造（ビルド）する内航海運事業者に，日本内航海運組合総連合会がその船腹量に応じて船舶建造者から納付金を徴収するとともに，既存船の解撤業者に解撤（スクラップ）する船腹量に基づく交付金を支給する制度である。

　内航海運暫定措置事業はスクラップ＆ビルド方式で実施されていた既存船の解撤に要する交付金が，解徹に要する資金と同等の納付金・交付金に変更されたことを意味する。というのは，船腹調整事業の廃止によって，新造船の建造に際して既存船の解撤を出す引当資格（一種の営業権）の財産的価値が失われるからである。その影響を考慮して引当資格の代わりに手当てしようとするものだからである。つまり，内航海運事業者に対する規制緩和の緩衝策として内航海運暫定措置事業が採用されたのである[91]。

　内航海運暫定措置事業の主な内容は次の通りである（図表10-11）。第1に日本内航海運組合総連合会は既存の引当資格をもつ自己所有船の解撤を行なう転廃業事業者などに対して交付金を出すこと，第2に交付金のために必要な資金は日本内航海運組合総連合会が金融機関などからの借入金および交付金の未交付事業者が拠出する資金で充当されること，第3に日本内航海運組合総連合会は船舶建造者などが納付する納付金によって金融機関などからの借入金を返済すること，第4に船舶を建造しようとする組合員は新造船の重量トン数に応じて日本内航海運組合総連合会に建造納付金を納付すること，第5に内航海運暫定措置事業は収支が相償った時に終了すること，以上5点である。

　このように日本内航海運組合総連合会は金融機関から融資を受けながら，船舶建造者からの納付金を返済に充当している。こうした仕組みによって，事業意欲のある内航海運事業者は船舶の建造を自由に行なえるようになった。つま

91）　鈴木・古賀，前掲『現代の内航海運』126-127頁。

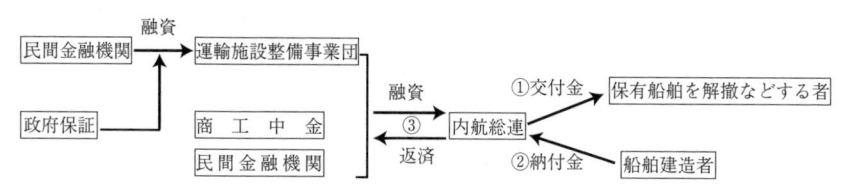

図表10-11　内航海運暫定措置事業の概要

```
                融資
民間金融機関 ──────→ 運輸施設整備事業団
    ↑                              │
政府保証                          融資│        ①交付金  ┌──────────────┐
                商 工 中 金         ↓ ③     ┌─────→ 保有船舶を解撤などする者
                              内航総連       │
                民間金融機関      ↑  返済    └───── 船舶建造者
                                              ②納付金
```

(注)① 内航総連は保有船舶を解撤などする者に交付金を交付する。
　　② 船舶建造者は内航総連に納付金を納付する（代替建造の場合は納付金から交付金相当額を相殺）。
　　③ 内航総連はこの事業に必要な資金を確保するため，金融機関などから融資を受けて交付金を交付するとともに，船舶建造者が納付する納付金によって金融機関などからの借入金を返済する。

(出所)　国土交通省海事局国内貨物課編『内航海運ハンドブック（2003年版）』成山堂書店，2003年，108頁。

り，内航海運暫定措置事業は船腹需要の適正化と競争的市場環境の整備を目的として実施されたといえる[92]。

　近年では，競争制限的な性格をもつ内航海運暫定措置事業も廃止して，新規建造・参入の自由化時代を見越した規制緩和への対応も政策として検討すべき段階に入りつつある。さらに，貿易自由化の波が押し寄せることも踏まえて，将来的に，わが国のカボタージュ（国内運輸の保護政策）撤廃への要求が各国から強まる可能性も視野に入れなければならない。これらに備えて，内航海運事業者はコスト面で国際競争を勝ち抜ける企業体力をつける必要に迫られている[93]。

　一方，国内でも内航海運事業者はフェリーを除くとトラック事業者との競争関係にある。環境面への配慮からモーダルシフトという追い風が内航海運事業者には吹いている。だが，リードタイムや積荷の特性などを踏まえると，依然

---

[92]　国土交通省海事局国内貨物課編『内航海運ハンドブック（2003年版）』成山堂書店，2003年，82-84頁。
[93]　ジェイアール貨物・リサーチセンター編『日本の物流とロジスティクス』成山堂書店，2004年，96-97頁。森，前掲『現代物流の基礎』90頁。

としてトラック事業者の優位性は維持されている。そこで内航海運事業者とトラック事業者は協力できる部分について相互補完しながら，コストとリードタイムにおいて効率的な物流システムを構築すべきである。つまり，国内向け物流サービス商品の差別化を図ることで，いずれ来る国際競争に対峙できる基礎力を今から養成しなくてはならない。

ただし，内航海運事業では一杯船主をはじめ，数隻で経営している中小零細規模の事業者の割合がトラック事業に近似するほど多く，全体の約90％を占めている。零細事業者の賃金水準は低く，雇用も不安定であるために，副業をせざるを得ない状況におかれていることを看過してはならない[94]。

⑤ 道路運送法の改正と乗合バス事業の規制緩和

バス事業は1948（昭和23）年1月に施行された道路運送法によって運輸大臣の監督下におかれていた。1951（昭和26）年7月になると，道路運送法は改正され，バス事業の免許基準を明確に打ち出した。すなわち，乗合バス事業に関する道路運送法の目的は免許基準の運用を厳しくすることにあった。これは新規参入者の抑制を目的とする，規制体制の強化を意味する。バス事業は乗合バス事業と貸切バス事業に区分されるが，以下では乗合バス事業について考えていく。

まずは規制緩和以前の新規バス事業者における参入規制をみていこう。かつては新規参入するために乗合バス事業者は路線別に免許の交付を受ける必要があった。その際に資格要件と需給要件が新規参入の基準として審査された。資格要件とは，バス事業を滞りなく遂行できるのかといった企業能力を問うもので，事業者としての適格性が求められた。資格要件を満たすと，需給要件が審査される。需給要件とは，そのバス事業者に免許を交付した結果，著しい超過供給に陥らないかを事前に確認するものである。路線免許によって，乗合バス事業者は設定された事業区域内における独占的な営業を認められるからであった。ただし，バス事業の休止や廃止といった市場撤退は許可制となっていた[95]。

---

94) 鈴木・古賀，前掲『現代の内航海運』78頁。

第10章　交通市場の変容と交通政策

　次に運賃規制をみてみよう。総括原価運賃形成原理で決定される運賃は認可制であり，対キロ制，対キロ区間制，均一制，特殊区間制，地帯制の各運賃形態が運行経路の状態にあわせて採用されていた。なお，運行経路・時刻・回数，車庫や停留所の位置などに関する事業計画の変更は認可制であった[96]。

　安全規制を強化するため，1956（昭和31）年８月になると，バス事業者に運行管理者を設置することが義務づけられた。1959（昭和34）年４月になると，自動車ターミナル法が制定され，結節機能点としてのバスターミナルが整備されることになった。こうしたバス事業者の社会的規制の強化や近代化を背景に乗合バス輸送量は増大し続け，1969（昭和44）年には年間輸送量が100億人を突破するまでに乗合バス事業は成長した。

　しかし，1960年代以降から急速にモータリゼーションが進展した結果，自家用自動車の普及率が高い地方部から徐々に乗合バスの利用客が減り始め，1970（昭和45）年からは乗合バス需要者の減少が明確になった。自家用自動車の普及が道路渋滞を惹起し，バスの定時運行に支障をきたすようになったからである。こうした交通サービス商品の質的劣化が乗客離れをさらに促進し，乗合バス事業者の経営は悪循環に陥ってしまったのである[97]。

　不採算の乗合バス路線が生活交通として必要だと判断された場合，1972（昭和47）年４月からは地方バス路線維持対策要綱に基づく不採算路線に対する公的補助（過疎バス補助）が開始されていた。この補助制度は，第１に生活路線，第２に廃止路線代替バス路線を補助の対象としていた。

　過疎バス補助が開始された1972年には４億7,400万円にすぎなかった補助金が1988（昭和63）年には約100億円にまで増大した[98]。こうした動向を背景に，

---

95)　井口富夫「バス事業の活性化と規制緩和」林敏彦編『公益事業と規制緩和』東洋経済新報社，1990年，310頁。
96)　同上。
97)　斎藤峻彦「道路交通政策」運輸経済研究センター編，前掲『戦後日本の交通政策－経済成長の歩みとともに－』223－224頁。
98)　井口富夫「バス事業の活性化と規制緩和」林編，前掲『公益事業と規制緩和』311頁。

1985（昭和60）年7月になると臨時行政改革推進委員会によって『行政改革の推進方策に関する答申』が出され，乗合バス事業の規制緩和が提言された。その骨子は，需給要件を廃止し，資格要件だけで新規参入事業者を規制すること，および市場メカニズムの導入による運賃の弾力化によって，乗合バス事業の活性化を促すことであった。

これまで乗合バス事業の規制根拠は，同一事業者内において採算分野（黒字路線）から不採算分野（赤字路線）へ内部補助することで事業者全体として利潤を確保し，不採算路線や低運賃を維持することにあった。しかし新たな提言によると，従来の内部補助は他の補助手段と比べて経済的に非効率的なこと，受益と負担の観点からも問題があるゆえにこれを廃止し，本当に補助が必要な乗合バス路線に対しては公的補助金を投入する方式へと転換することが意図された[99]。

2002（平成14）年2月になると，乗合バス事業の規制緩和が実施され，参入規制は路線ごとの免許制から事業ごとの許可制へ，運賃規制は認可制から上限認可制の下での事前届出制へと変更された[100]。また，運行経路，車庫や停留所の位置などに関する事業計画の変更は認可制，運行時刻・回数は届出制，休止や廃止といった市場撤退は6か月前の事前届出制になった。さらに安全規制は運行管理者制度に従い，罰則を明示した事後規制とされた。

2002（平成14）年度の乗合バス事業者総数は444者（民営399者・公営45者）であったのが，規制緩和後の2007（平成19）年度になると513者（民営474者・公営39者）へと69者（民営75者増・公営6者減）増加している[101]。その一方で，2002（平成14）年度の収支状況をみると，民営の約71％，公営の約97％が赤字，同様に規制緩和後の2007（平成19）年度では民営の約71％，公営の約89％が赤字，

---

99) 経済企画庁総合計画局編，前掲『規制緩和の経済理論』114-115頁。
100) 貸切バス事業は2000（平成12）年2月に規制緩和が実施された。参入規制は事業区域別の免許制から事業別の許可制へ，運賃規制は認可制から事前届出制へと変更された。
101) 国土交通省自動車局監修，前掲『数字でみる自動車（2011年版）』28頁。

同様に2009（平成21）年度では民営の約70％，公営の約92％が赤字となっている。そこで生活交通路線維持費補助金の支給状況をみると，2002（平成14）年度に4,342系統あったのが，規制緩和後の2007（平成19）年度に1,799系統で約59％減，2009（平成21）年度には1,576系統で約64％減少している[102]。

こうした補助金支給系統の減少は2001（平成13）年度から従来の第2種・第3種生活路線に対する事業者への運行費欠損補助制度[103]が廃止され，広域的・幹線的路線に対する路線ごとの補助制度（地方バス路線運行維持補助制度）へと変更されたことによる。つまり，2002（平成14）年2月の道路運送法の改正による規制緩和で需給調整規制が撤廃され，従来の内部補助による赤字路線の維持の義務がバス事業者になくなり，赤字路線からの撤退が増えたためである。新制度では路線ごとの収支で補助対象路線が決定されるが，既存路線バスの廃止は住民からの反対が多いため，補助対象から外れた路線であっても特別地方交付税交付金で対応している[104]。

交付金の支給対象からも外れた乗合バス路線は廃止されてしまう可能性が高い。そこで廃止後における生活交通確保策を検討する組織として地域協議会が創設されている[105]。しかしながら，地域協議会の現状をみると，その実質的な機能すら依然として模索段階にあり，確固とした制度化が早期に望まれる[106]。地域協議会の制度化で問題とすべきは，地域住民の非参加である。すなわち，まちづくりの観点から交通需要者としての住民の場所的移動に対する

---

102) 日本バス協会編『日本のバス事業（2006年版）』日本バス協会，2006年，60頁。日本バス協会編『日本のバス事業（2011年版）』日本バス協会，2011年，26頁，36頁。
103) 第2種生活路線とは平均乗車密度が5名以上15名以下の路線，第3種生活路線とは乗車密度5人未満の路線である。
104) 秋山哲男・吉田樹編『生活支援の地域公共交通』学芸出版社，2009年，51-56頁。
105) 地域協議会の構成員は，関係都道府県知事，関係市町村長，関係地方運輸局長，関係事業者とされた。
106) 寺田一薫「バス」杉山監修，前掲『交通市場と社会資本の経済学』100頁。

必要を直接に地域協議会に反映すべきである。したがって地域協議会には，まちづくりとバス利用に関する施策を利害関係者が協力して検討できるような仕組み，つまり多様な価値観を包含できるような制度設計が求められる。

⑥ 道路運送法の改正とタクシー事業の規制緩和

まずは新規タクシー事業者の参入規制をみていこう。1948（昭和23）年1月に施行された道路運送法でタクシー事業は運輸大臣の管理下におかれ，事業区域別の免許制とされていた。1951（昭和26）年7月に施行された改正道路運送法では免許基準に需給調整条項が加わり，新規参入は免許制となり，2002（平成14）年2月に事業者別の認可制へと改正されるまでその形態は維持されたのである。高度経済成長期に入ると，需要の急増に対応するため，増車政策が実施された[107]。1971（昭和46）年8月になると，運輸政策審議会がタクシー事業の参入・撤退および運賃の規制緩和政策を提唱した。

しかし，第1次石油危機を契機にタクシー需要が減少に転じたゆえに，規制当局は新規参入者を制限して需給の均衡を図ろうとする需給調整政策に移行した。タクシー事業の規制緩和政策はこの時点で頓挫したのである[108]。需給調整政策はタクシーの台数を規制するもので，新規事業者の参入規制と相まってタクシー事業の安定化を図ることに目的があったからである。これは需給調整条項として道路運送法に明記された。そこで規制当局は事業区域別の需給判断を年1回実施し，タクシー台数の増減を事業者に指導することになった。

---

107) 1960（昭和35）年から個人タクシー制度が導入された。なお，1964（昭和39）年の東京オリンピック開催以後の高度経済成長期に，ほぼ慢性的なタクシー台数の不足と，低賃金・長時間勤務といったタクシー運転手の劣悪な雇用条件が相まって，乗車拒否などを行なうタクシー運転手が問題視されていた。そこで1970（昭和45）年5月に良質な運転手を確保するために，運輸省（現・国土交通省）がタクシー業務適正化臨時措置法を施行し，同年8月にはタクシー近代化センターを設置して運転者登録制度を実施した。

108) 斎藤峻彦「道路交通政策」運輸経済研究センター編，前掲『戦後日本の交通政策－経済成長の歩みとともに－』233-238頁。

1997（平成9）年4月になると，新規参入に要する最低車両数の引下げ，ならびに事業区域の統合や拡大が実施され，規制緩和に方向転換が図られた。この結果，車両数は全国で2,072台の増加となったが，折からの不況のため2000（平成12）年には再び1996（平成8）年の水準にまで減少した。事業区域は1996年の1,911ヵ所から2004（平成16）年の732ヵ所にまで減少した。2002（平成14）年2月に改正された道路運送法では，新規参入に関して免許制から許可制へと規制が緩和されている。この改正道路運送法では，需給調整規制が原則として廃止されたため，最低車両台数や事業施設の確保などといった一定の要件を満たしていれば新規参入が認められるようになった。

続いて運賃規制をみてみよう。1948（昭和23）年1月に公布された道路運送法で認可制が採用され，1951（昭和26）年7月に施行の改正道路運送法で，運賃定額制と運賃メーター制が導入された。だが，不況による運賃ダンピング競争の激化から，1955（昭和30）年2月に東京地区で運賃定額制が事実上崩壊している。このため規制当局は同年7月に運賃定額制の実効度を高めようとして初乗運賃を同一とする，同一地域同一運賃の原則を通達した。

1973（昭和48）年7月になると，第1次石油危機を契機に顕在化した，タクシー利用客の減少と運転手不足の深刻化を背景に，経営改善のために2年ごとに運賃を値上げする政策へと転換した。途中，2年ごとの原則は崩れたが，景気の変動とタクシー需要は連動しているとの認識から，景気後退局面においては，運賃改定が規制当局に認可され，一定の役割を果たしてきた。

その後，同一地域同一運賃の原則を前提とした運賃変更可否の検討基準と運賃原価算定基準が確立し，1993（平成5）年に同一運賃ブロックにおけるタクシー運賃の多様化が認められるまで，同一地域同一運賃の原則は継続した[109]。1997（平成9）年になるとゾーン運賃制度が導入され，現行運賃の10％を下限として事業者が運賃を割引できるようになった。併せて，初乗距離を2kmから1kmにまで短くした運賃制度も認められた。

---

109) 平井都士夫「政府規制とハイヤー・タクシー業」『名城商学』第42巻第4号，1993年3月，135-158頁。

第2部　わが国の交通政策史

　2002（平成14）年2月になると，道路運送法が改正され，運賃ブロック別に上限運賃を算出し，これ以下で一定範囲内にある運賃の申請が原則として自動的に認可される，上限運賃規制が導入された。なお，運賃申請が自動認可の下限に達しない場合は個別審査に委ねられることになった[110]。運賃規制が必要な理由として，タクシー事業者とその需要者の間における交通サービス商品の量（運賃）に関する情報の非対称性が挙げられる。ただし，需給調整規制は廃止され，一定の要件を備えたタクシー事業者については新規参入が認められるようになった。

　このように2002年2月からはタクシー市場における参入規制と運賃規制の緩和が実施されている。規制緩和前の2001（平成13）年度の総事業者数をみると，53,285者（法人7,018者，個人46,267者）であったが，2010（平成22）年度には総事業者数が57,013者（法人13,679者，個人43,334者）に増加している[111]。その一方で，需要の減少と過剰供給が事業者にコスト削減を余儀なくさせている。このため法人タクシーでは総コストの70％前後を占める運転手の賃金が切り下げられ，歩合制賃金と相まって依然として低賃金・長時間労働を運転手は強いられている。2010（平成22）年度におけるタクシー運転手（男子）の平均年収は278万円で，10年前と比較すると，約18％の下落となっている[112]。

　こうした現状への対応策として，供給過剰地域を対象に協議会[113]によって需給の適正化を図ることを目的とする，特定地域における一般乗用旅客自動車運送事業の適正化及び活性化に関する特別措置法[114]が2009（平成21）年10月に緊急的調整措置として成立している。さらに2014（平成26）年1月になると，特定地域における一般乗用旅客自動車運送事業の適正化及び活性化に関する特

---

110) 上限運賃額の改定のためには，運賃の改定を申請した法人タクシー事業者の車両数合計が該当する運賃ブロック内の法人タクシー事業者が保有する全車両数の70％を超過することが条件とされた。
111) 国土交通省自動車局監修，前掲『数字でみる自動車（2011年版）』48頁。
112) 同上，54頁。
113) 協議会の構成員は，地方運輸局長，関係地方公共団体の長，タクシー事業者・団体，タクシー運転者の団体，地域住民，その他である。

別措置法等の一部を改正する法律（タクシーサービス向上安心利用推進法）が施行されている。

これを受けて，特定地域と準特定地域に区分して規制が実施された（改正前の特別措置法に基づく特定地域は，改正法によって準特定地域に指定されている）。特定地域では，新規参入と増車が禁止され，国土交通大臣は強制力のある供給削減措置を実施できることになった。また，特定地域における協議会での供給削減の取り組みは独占禁止法の適用除外とされた。一方，準特定地域では，新規参入は許可制，増車は認可制となっている。運賃をみると，両地域において公定幅運賃が定められ，その幅内で事業者が運賃を届出ることになっている。ただし，運賃の下限割れに対しては国土交通大臣の変更命令対象となる。同法にみられるように，タクシー運転手の雇用を守るためにも，適正な原価に基づく適正な運賃と交通需要者の負担力や必要・欲求との整合性を考慮しながら，タクシーにおける交通サービス商品の再生産過程を改善する仕組みを構築していくことが必要である。

⑦ 規制緩和と生活交通の質

規制緩和によって，交通事業者は交通対象である人や物の需要量に応じて交通サービス商品の生産要素を配置する傾向を示しつつある。わが国のような人口減少社会・少子高齢社会においては，過疎化の進展に伴ない国土全体における居住空間としての均質性が損なわれつつある。したがって，過疎化した地域のなかには交通事業者数の減少や事業の廃止・撤退もみられる。例えば，JR北海道やJR四国では，不採算路線を廃線にする，もしくはその廃線を検討している事例もある。自家用自動車に代表される私的交通が利用できるならば，

---

114) 通称はタクシー適正化・活性化法である。新古典派経済学によると，単なる過当競争を回避するための規制は適正な市場構造の実現を妨げる可能性が大きいことから参入規制の経済理論的根拠は乏しいとされる。しかし，交通事業者の安定性を確保する点からは規制の根拠となり得る（衛藤，前掲『交通経済論の展開』112-116頁）。

生活に支障はない。しかし，完全自動運転車がすぐには実用化されないと考えられるため，高齢者のような交通弱者には私的交通の利用が困難になっている。

こうした動向を背景として，生活交通の維持という課題を解決するために，2007年に施行の地域公共交通活性化再生法が2014（平成26）年11月に改正・施行された。改正地域公共交通活性化再生法は改正都市再生特別措置法と同時に施行され，コンパクト・シティの実現に向けた公共交通ネットワークを地方公共団体が中心となって再構築することを方向性として示している。すなわち，地方公共団体が主導して関係者と合意形成を行なうだけでなく，まちづくりと一体化した持続可能な地域公共交通ネットワークをも再構築することにねらいがある。このために，複数バス路線の整理・統合による利便性の向上，バスと鉄道の乗換ターミナルの整備，デマンド・タクシーの導入，運賃の見直し，公共交通沿線への居住場所の誘導，歩行空間や自転車利用空間の整備，拠点エリアへの医療や福祉といった都市機能の誘導などが挙げられている。

確かに居住地域に粗密のある空間においては，交通サービス商品の結節機能点に各種の生活関連サービスを集約して，そこに居住人口を増やすことが合理的な空間の再編成である。しかし，そうした居住空間の再編には，専門家による機能論的世界観がうかがえ，従来の生活空間から引き離される人々に対する配慮が十分とはいえない。なぜなら，そこでは実際に人々が生活してきている地域と，空間の再編に向けて機能論的な視点から認識した地域とが，後者によって一元化されているからである。

単層構造化を回避するには，両者を区別したうえで関連させていく必要がある。換言すれば，居住空間の再編においては，地域住民を含む関係者との合意形成という点で，地方公共団体の役割が重要となる。国民的公共性の視点に基づく歴史的・社会的なまちづくりと経済的効率性を基軸とする機能的なまちづくりとの調和が課題となるからである。この点で，改正都市再生特別措置法と連動した改正地域公共交通活性化再生法には，そうした可能性が残されている。

人や物の場所的移動という交通では，交通サービスの生産・消費過程が空間と時間に還元できるため，主・客同一性や量的次元で交通の生産・消費過程が

認識される傾向にある。だが，生活空間は線路や道路，車両のような物的生産要素だけで構成されている訳ではない。経済活動や社会的交流，歴史的・文化的な意味といった主・客非同一性や質的次元もあわせもっている。それゆえ，住み慣れた生活空間における活動や意味から分断される人々を，新しい生活空間での活動や意味と一体化させるためには，新旧の地域住民を含む地方公共団体による歴史的・社会的なまちづくりを制度として改正地域公共交通活性化再生法に，より構造化することが求められる。専門家による交通市場に偏した機能的なまちづくりに対する拮抗力になるからである。

　さらに，居住空間にプル要因としての活動や意味をもつ観光資源を発見あるいは創出できれば，観光と交通とを融合したまちづくりが可能となる。その際，交通事業者が交通サービス商品およびその生産要素に地域の活動や意味を表象化することが肝要となる。まちづくりとの一体感が生まれるからである。こうして，観光者を対象にする観光交通が，生活交通としての地域公共交通ネットワークと観念的・実体的に重なっていく。地域公共交通を担う交通事業者に，交通需要の増加がもたらされるゆえに，経営改善に資するであろう。交通事業者の持続可能性は，地域住民の生活を開かれた未来へと誘うに違いない。

参考文献

赤井伸郎『交通インフラとガバナンスの経済学』有斐閣，2010年
赤堀邦雄『価値論と生産的労働』三一書房，1971年
赤堀邦雄『労働価値論新講』時潮社，1982年
秋山一郎『交通論』有斐閣，1964年
秋山哲男・吉田樹編『生活支援の地域公共交通』学芸出版社，2009年
麻生平八郎『交通および交通政策』白桃書房，1954年
麻生平八郎編『海運及び海運政策研究』泉文堂，1955年
麻生平八郎『増補版　海運補助政策論』白桃書房，1964年
麻生平八郎『増訂版　交通経営論』白桃書房，1966年
阿保栄司編『ロジスティクスの基礎』税務経理協会，1998年
荒井一博『ファンダメンタル　ミクロ経済学』中央経済社，2000年
飯田嘉郎『日本航海術史－古代から幕末まで－』原書房，1980年
生田保夫『アメリカ国民経済の生成と鉄道建設－アメリカ鉄道経済の成立－』泉文堂，1980年
生田保夫『改訂版　交通学の視点』流通経済大学出版会，2004年
生田保夫『私的交通システム論』流通経済大学出版会，2011年
池田博行『交通資本の論理』ミネルヴァ書房，1971年
池田博行・松尾光芳編『現代交通論』税務経理協会，1994年
飯盛信男『サービス経済論序説』九州大学出版会，1985年
飯盛信男『経済政策と第３次産業』同文舘出版，1987年
飯盛信男『サービス産業論の課題』同文舘出版，1993年
石井彰次郎『交通の経済学的研究』春秋社，1961年
石井常雄『馬の運送史（石井常雄交通論集第１集）』啓文社，1997年
石井常雄『自動車の運送史（石井常雄交通論集第２集）』啓文社，1997年
石井常雄『鉄道の運送史（石井常雄交通論集第３集）』啓文社，1998年
石井常雄『馬の輸送史』啓文社，1998年
石井晴夫『交通ネットワークの公共政策』中央経済社，1993年
石井晴夫『交通産業の多角化戦略』交通新聞社，1995年
伊藤允博『現代の交通経済－アメニティ時代の交通－』税務経理協会，1989年
伊藤良平編『改訂版　航空輸送概論』日本航空協会，1981年
井上周八『経済学－解説と研究－』文眞堂，1979年

井上篤太郎『交通統制概論』春秋社，1936年
井堀利宏『基礎コース　公共経済学』新世社，1998年
井村喜代子『現代日本経済論』有斐閣，2000年
岩澤孝雄『交通産業のサービス商品戦略』白桃書房，1996年
岩田規久男編『昭和恐慌の研究』東洋経済新報社，2004年
植草益『公的規制の経済学』筑摩書房，1991年
植草益編『社会的規制の経済学』NTT出版，1997年
宇野弘蔵『経済学方法論』東京大学出版会，1962年
宇野弘蔵『改訂版　経済政策論』弘文堂，1971年
運輸経済研究センター編『鉄道政策論の展開－創業からＪＲまで120年－』白桃書房，1988年
運輸経済研究センター編『戦後日本の交通政策－経済成長の歩みとともに－』白桃書房，1990年
運輸省運輸政策局・長銀経営研究所編『運輸関連業のニューサービス戦略』中央経済社，1986年
運輸省監修『わが国の総合交通政策体系』運輸経済研究センター，1972年
運輸省編『総合交通体系に関する答申』1971年
運輸省編『運輸省30年史』運輸経済研究センター，1980年
運輸調査局編『現代交通－その理論と政策－』運輸調査局，1966年
ANA総合研究所『航空産業入門－オープンスカイ政策からマイレージの仕組みまで－』東洋経済新報社，2008年
衛藤卓也『交通経済論の展開』千倉書房，2003年
老川慶喜『明治期地方鉄道史研究－地方鉄道の展開と市場形成－』日本経済評論社，1983年
大石泰彦編・監訳『限界費用価格形成原理の研究Ⅰ』勁草書房，2005年
大石雄爾編『労働価値論の挑戦』大月書店，2000年
大内秀明『ソフトノミックス』日本評論社，1990年
大木金次郎『経済政策原理－経済政策論の方法史的展開－』千倉書房，1959年
大久保哲夫・松尾光芳監修『現代の交通－環境・福祉・市場－』税務経理協会，2000年
大島藤太郎『国家独占資本としての国有鉄道の史的展開』伊藤書店，1949年
大島藤太郎『封建的労働組織の研究－交通・通信業における－』御茶の水書房，1961年
大島藤太郎『現代日本の交通政策』新評論，1975年
大島藤太郎・蔵園進『日本交通政策の構造』新評論，1975年
大谷禎之介『図解　社会経済学－資本主義とはどのような社会システムか－』桜井書店，2001年
大槻信治『交通統制論』岩波書店，1943年

参考文献

大森一二『都市と交通』中央書院，1954年
岡野行秀・山田浩之編『交通経済学講義』青林書院新社，1974年
岡野行秀編『交通の経済学』有斐閣，1977年
岡野行秀・南部鶴彦『改訂版　交通と通信』日本放送出版協会，1987年
岡村松郎編『日本自動車交通事業史（上巻）』自友会，1953年
奥野正寛・篠原総一・金本良嗣編『交通政策の経済学』日本経済新聞社，1989年
長田浩『サービス経済論体系－「サービス経済化」時代を考える－』新評論，1989年
織田政夫『海運経済論』成山堂書店，1975年
織田政夫『海運業界』教育社，1985年
織田政夫『海運要論』海文堂，1987年
小幡道昭『経済原論－基礎と演習－』東京大学出版会，2009年
小幡道昭・青才高志・清水敦編『マルクス理論研究』御茶の水書房，2007年
小淵洋一『第3版　現代の交通経済学』中央経済社，2000年
角本良平『現代の交通政策－移動の論理と経済－』東洋経済新報社，1976年
角本良平『交通における合理性の展開－現代の評価－』りくえつ，1979年
角本良平『新・交通論－実学の体系－』白桃書房，1985年
角本良平『交通の風土性と歴史性』白桃書房，1988年
角本良平『交通学130年の系譜と展望－21世紀に学ぶ人のために－』流通経済大学出版会，1998年
笠松愼太郎編『自動車事業の経営－交通研究資料（第30輯）－』日本交通協会，1934年
加藤寛・古田精司編『公共経済学講義』青林書院新社，1974年
加藤寛・浜田文雄編『公共経済学の基礎』有斐閣，1996年
金子俊夫『現代の交通経済学』広文社，1980年
金子ハルオ『サービス論研究』創風社，1998年
金本良嗣・山内弘隆編『交通－講座・公的規制と産業4－』NTT出版，1995年
貨物事務研究会編『鉄道と通運』日本国有鉄道営業局貨物課，1953年
川上博夫・森隆行『6訂版　外航海運のABC』成山堂書店，2000年
北岡伸一『後藤新平』中央公論社，1988年
北見俊郎『港湾総論』成山堂書店，1972年
北見俊郎『「港湾政策」の形成と課題』丘書房，1985年
木村健康『厚生経済学序説』勁草書房，1969年
木村達也『トラック輸送業・内航海運業における構造改革－全要素生産性（TFP）変化率を用いた分析－』白桃書房，2002年
近代日本輸送史研究会編『近代日本輸送史』運輸経済研究センター，1978年
櫛田豊『サービスと労働力の生産－サービス経済の本質－』創風社，2003年
工藤昌宏『日本海運業の展開と企業集団』文眞堂，1991年

熊谷尚夫『経済政策原理』岩波書店，1964年
くらしのリサーチセンター編『規制緩和と公共料金制度－「自由化」は何をもたらすかー』くらしのリサーチセンター，2004年
黒田英雄『世界海運史』成山堂書店，1972年
経済企画庁『経済自立5カ年計画』1955年
経済企画庁総合計画局編『新長期経済計画』1957年
経済企画庁総合計画局編『規制緩和の経済理論』大蔵省印刷局，1989年
経済企画庁総合計画局編『おいしい交通をめざして－21世紀の総合交通研究会報告－』大蔵省印刷局，1991年
交通学説史研究会編『交通学説史の研究』運輸経済研究センター，1982年
交通学説史研究会編『交通学説史の研究（そのⅡ）』運輸経済研究センター，1985年
交通学説史研究会編『交通学説史の研究（そのⅢ）』運輸経済研究センター，1988年
小風秀雅『帝国主義下の日本海運－国際競争と対外自立－』山川出版社，1995年
国土交通省海事局国内貨物課『内航海運ハンドブック（2003年版）』成山堂書店，2003年
国土交通省自動車局監修『数字でみる自動車（2011年版）』日本自動車会議所，2011年
小西唯雄編『産業組織論の新展開』名古屋大学出版会，1990年
小西唯雄編『産業組織論の新潮流と競争政策』晃洋書房，1994年
小林照夫『日本の港の歴史』成山堂書店，1999年
小林照夫・澤喜司郎・香川正俊・吉岡秀輝編『現代日本経済と港湾』成山堂書店，2001年
今野源八郎『道路交通政策』東京大学出版会，1955年
今野源八郎『アメリカ道路交通発達論』東京大学出版会，1959年
今野源八郎編『3訂　交通経済学』青林書院新社，1966年
今野源八郎・岡野行秀編『現代自動車交通論』東京大学出版会，1979年
斎藤重雄『サービス論体系』青木書店，1986年
斎藤重雄編『現代サービス経済論』創風社，2001年
斎藤純一『公共性』岩波書店，2000年
斎藤峻彦『交通経済の理論と政策』ぺんぎん出版，1978年
斎藤峻彦『交通市場政策の構造』中央経済社，1991年
佐伯胖『「決め方」の論理－社会的決定理論への招待－』東京大学出版会，1980年
坂井素思『社会経済組織論－社会的協力はいかに可能か－』放送大学教育振興会，2010年
榊原胖夫『交通の経済理論』大明堂，1967年
櫻井毅・山口重克・柴垣和夫・伊藤誠編『宇野理論の現在と論点－マルクス経済学の展開－』社会評論社，2010年

参考文献

佐々木誠治『日本海運競争史序説』海事研究会，1954年
佐竹義昌『交通労働の生産性』法政大学出版局，1964年
佐竹義昌『交通労働の研究』東洋経済新報社，1966年
佐藤敏章『交通学研究』白桃書房，1969年
佐波宣平『改版　交通概論』有斐閣，1954年
佐波宣平『弾力性経済学』有斐閣，1966年
ジェイアール貨物・リサーチセンター編『日本の物流とロジスティクス』成山堂書店，2004年
ジェイアール貨物・リサーチセンター編『変貌する産業とロジスティクス』成山堂書店，2007年
塩見英治編『改訂版　交通産業論』白桃書房，1994年
志鎌一之『自動車交通政策の変遷』運輸故資更生協会，1955年
篠原陽一・雨宮洋司・土居靖範『海運概説』海文堂，1979年
篠原陽一編『現代の海運』税務経理協会，1985年
篠原陽一・雨宮洋司編『現代海運論』税務経理協会，1991年
柴田悦子・土居靖範・森田優己編『新版　交通論を学ぶ』法律文化社，2000年
柴田悦子・土居靖範・岡田夕佳『進展する交通ターミナル－鉄道駅・港湾・空港－』成山堂書店，2011年
清水義汎編『現代交通の課題』白桃書房，1988年
清水義汎編『交通政策と公共性』日本評論社，1992年
下山房雄・山本興治・澤喜司郎・香川正俊編『現代の交通と交通労働』御茶の水書房，1999年
杉本栄一『近代経済学の解明（上・下）』岩波書店，1981年
杉山武彦監修『交通市場と社会資本の経済学』有斐閣，2010年
杉山雅洋『西ドイツ交通政策研究』成文堂，1985年
鈴木暁・古賀昭弘『現代の内航海運』成山堂書店，2007年
鈴木清秀『交通調整の実際』交通経済社，1954年
須藤修『経済原論－資本制経済の基礎理論－』新世社，1990年
関島久雄編『現代日本の公益事業』日本経済評論社，1987年
関根友彦『経済学の方向転換－広義の経済学事始－』東信堂，1995年
全日空50年史編集委員会編『大空への挑戦－ANA 50年の航跡－』全日本空輸株式会社，2004年
総務省統計局統計基準部編『日本標準産業分類－分類項目名，説明及び内容例示－（2002年3月改定）』総務省統計局，2002年
大日本航空社史刊行会編『航空輸送の歩み－昭和20年迄－』日本航空協会，1975年

高橋昭夫編『QOLとマーケティング－クオリティ・オブ・ライフ理論の構築をめざして－』同友館，2008年
高橋望・横見宗樹『エアライン／エアポート・ビジネス入門』法律文化社，2011年
高橋秀雄編『公共交通政策の転換』日本評論社，1987年
髙橋真『制度主義の経済学－ホリスティック・パラダイムの世界へ－』税務経理協会，2002年
竹内啓『社会科学における数と量』東京大学出版会，1971年
竹内健蔵『交通経済学入門』有斐閣，2008年
竹下公視『現代の社会経済システム－社会システム論と制度論－』関西大学出版部，2011年
武谷三男『弁証法の諸問題（武谷三男著作集第1巻）』勁草書房，1968年
竹前栄治『GHQ』岩波書店，1983年
竹前栄治・中村隆英監修『GHQ日本占領史（第54巻）－海上輸送－』日本図書センター，1997年
田中喜一『陸上交通統制論』厳松堂，1940年
田中滋監修・野村清『改訂版 サービス産業の発想と戦略－モノからサービス経済へ－』電通，1996年
田中時彦『明治維新の政局と鉄道建設』吉川弘文館，1963年
田中文信『近代交通経営論－進化的交通経営理論の展開－』交通日本社，1958年
種瀬茂・富塚良三・浜野俊一郎編『資本論体系（第2巻）－商品・貨幣－』有斐閣，1984年
谷利亨『道路貨物運送政策の軌跡－規制から規制緩和へ－』白桃書房，1990年
谷川宗隆『改訂版 流通過程の理論－流通過程の再生産研究序説－』千倉書房，1988年
地田知平『日本海運の高度成長－昭和39年から48年まで－』日本経済評論社，1993年
千葉芳雄『交通要論』信山社，1992年
長幸男『昭和恐慌－日本ファシズム前夜－』岩波書店，2001年
津崎武司『日本の空港－航空輸送の原点－』りくえつ，1980年
常木淳『公共経済学』新世社，1990年
帝国鉄道発達史編纂部編『帝国鉄道発達史』帝国鉄道発達史編纂部，1922年
鉄道省運輸局編『国有鉄道の小運送問題』鉄道省，1935年
鉄道省監督局交通法規研究会編『改正 自動車交通事業法解説』交通研究所，1941年
土井正幸・坂下昇『交通経済学』東洋経済新報社，2002年
東洋経済新報社編『日本経済と国有鉄道』東洋経済新報社，1962年
徳田欣次・柴田悦子編『現代の海運』税務経理協会，1987年
富永祐治『交通学の生成』日本評論社，1943年
富永祐治『交通における資本主義の発展』岩波書店，1953年

豊倉三子雄『改訂版　価格理論』ミネルヴァ書房，1975年
長岡貞男・平尾由紀子『産業組織の経済学－基礎と応用－』日本評論社，1998年
中川敬一郎『両大戦間の日本海運業－不況下の苦闘と躍進－』日本経済新聞社，1980年
中川敬一郎『戦後日本の海運と造船－1950年代の苦闘－』日本経済評論社，1992年
中島勇次編『交通の経済学Ⅰ＜理論と政策＞編』運輸調査局，1971年
中田信哉『運輸業のマーケティング』白桃書房，1984年
永田元也・細田繁雄『交通経済論』税務経理協会，1975年
中谷武『価値，価格と利潤の経済学』勁草書房，1994年
中西健一『日本私有鉄道史研究－都市交通の発展とその構造－』日本評論新社，1963年
中西健一『増補版　日本私有鉄道史研究－都市交通の発展とその構造－』ミネルヴァ書房，1979年
中西健一・平井都士夫編『交通概論』有斐閣，1977年
中西健一・廣岡治哉編『3訂版　日本の交通問題－低成長下の交通経済－』ミネルヴァ書房，1980年
中西健一編『現代日本の交通産業』晃洋書房，1984年
中西健一編『現代の交通問題－交通政策と交通産業－』ミネルヴァ書房，1987年
中野秀雄編『東洋汽船64年の歩み』明善印刷，1964年
中村豊『土木行政叢書（自動車編）』好文館書店，1941年
中山隆吉『近代小運送史』陸運社，1899年
西澤善七編『内国通運株式会社発達史』内国通運株式会社，1918年
西田稔・片山誠一編『現代産業組織論』有斐閣，1991年
新田滋『段階論の研究－マルクス・宇野経済学と＜現在＞－』御茶の水書房，1998年
日本海運集会所編『入門「海運・物流講座」』近藤記念海事財団，2004年
日本航空株式会社調査室編『日本航空20年史』日本航空株式会社，1974年
日本航空協会編『日本民間航空史話』日本航空協会，1966年
日本航空協会編『日本航空史（昭和前期編）』日本航空協会，1975年
日本国有鉄道編『鉄道終戦処理史』桜井広済堂，1957年
日本国有鉄道編『日本国有鉄道百年史（全19巻）』日本国有鉄道，1969年～1974年
日本トラック協会編『日本トラック協会20年史－成長するトラック事業の歩みの中で－』日本トラック協会，1967年
日本郵船株式会社編『日本郵船株式会社50年史』日本郵船株式会社，1935年
根岸隆・山口重克編『2つの経済学－対立から対話へ－』東京大学出版会，1984年
野田正穂『日本証券市場成立史－明治期の鉄道と株式会社金融－』有斐閣，1980年
野田正穂・原田勝正・青木栄一・老川慶喜編『日本の鉄道－成立と展開－』日本経済評論社，1986年
野田正穂・老川慶喜監修『復刻版・戦間期都市交通史資料集（第1巻）』丸善，2003年

野村宗訓・切通堅太郎『航空グローバル化と空港ビジネス－ＬＣＣ時代の政策と戦略－』同文舘出版，2010年
馬場雅昭『サーヴィス経済論』同文舘出版，1989年
林敏彦編『公益事業と規制緩和』東洋経済新報社，1990年
平木國夫『日本のエアライン事始』成山堂書店，1997年
廣岡治哉編『近代日本交通史－明治維新から第２次世界大戦まで－』法政大学出版局，1987年
廣岡治哉編『現代交通経済論』産図テクスト，1997年
藤井秀登『交通論の祖型－関一研究－』八朔社，2000年
藤井弥太郎・中条潮編『現代交通政策』東京大学出版会，1992年
藤井弥太郎監修『自由化時代の交通政策』東京大学出版会，2001年
武城正長編『国際交通論』税務経理協会，1998年
古川哲次郎・秋山義継・芦田誠・富田功『交通論12章』成山堂書店，1983年
古島敏雄『信州中馬の研究－近世陸上運輸史の一齣－』伊藤書店，1944年
堀雅通『現代欧州の交通政策と鉄道改革－上下分離とオープンアクセス－』税務経理協会，2000年
本間要一郎・富塚良三編『資本論体系（第５巻）－利潤・生産価格－』有斐閣，1994年
前田義信『運賃の経済理論』髙城書店，1961年
前田義信『交通学要論』ミネルヴァ書房，1973年
前田義信『改訂版　交通経済要論』晃洋書房，1988年
増井健一『交通経済学－『交通経済論』改訂版－』東洋経済新報社，1973年
増井健一・佐竹義昌『交通経済論』有斐閣，1969年
増井健一・山内弘隆『航空輸送』晃洋書房，1990年
松尾光芳『日本交通政策論序説』文眞堂，1978年
松尾光芳『増補版　日本交通政策論序説』文眞堂，1982年
丸茂新『鉄道運賃学説史－価格理論史としての一断面－』所書店，1972年
水谷謙治『新経済原論－経済の基本構造－』有斐閣，1994年
三土修平・大西広編『新しい教養のすすめ　経済学』昭和堂，2002年
宮沢健一『現代経済学の考え方』岩波書店，1985年
宮下国生『海運』晃洋書房，1988年
三和良一『占領期の日本海運－再建への道－』日本経済評論社，1992年
三和良一『第２版　概説日本経済史－近現代－』東京大学出版会，2002年
三和良一『日本近代の経済政策史的研究』日本経済評論社，2002年
村尾質『貨物輸送の自動車化－戦後交通過程の経済分析－』白桃書房，1982年
村尾質『道路貨物輸送』晃洋書房，1989年
村尾質『体系交通経済学』白桃書房，1994年

村上泰亮・西部邁編『経済体制論（第2巻・社会学的基礎）』東洋経済新報社，1978年
村松一郎・天澤不二郎編『現代日本産業発達史（第22巻）－陸運・通信－』交詢社出版局，1965年
森隆行『現代物流の基礎』同文舘出版，2007年
森隆行編『7訂版　外航海運概論』成山堂書店，2010年
柳田諒三『自動車30年史』山水社，1944年
山内弘隆・竹内健蔵『交通経済学』有斐閣，2002年
山岡龍一・斎藤純一編『公共哲学』放送大学教育振興会，2010年
山口重克編『市場システムの理論－市場と非市場－』御茶の水書房，1992年
山口真弘『交通法制の総合的研究』交通新聞社，2005年
山重慎二・大和総研経営戦略研究所編『日本の交通ネットワーク』中央経済社，2007年
山上徹『現代交通サービス論』地域産業研究所，1996年
山田福太郎『日本の内航海運』成山堂書店，1993年
山野辺義方・河野専一『陸運業界』教育社，1985年
山野辺義方・河野専一『陸運業経営の基礎』白桃書房，1986年
山本哲士『ホスピタリティ講義－ホスピタリティ・デザインと文化資本経済－』文化科学高等研究院出版局，2010年
山谷修作編『現代の規制政策－公益事業の規制緩和と料金改革－』税務経理協会，1991年
山谷修作編『現代日本の公共料金』電力新報社，1992年
吉田茂・高橋望『新版　国際交通論』世界思想社，2002年
依田高典『ネットワーク・エコノミクス』日本評論社，2001年
米田康彦・新村聡・出雲雅志・深貝保則・有江大介・土井日出夫著『労働価値論とは何であったのか－古典派とマルクス－』創風社，1988年
和田豊『価値の理論』桜井書店，2003年

Arrow, K.J., *Social Choice and Individual Values*, New York：Wiley, 1951（長名寛明邦訳『社会的選択と個人的評価』日本経済新聞社，1977年）
Baumol, W.J., J.C.Panzar, and R.D.Willig, *Contestable Markets and the Theory of Industrial Structure* (rev. edn), Orland：Harcourt Brace and Jovanovich, 1988
Bentham, J., *An Introduction to the Principles of Morals and Legislation*, Oxford：Clarendon Press, 1823
Button, K.J., *Transport Economics* (2nd edn), Cheltenham：Edward Elgar, 1993
Button, K.J., *Transport Economics* (3rd edn), Cheltenham：Edward Elgar, 2010

Clark, C., *The Conditions of Economic Progress*, London：Macmillan, 1951（大川一司・小原敬士・高橋長太郎・山田雄三邦訳『経済進歩の諸条件（下巻）』勁草書房, 1955年）

Coase, R.H., *The Firm, the Market, and the Law*, Chicago：The University of Chicago Press, 1988（宮沢健一・後藤晃, 藤垣芳文邦訳『企業・市場・法』東洋経済新報社, 1992年）

Cole, S., *Applied Transport Economics：Policy, Management and Decision Making* (2nd edn), London：Kogan Page, 2001

Colson, C., *Transports et Tarifs*, 1892, Paris：Lucien Laveur（関一解説『コルソン氏交通政策』同文館, 1903年）

Cowie, J., *The Economics of Transport：A Theoretical and Applied Perspective*, London：Routledge, 2010

Dorfuman, R., P.A.Samuelson, R.M.Solow, *Linear Programming and Economic Analysis*, New York：McGraw-Hill, 1958（安井琢磨・福岡正夫・渡部経彦・小山昭雄邦訳『線形計画と経済分析Ⅱ』岩波書店, 1959年）

Eichner, A.S. (ed.), *Why Economics is not yet a Science*, New York：M.E.Sharpe, Inc., 1983（百々和監訳『なぜ経済学は科学ではないのか』日本経済評論社, 1986年）

Foley, D.K., *Understanding Capital：Marx's Economic Theory*, Cambridge：Harvard University Press, 1986（竹田茂夫・原伸子邦訳『資本論を理解する－マルクスの経済理論－』法政大学出版局, 1990年）

Gubbins, E.J., *Managing Transport Operations* (3rd edn), London：Kogan Press, 2003

Hibbs, J., *Transport Economics ＆ Policy：A Practical Analysis of Performance, Efficiency and Marketing Objectives*, London：Kogan Page, 2003

Hodgson, G.M., *How Economics Forgot History：The Problem of Historical Specificity in Social Science*, London：Routledge, 2001

Johansson, P.-O., *An Introduction to Modern Welfare Economics*, Cambridge：Cambridge University Press, 1991（関哲雄邦訳『現代厚生経済学入門』勁草書房, 1995年）

Kotler, P., *Principles of Marketing*, Englewood Cliffs：Prentice-Hall, Inc., 1980（村田昭治監修, 和田充夫・上原征彦邦訳『マーケティング原理－戦略的アプローチ－』ダイヤモンド社, 1983年）

List, F., *Schriften, Reden, Briefe*, Band Ⅲ－1, Berlin：Verlag von Reimar Hobbing, 1929

参考文献

Lux, K., *Adam Smith's Mistake: How a Moral Philosopher Invested Economics and Ended Morality*, Boston: Shambhala Publications, 1990（田中秀臣邦訳『アダム・スミスの失敗－なぜ経済学にはモラルがないのか－』草思社，1996年）

Mallard, G. and S.Glaister, *Transport Economics: Theory, Application and Policy*, New York: Palgrave Macmillan, 2008

Marx, K., *Das Kapital: Kritik der Politischen Oekonomie*, Zweiter Band, Buch Ⅱ, Hamburg: Otto Meissners Verlag, 1922（社会科学研究所監修，資本論邦訳委員会邦訳『資本論（第5分冊）』新日本出版社，1984年）

Menger, C., *Grundsätze der Volkswirtschaftslehere* (2.Aufl.), Wien: Holder-Pichler-Tempsky A.G., 1923（八木紀一郎・中村友太郎・中島芳郎邦訳『一般理論経済学』みすず書房，1982年）

Mill, J.S., *Principles of Political Economy with Some of their Applications to Social Philosophy*, ed. by W.J.Ashley, London: Longmans, Green and co., 1926（末永茂喜邦訳『経済学原理（第1分冊）』岩波書店，1960年，同邦訳『経済学原理（第3分冊）』岩波書店，1960年，同邦訳『経済学原理（第4分冊）』岩波書店，1961年）

Pareto, V., *Manuel d'Economie Politique* (2me édn), Geneve: Librairie Droz, 1966

Saad-Filho, A., *The Value of Marx: Political Economy for Contemporary Capitalism*, London: Routledge, 2002

Schreiber, H., *Sinfonie der Strasse: Der Mensch und seine Wege von den Karawanenpfaden bis zum Super-Highway*, Düsseldorf: Econ-Verlag, 1959（関楠男邦訳『道の文化史－1つの交響曲－』岩波書店，1962年）

Sen, A., *Commodities and Capabilities*, Amsterdam: Elservier Science Publishers, 1985（鈴村興太郎邦訳『福祉の経済学－財と潜在能力－』岩波書店，1988年）

Smith, A., *An Inquiry into the Nature and Causes of the Wealth of Nations*, ed. by E. Cannan, New York: Modern Library, 1937（大内兵衛・松川七郎邦訳『諸国民の富（第1分冊）』岩波書店，1959年，同邦訳『諸国民の富（第4分冊）』岩波書店，1960年）

Stigler, G.J., *The Theory of Price* (4th edn), New York: Macmillan, 1987（南部鶴彦・辰巳憲一邦訳『価格の理論（第4版）』有斐閣，1991年）

Stonier, A.W. and D.C.Hague, *A Textbook of Economic Theory*, London: Longman, 1980

Varian, H.R., *Intermediate Microeconomics: A Modern Approach* (5th edn), New York: W.W.Norton & Company, 1999（佐藤隆三監訳『入門ミクロ経済学』勁草書房，2000年）

索　引

【あ行】

アダム・スミス（A.Smith） 3, 118
扱別重量別対キロ制 209
アバーチ＝ジョンソン効果 128
以遠権 181
イギリス古典派経済学 25
イコール・フッティング論 203, 206
一般化費用 90
一般貨物自動車運送事業 210, 211
移動権 13
井上勝 139
インセンティブ規則 129
運送価値説 118, 120
運送取扱人公認制度 163, 164
運送取扱人指定請負制度 164
運送費用説 118, 119
運賃 .... 59, 60, 81, 90, 92, 95, 97, 99〜102,
113, 118, 122, 208
運搬具 39
運輸権 179
運輸省 174, 176, 184, 198
運輸省設置法 177
営業領域別市場 98
エネルギー 42
LCC 217
遠距離逓減運賃制 156
遠距離逓減制 209
遠洋航路補助法 152
大蔵省 137
大阪・神戸間鉄道 136

【か行】

大阪商船会社 150

【か行】

海運再建整備 186
海運再建2法（外航2法） 186, 187, 190
海運集約 186
海運集約・再建整備 183, 185
海運助成措置 186
会計学的費用 115
海上運送法 184
改正航海奨励法 151, 152
改正航空法 215
改正地域公共交通活性化再生法 230
回漕会社 147
回漕取扱所 147
開発利益の還元 205, 206
回避可能費用 117
回避不可能費用 117
外部経済 23, 106, 205
外部性 12, 106, 113
外部不経済 23, 106
拡大再生産 71
過疎バス補助 223
価値 3, 4, 12, 27, 28, 80, 102
価値観 .... 13, 19〜21, 48, 82, 87〜90,
100, 107, 108, 110
価値形成労働 84
価値構成 74
価値法則 30, 102
可変資本 71
可変費 116

カボタージュ ─ 221	軽便鉄道補助法 ─ 157
貨物運送取扱事業法 ─ 209,210	結合生産 ─ 117,120,121
貨物自動車運送事業法 ─ 209,210	結合費 ─ 101,117,121
貨物利用運送事業法 ─ 209,210	結節機能点 ─ 41
川崎汽船 ─ 192	限界革命 ─ 26
観光交通 ─ 231	限界効用 ─ 5,26,59
間接費 ─ 116	限界効用価値説 ─ 5,26,29,60
完全競争市場 ─ 8,9,98,104,122	限界効用逓減の法則 ─ 6
完全配賦費用 ─ 126	限界費用 ─ 26,81,93,95,96,122,123
機会費用 ─ 115	限界費用運賃形成原理 ─ 123,124
規制緩和 ─ 215,217,220,226	限界費用逓減の法則 ─ 94
北前船 ─ 145	限界費用逓増の法則 ─ 7,60,94
軌道条例 ─ 141	現金支出費 ─ 81
木船運送法 ─ 193,194	航海奨励法 ─ 151,152
規模の経済 ─ 73,94	交換価値 ─ 5,28,58,59,82
規模の不経済 ─ 94,96	公共企業体 ─ 176
逆弾力性ルール ─ 124	公共企業体等労働関係法 ─ 176
供給の運賃弾力性 ─ 92〜94	公共財 ─ 12,107
共通費 ─ 101,116,117,121,126	公共性 ─ 12〜15,107,108,113
共同運輸会社 ─ 149	航空法 ─ 172,217
京都・大津間鉄道 ─ 137	厚生経済学の第1定理 ─ 103
京都・大阪間鉄道 ─ 136	厚生経済学の第2定理 ─ 103
京都議定書 ─ 51	公正報酬率方式 ─ 128
均衡価格 ─ 7	交通 ─ 21,37
空港整備特別会計 ─ 213	交通機関 ─ 22,89
空港整備法 ─ 213	交通機関別市場 ─ 97,98
軍用自動車補助法 ─ 162	交通サービス ─ 3,33,45〜47,52,53,63
計画造船 ─ 183,184,189,192	交通サービス商品
経済学的費用 ─ 115	─ 27,32,35,36,48,53,56,58,61,80,97
経済財 ─ 55	交通サービスの生産要素 ─ 37,39
経済的価値 ─ 4,86,87,108,110	交通サブ・サービス商品 ─ 84
経済的規制 ─ 77,210,211	交通産業 ─ 75,76
経済的厚生 ─ 9,11,108,110,114,122,125	交通事業 ─ 58
軽便鉄道法 ─ 157	交通事業調整委員会 ─ 169

索　引

交通市場	97
交通資本	58, 61
交通資本の運動	64, 67, 70, 71
交通資本の回転期間	36
交通手段	21, 33, 36, 38, 62, 64
交通需要	20, 68, 88, 100
交通需要の運賃弾力性	90, 91, 125
交通需要の交差弾力性	91
交通需要の所得弾力性	91
交通対象	19, 21, 27, 33, 37, 38, 41, 62, 76
交通調整政策	77, 98, 206
交通貧困階層	24
交通労働	67, 68
交通労働の生産性	69
合同運送株式会社	164
工部省	136
港湾整備緊急措置法	187
港湾整備特別会計	187
港湾整備特別会計法	187
港湾法	184, 193
港湾労働法	189
小運送	143
小運送業	162
小運送業法	165, 171, 177
小型船海運業法	194
小型船海運組合法	193
顧客特別市場	98
国際通運株式会社	164
国鉄	174～176, 197, 200, 203, 206
国鉄再建監理委員会	207
国鉄財政再建促進特別措置法	197
国鉄大家族主義	155
国鉄の分割・民営化	207
固定費	116
後藤新平	155
個別交通需要	46
個別交通需要対応性	82
個別費	116
コンテスタビリティ理論	111, 112

【さ行】

再取得原価	115, 128
再生産の技術的法則性	59, 64, 80
差別運賃	114, 118, 119
シカゴ条約	179
シカゴ＝バミューダ体制	180
資源配分の効率性	49
自己運送	56, 145
市場価格	5
市場の失敗	105
市場メカニズム	14, 15, 20, 49, 104, 114, 204, 206
私設鉄道条例	141
私設鉄道法	158
自然独占	12, 110, 111
持続可能性	51
実車率	53, 54, 63
私的交通	15, 19, 34, 48, 80
自動車交通事業法	167～169, 171, 177
自動車ターミナル法	223
支配労働価値説	4
シビル・ミニマム	13, 206
資本	55
資本装備率	69
資本の回転	70
資本の集積	71
資本の集中	74
社会経済学	4, 7, 8, 10～13, 30, 59, 126

社会的規制 ------------------------------ 69, 210, 211
社会的厚生関数 -------------------------------- 104
社会的費用 ----------------------------- 205, 206
収穫逓減の法則 --------------------- 7, 60, 94
収穫逓増の法則 ---------------------------- 94
受益者負担 --------------------------------- 109
取得原価 --------------------------------- 115, 128
準公共財 --------------------------------- 109
省営自動車 --------------------------------- 169
使用価値 -------------------- 5, 27, 28, 58, 59, 80, 82
上下分離 --------------------------------- 50
上限運賃規制 ---------------------- 130, 209, 228
乗車率 --------------------------- 53, 54, 63, 121
商船三井 --------------------------------- 190, 192
消費者余剰 ----------------------------------- 9
商品経済 ----------------------------------- 55
情報 ----------------------------------- 43
情報の非対称性 ---------------- 12, 105, 131, 228
剰余価値 ----------------------- 11, 61, 65〜67, 84
剰余価値率 ----------------------------------- 72
剰余労働 ----------------------------------- 66
ジョン・スチュアート・ミル（J.S.Mill）
　　-------------------------------------- 25
人キロ ----------------------------------- 52
新古典派経済学
　　-------- 6, 7, 9, 10, 12, 14, 26, 28, 29, 60, 122
助郷 ----------------------------------- 142
生活交通 ------------------------- 229, 230, 231
生活交通路線維持費補助金 ---------------- 225
生産価格 ----------------------------------- 5
生産者余剰 ----------------------------------- 9
製品差別化 ----------------------------- 85, 86
西洋型汽船 --------------------------------- 146
関一 ----------------------------------- 28

全日本空輸 ------------------ 181, 182, 212, 214
船舶運営会 ------------------------ 182, 184, 192
船舶整備公団法 ---------------------------- 196
総括原価 ------------------------------ 126〜128
総括原価運賃形成原理 ---------- 125, 127, 209
総合交通政策 --------------------------- 203
総合交通体系 ------------------- 203, 204, 206
造船奨励法 --------------------------------- 151
増分費用 --------------------------------- 117
ソーシャル・ミニマム -------------------- 13
ゾーン運賃制度 ---------------------------- 227
即時財 --------------- 33, 35, 45, 46, 61, 64, 70, 120

【た行】

対キロ制 --------------------------------- 209
代替財 --------------------------------- 92
大日本航空株式会社 ---------------- 173, 180
タウシッグ（F.W.Taussig） ---------- 120, 121
他人運送 ------------------ 56, 57, 145, 147, 148
種田声明 --------------------------------- 163, 164
樽廻船 --------------------------------- 145
単純再生産 --------------------------------- 71
弾力性 --------------------------------- 90
地域協議会 ----------------------------- 225, 226
地域特性別市場 ---------------------------- 99
地方鉄道法 ------------------------------ 158, 209
地方鉄道補助法 ---------------------------- 158
抽象的人間労働 ----------------------------- 4
直接費 --------------------------------- 116
貯蔵不可能性 --------------------------------- 34
通運事業法 --------------------------------- 177
通路 --------------------------------- 38
九十九商会 --------------------------- 147, 148
帝国運輸株式会社 --------------------- 165, 166

248

索引

帝国鉄道会計法	155
低性能船舶買入法	192
帝都高速度交通営団	170
鉄道院	163
鉄道国有化論	153
鉄道国有法	154, 155
鉄道事業法	208, 210
鉄道省	163, 164, 165, 167, 173
鉄道敷設法	141
伝馬所	142
ドイツ歴史学派経済学	25
東亜国内航空	212
同一地域同一運賃の原則	227
投下労働価値説	4
東京（新橋）・横浜間鉄道	135, 136
東西定期航空会	172, 173
動力	40
道路運送法	177, 178, 209, 222, 225, 226, 228
道路特定財源制度	198
特定航路助成法	151, 152
特別積合せ貨物運送事業	210, 211
都市化	160, 161
取替費用	115, 128
取引費用	49
トンキロ	52

【な行】

内航海運業法	194, 195
内航海運組合法	194, 195
内航海運暫定措置事業	220
内航2法	194, 195
内航3法	196
内国通運会社	143, 144
内国通運株式会社	144, 162, 166
内部補助	207, 224
日米航空協定	181
日本エアシステム	214, 218
日本貨物航空	214
日本航空	181, 182, 212, 214, 218
日本航空株式会社	172
日本航空株式会社法	181, 214
日本航空輸送株式会社	172, 173
日本航空輸送研究所	172
日本国有鉄道清算事業団	208
日本国有鉄道法	176, 177
日本国郵便蒸汽船会社	147
日本自動車ターミナル株式会社法	199
日本通運株式会社	165, 171, 177
日本通運株式会社法	165, 171, 177
日本鉄道会社	138〜140
日本郵船	149, 190, 192

【は行】

パシフィック・メール社	147, 148
派生的需要	20, 85, 88, 89
バミューダ協定	180
パレート最適	10, 103, 122
範囲の経済	72
半他人運送	56, 57
Ｐ＆Ｏ汽船会社	148
菱垣廻船	145
非競合性	107
ピグー（A.C.Pigou）	60, 120, 121
非排除性	107
費用積み上げ方式	127
費用の生産量弾力性	95
複合生産	117, 120, 121

249

不使用能力 ---------------------------------- 50, 94
負担力 ------------------------------ 48, 113, 118, 120
物流2法 -------------------------------- 209〜211
物流3法 -- 210
不変資本 --- 71
プライス・キャップ規制 ------------- 129, 130
フリーライダー問題 ---------------------- 109
文化的価値 -------------------------------------- 86
平均費用運賃形成原理 ------------- 125, 126
便宜置籍船 ------------------------------------ 190
補完財 -- 92
ホテリング（H.Hotelling） ------------- 123
本源的需要 --------------------- 20, 84, 88, 89

【ま行】

埋没費用 ---------------------------- 110, 112, 117
前島密 -- 142
マルクス（K.Marx） --------------------- 4, 119
民営還元 --------------------------- 182, 184, 192
無差別曲線 -------------------------------------- 60
モーダルシフト ---------------------------- 221

【や行】

ヤードスティック規制 --------------- 129, 130
大和運輸株式会社 --------------------------- 166
誘導的需要調整 ---------------------------- 206
郵便汽船三菱会社 --------------- 137, 148〜150

輸送対象・目的別市場 --------------------- 99
輸送能力生産量 ------------ 52〜54, 63, 89, 108
45・47体制（航空憲法） --------------- 212, 214

【ら行】

ライフスタイル -------------------------------- 25
ラムゼイ運賃 --------------------- 114, 124, 125
リカード（D.Ricardo） ----------------------- 4
陸運統制令 ------------------------------------ 170
陸運元会社 ------------------------------ 142, 143
陸上交通事業調整法 ----------------- 169, 170
利子補給 ---------------------------------- 183, 185
利潤 -- 64, 66
利潤率 ------------------------------------ 71〜73, 75
リスト（F.List） ------------------------- 25, 118
流通業務市街地整備法 ------------------ 199
流通費用 -------------------------------------- 23
臨時船質等改善助成利子補給法 ------ 193
歴史学派経済学 ------------------------------ 31
歴史的費用 ------------------------------ 115, 128
劣化法性 -- 110
労働 --- 4
労働価値説 ---------------------------- 3, 26, 30
労働装備率 -------------------------------------- 69
労働力 ---------------------- 4, 21, 33, 36, 38, 44, 64
ロード・ファクター ---------------- 53, 54, 63
ロッシャー（W.Roscher） ----------------- 26

【著者略歴】

藤井　秀登（ふじい　ひでと）
1966年　埼玉県生まれ
1989年　立教大学経済学部卒業
1999年　明治大学大学院商学研究科博士後期課程修了　博士（商学）

ＪＴＢなどを経て
現　　在　明治大学商学部教授
専攻分野　交通論　観光事業論
著　　書　『交通論の祖型－関一研究－』八朔社
　　　　　『現代の観光事業論』税務経理協会

著者との契約により検印省略

平成24年2月1日　初版第1刷発行	**現代交通論の系譜と構造**
平成28年3月1日　初版第2刷発行	
平成29年4月1日　初版第3刷発行	
平成31年4月1日　初版第4刷発行	
令和5年4月1日　初版第5刷発行	

　　　　　　著　者　藤　井　秀　登
　　　　　　発行者　大　坪　克　行
　　　　　　印刷所　税経印刷株式会社
　　　　　　製本所　牧製本印刷株式会社

発行所　〒161-0033　東京都新宿区　　株式会社　税務経理協会
　　　　下落合2丁目5番13号
　　　　振　替　00190-2-187408　　電話　(03)3953-3301（編集部）
　　　　ＦＡＸ　(03)3565-3391　　　　　　(03)3953-3325（営業部）
　　　　URL　http://www.zeikei.co.jp/
　　　　乱丁・落丁の場合は，お取替えいたします。

Ⓒ　藤井秀登　2012　　　　　　　　　　　　　　　　Printed in Japan

本書の無断複製は著作権法上での例外を除き禁じられています。複製される場合は，そのつど事前に，出版者著作権管理機構（電話 03-5244-5088，FAX 03-5244-5089，e-mail: info@jcopy.or.jp）の許諾を得てください。

JCOPY ＜出版者著作権管理機構 委託出版物＞

ISBN978-4-419-05671-1　C3063